大学という理念 絶望のその先へ

吉見俊哉

東京大学出版会

University as an Idea:
Prospects beyond the Crisis of Modern Japan
Shunya Yoshimi
University of Tokyo Press, 2020
ISBN978-4-13-053092-7

目次

初出一覧

＊書き下ろし以外は加筆改変している。

序　章　なぜ、大学が問題なのか――書き下ろし
第1章　爆発の時代に大学の再定義は可能か――『中央公論』二〇一〇年二月号。
第2章　「人文社会系は役に立たない」は本当か――『現代思想』二〇一五年一一月号（特集・大学の終焉―人文学の消滅）。
第3章　大学院教育の未来形はどこにあるのか――『中央公論』二〇一一年二月号。
第4章　「蹴られない東大」を実現する方法――『中央公論』二〇一九年三月号。
第5章　大学の不条理と未来――『現代思想』二〇一八年一〇月号（特集・大学の不条理）。
第6章　明日の大学　明日の都市――高澤紀恵・山﨑鯛介（編）『建築家ヴォーリズの「夢」――戦後民主主義・大学・キャンパス』勉誠出版、二〇一九年。
第7章　大学に未来はあるか――「グローバル化／デジタル化と大学の未来」『大学教育学会誌』三七巻一号（二〇一五年一月）を改題。
第8章　大学は国に奉仕しているわけではない――「大学は国に奉仕しているわけではない。「人類的な価値」に奉仕しているんです。」『週刊金曜日』二〇一五年八月二一号、聞き手・平井康嗣（『週刊金曜日』編集長）、構成・小長光哲郎（同編集部）。
第9章　人生で三回大学に入る社会に向けて――「新たな〈知〉の創造に向けて」『国立大学』（国立大学協会）、二〇一八年六月号を改題。
第10章　日本の大学の何が問題か――『中央公論』二〇一二年二月号。
第11章　文系学部解体――「連続討議　文系学部解体―大学の未来」『週刊読書人』二〇一六年九月九日号から一二月九日号に連載（その後、室井尚編『読書人 eBOOKS　連続討議文系学部解体――大学の未来@横浜国立大学』読書人、二〇一七年（電子書籍）に収録）。
終　章　大学という理念――書き下ろし

序　章

なぜ、大学が問題なのか

危機の中で思考する

一　「大学」と「ユニバーシティ」の間

古代日本における「大学寮」の誕生

なぜ、私たちすべてにとって大学が問題なのかをはっきりさせるところから本書を出発させなくてはならない。今、「私たちすべて」と書いたのは、大学生やこれから大学生になろうとしている受験生、大学で働いている教職員にとってだけではないという意味である。大学生や大学教職員にとって大学が問題なのは説明不要、当然のことだ。どんな学校も、企業も、そこに通う人、そこで働く人にとっては「わが校」「わが社」だから、それが危機となれば重大な問題である。大学の危機は、すべての大学生、大学教職員にとって、他人事ではない。もしも、それが他人事のようにしか感じられないとしたら、そのこと自体が危機である。しかし、ここで言いたいのはそのようなことではない。より根本的な概念としての「大学」が、今、危機の中で、すべての人にとって問われるべきことなのである。――それは、なぜか。

本当を言えば、この問題は、西欧で発達した「ユニバーシティ」を明治日本が受け入れたとき、これを

「大学」に重ねたあたりから始まっていたのかもしれない。実際、日本における「大学」の歴史は古く、古代律令国家にまで遡る。大宝律令が制定された八世紀初頭に学制改革がなされ、大学寮が公式に設置された。もっともそれ以前から「大学寮」の語は使われていたらしく、『日本書紀』にも「陰陽寮」「外薬寮」などと並んで「大学寮」の用語が出てくるという。そうした前史を経て八世紀に設置された古代の「大学」は全寮制で、今日の学長に相当する「大学頭」が全学を仕切り、教授に相当する「博士」が教鞭をとり、試験に合格した学生に奨学金を出し、儒教、算術、漢文（中国語）を徹底的に学ばせていた。そこで育成されたエリートが、律令国家の運営の中枢を担ったのだ。

大学寮のカリキュラムは、初期には儒学中心だったが、やがて漢文が勢力を伸ばし、法学も地位を固めていったようだ。唐の高等教育は圧倒的に儒学中心だったのに対し、日本ではその唐の知識をいかに輸入するかが重要なので、翻訳の学としての漢文の地位が上がったと考えられる。文学部や法学部の起源は古代にまで遡ると言えなくもないし、漢文の地位の高さは、近代日本における英文学や独仏文学の地位の高さと重なる。要するに、明治日本が西洋化によって支配体制を固めていったように、古代日本は中国化によって支配体制を確立していったのであり、「大学」はそのために存在したとも言える。

この古代日本の「大学」のモデルが唐にあったのは明白だが、唐ではそれを「国子監」と呼んでいた。「大学」の呼称はむしろ漢代のもので、「太学（たいがく）」というのがその名前であった。これを設置することを皇帝に提案したのは董仲舒とされ、儒学が国家の正統イデオロギーになっていく過程で、その人材養成の中核として構想されたのだろう。この太学の学生は諸地方から選抜され、試験に合格すると官職に任用されていった。ここらあたりが、科挙が形成されていく原点なのかもしれない。

しかし、その科挙制度が確立する隋唐の時代には、国の最高学府は太学ではなく国子監とされ、太学はその一部門となっている。これに対し、中国の周辺諸国では、この漢代の「太学」が数百年の歳月をかけて徐々に広まっていく。朝鮮半島では四世紀後半、百済と激しい戦闘が続き、やがて古代日本（倭）も参戦していく頃の高句麗で「太学」が設立されている。日本よりも約三世紀早い。他方、ベトナムでも、こちらは日本よりも後の時代だが、一三世紀に科挙の導入と共に「太学」が設立されている。

したがって、古代日本における大学寮の設立も、大きくは東アジア全体に儒教や科挙が浸透していく過程での出来事であった。日本の場合、なぜそれが「太学」ではなく「大学寮」だったのか、そして遣唐使が派遣されていたにもかかわらず、同時代の中国で使われていた「国子監」の呼称がなぜ使われなかったのかは、私にはわからない。古代史の専門家に聞いてみたいところである。素人の管見だが、文明の中心にいた中国に対し、日本は周縁である。その周縁から見て中国の知は、「大いなる学問」であった。聖徳太子の十七条憲法、大化の改新と律令国家形成のプロセスを経てきた古代日本が、その「大いなる学問」の府として「大学寮」を設置したという推測を立ててみたい気もする。ちなみに「学問」の語はすでに『易経』にあり、きわめて古い。唐代までに高度な知識体系として発達し、細分化もしていた儒教の教養を、周縁の日本は、ざっくり「大いなる学問」として受けとめていたのかもしれない。

しかし、やがて律令国家体制が崩れ、支配体制が荘園制へ移行すると、有力貴族は自分たちでそれぞれ大学寮相当の学校を設立し始める。それらは「大学別曹」と呼ばれ、羽振りのいい貴族は自分の学校の学生に元々の「大学寮」以上にいい待遇を保証したので、優秀層は「大学寮」よりも「大学別曹」のほうに流れていった。律令国家の衰退で大学寮の財政が逼迫し、学生たちへの十分な奨学サポートをできなくなっていくあたり、今日の国立大学との類似は著しい。こうして「国立」は衰退し、「私学」が栄える時代となったのである。しかし、実はそれも長くは続かなかった。古代的な大学制度を決定的に衰退させたのは、そこでの試験や教育のクオリティの劣化であった。古代の大学では卒業試験が官職への任官のゲートウェイとなっていたが、だんだんそれが教授の推薦があれば無試験でも可能になり、試験問題をめぐる不正も横行していくようになったらしい。まったくもって、すべてが今日と二重写しになってしまうが、こうしたすべての質的劣化が大学の存在根拠そのものを失わせていったのである。

「大学本校」の廃止と西洋知の導入

そして、日本でこの古代以来の伝統が本格的に復興されるのは、江戸時代に入り、林羅山が上野寛永寺近辺の自邸に孔子廟と儒学の私塾を設立してからのことである。羅山の塾は、儒学振興に熱心だった徳川綱吉によって現在の湯島聖堂の地に移転され、一七九〇年に規模を拡大させて幕府直轄の昌平坂学問所となった。今度は、「私学」から「国立」への格上げである。そしてこの昌平坂学問所が、全国の藩校の元締めとして、江戸時代後期を通じて儒学的な学問教育の総本山となる。

ここで注目したいのは、この昌平坂学問所が、決して「大学」とは呼ばれていないことである。江戸時代において「大学」は、学問所を統括する林家の当主が「大学頭」という役職名を世襲する仕方で残っていただけである。その「大学」は、林家への権威付与のための古代的呼称以上のものではない。ところが明治維新後、江戸を占領した薩長軍が、新国家の学問的中枢にしようと最初に考えたのはこの湯島聖堂であり、彼らは昌平坂学問所を改組して「大学本校」とした。律令時代の「大学」という呼称が、単に一つの家系を権威づけるための役職というよりも、学問教育の中枢施設の名として復活したのだ。

　ところがここに、イデオロギー的混乱が発生する。古代の大学寮での知の根幹をなしていたのは儒学である。そして徳川幕府も、「大学」の語は林家の呼称だけに形骸化させつつ、儒学を正統の教義とした。これに対し、天皇を頂点に戴き、古代律令国家の復活を政治的想像力の一部に組み込んでいた薩長の新政府は、イデオロギー的には国学と結び、初期には廃仏毀釈まで進めようとしていた。したがって、この新しい流れに便乗して江戸にやって来た国学者たちからすれば、復活した「大学」は、古代の「大学」とは異なり、国学をそのイデオロギー的中枢にするものでなければならないように思われた。だがこれは、長く続いてきた昌平坂学問所の伝統からも、元々の古代の大学寮からも大きな逸脱である。当然、ここに儒学派と国学派の間で「大学とは何か」をめぐる妥協なきイデオロギー抗争が生じることになった。

　ところが薩長の政権からすれば、そんなことはどうでもよかったのである。大切なのは儒学でも国学でもなく、西洋の技術的な知を一刻も早く新国家に導入していくことだった。「役に立つ」実学が重要で、「役に立たない」哲学など知ったことではない。湯島聖堂を「大学本校」としたのは、伝統を権威として利用しようとしていただけのことだ。ところがその権威が真っ二つに分かれ、収拾のつかない「大学紛争」を始めてしまった。新政権は、これほどまでに頭の固い学者たちは「役に立たない」どころか「有害」ですらあるとの結論に早々に達し、儒学者も国学者もお払い箱にしてしまった。

　新しい大学は、これらの古代からの知ではなく、西洋近代の知を輸入することに集中しなければならない。そのためには「本校」を廃し、これに付設されていた「南校」と「東校」だけで新国家の「大学」を設立していくとの結論である。大学本校は、消えたのだ。大学南校は、神田神保町にあった蕃書調所の後裔で、後に東京大学理学部と文学部となる。大学東校は、神田岩本町のお玉が池から和泉町に移った種痘所の後裔で、後に東京大学医学部となる。そしてこの展開のなかで、古代律令国家に由来する「大学」が、中世西欧の都市に由来する「ユニバーシティ」と重ねられていくことになるのである。

この合体は、明治国家からすれば辻褄が合っていた。古代の大学寮にとって最も重要だったのは、先進的な中国の知の導入であった。明治の大学にとって最も重要なのは、先進的な西洋の知の導入である。いつも文明の中心に少しでも近づこうとしてきた日本にとって、大学とは先進的な学知や技術を、選抜された優れた人材が効率的に取り込んでいくための知的基盤である。そのように割り切るならば、古代の「大学」と近代の「大学」に期待される機能に大差はない。古代は唐の国、明治から今日に至るまでは欧米で高く評価された学問的な流行が、いつも日本にとっては、追い求められるべき目標なのだ。もちろん、そうこうしているうちに何人かの卓越した学者が日本にも現れるから、彼らによって日本独自の知的生産がなされるだろう。しかし、それらへの評価は、古代は中国、近代は欧米の知的流行との比較でなされ続けなければならない。日本において「大学」とは、そのような評価づけのための装置である。

二　「大学」の再定義はなされたのか?

日本の「大学」は「ユニバーシティ」に非ず

ここに、そもそものボタンの掛け違いがあった。実は、日本の「大学」は、西洋的な意味での「ユニバーシティ」ではないのである。たしかに古代中国から日本を含め周辺諸国に広がっていった「大学（太学、大学寮）」と、中世西欧に発する「ユニバーシティ」にまったく類似がないわけではない。いずれの場合もこの種の高等教育機関では、「数」と「文」の学が基盤である。中世西欧のユニバーシティで、「リベラルアーツ」とされたのは、代数学、幾何学、天文学、文法学、論理学、修辞学、音楽の「自由七科」である。今日で言うならば、代数学から天文学までが理系、文法学から修辞学までが文系、音楽は芸術系ということになるが、中世西欧にそんな区別はなかった。リベラルアーツは学問の基盤として広く横断的な知をなしており、その根本に「数」と「文」にはある理念的な秩序があるという確信があった。

東アジアでも、理念的な確信の度合いはもう少し弱かったかもしれないが、知の根本に「文」と「数」があるという認識は同じである。そして、そのような基盤の上で、より有用な知として法学や医学が専門知として発達していった点でもそれほど大きな差はない。さらに言えば、これらの学問体系の中枢に、西欧の場合はキリスト教神学が、東アジアの場合は儒学があったわけで、「儒学」と「大学」の関係と、「キリスト教神学」と「ユニバーシティ」の関係には、明らかに相似の構図があった。

しかし両者には、その根本でいくつかの決定的な違いがあった。何よりも、中世西欧において「ユニバーシティ」は、教師と学生の協同組合として誕生した。その前提となったのは、キリスト教世界にボーダーレスに広がった中世都市のネットワークで、都市から都市へと旅する商人、職人、聖職者、そして知識層がそこにいた。旅する学徒たる教師と学生は、それぞれの都市で学びの舎を営むに当たり、地元の封建的諸勢力に対抗して、言論の自由のみならず、様々な暴力的介入からの保護の権利も獲得する必要があった。そこで彼らは協同組合を形成し、ローマ教皇や神聖ローマ帝国皇帝から特許を得ていったのである。つまり、教皇や皇帝の特許を受けることは、彼らの「自由」を理念的という以上に実質的にも保証していたわけで、それは世俗の在地的な権力からの干渉を排するためのものだったのである。

中世西欧の大学史でさらに興味深いのは、こうしてローマ教皇や神聖ローマ帝国皇帝の権威を借りることで世俗の在地的な権力の干渉を脱した「自由の結界」としての大学が、やがてそうした超越的権威からすら「自由」な知を育んでいったことだった。中世的な大学の最盛期、一四世紀から一五世紀にかけての西欧は、同時に宗教改革に向かう時代にもあったが、この一致は偶然ではなかった。ローマ・カトリック教会に対する宗教改革運動の先駆をなしたのは、ジョン・ウィクリフの思想であった。彼は聖書を英訳し、教会ではなく聖書に基づくキリスト教思想を広めようとした。彼の思想は、死後にローマ教会によって「異端」の烙印を押されていくが、そもそも彼はオックスフォード大学教授であり、その思想形成は、大学という「自由の知」の空間と切り離せなかった。そしてウィクリフの思想を受け継ぎ、一五世紀初頭、チェコ全土を巻き込む宗教改革の大騒動の中心人物となるヤン・フスは、プラハ大学でいくつもの学位を得て教授となり、さらにはプラハ大学学長にもなっていた影響力ある大学人だった。

さらに、このウィクリフからフスへの思想的潮流の先で、一六世紀初頭にマルティン・ルターが登場するわけだが、彼もまたヴィッテンベルク大学の神学教授が本職だった。最終的にローマ・カトリック教会に決定的な打撃を与えたのが、名門のオックスフォード大やプラハ大ではなく、これらに比べれば新興のウィッテンベルク大からの改革運動であったことは興味深いが、ウィクリフの思想からフスの闘いへ、そしてルターによる歴史の転換へという中世キリスト教世界に生じた最大の事件を下支えしたのは、紛れもなく「大学の自由」であった。つまり、一二、一三世紀に勃興した中世の大学は、その知的発展の先で、一四、一五世紀には世俗的権力のみならず宗教的な超越性にも盲目的に従属するのではない強靭な思想的自由の伝統を獲得していたのである。外部資金集めを目的に「免罪符」を発行し続けることの不正義を論じた改革運動に、ローマ教会は次々と「異端」の烙印を押していくが、それでも改革運動が消えることはなかった。宗教改革は、まったくの草の根的なものというよりも、大学という「自由の結界」を基盤にしていたからこそ、世代を越えて継承される持続的な文化運動となっていったのだ。

このような世俗権力に対する、それどころか宗教的権威にすら対抗し得る超越性を、中国や日本の「大学」は持っていなかった。それどころか、それらは世俗権力に奉仕するエリートを養成するためにこそ設置されていたわけで、「大学」は、「教師と学生の協同組合」ではそもそもなかったのである。

「大学」「塾」「学院」と「ユニバーシティ」

中世西欧で世俗の政治勢力を超越する自由の結界として「ユニバーシティ」が可能であったのは、一方では、世俗権力の支配圏を越えて旅する教師や学生の越境性が中世都市のネットワークに支えられ、他方では広域をカバーする教皇や皇帝の権威によって権力構造が二重化していたからである。この権力の二重性によって、ユニバーシティは、地元の在地権力と敵対しても、武力や財力とは異なる方法で独立を守ることができた。これに対し、古代日本の大学寮から明治日本の帝国大学へと継承された「大学」の系譜は、そうした水平的横断性や垂直的二重性に基づいたものではなかった。それらはあくまで国家の知識エリート養成のための機関として、世俗の一元的な権力秩序に包摂されていた。

教師と学生の協同組合から出発した「ユニバーシティ」と国家の官吏養成機関として出発した「大学」という違いに加え、日本近代の大学には、もう一つのやっかいな歴史がつきまとってきた。明治日本の大学が目指したのは、何よりも先進的な西洋の知識を効率的に消化し、自国の近代化のために導入していくことであったため、それぞれの分野で最も効験あらたかなモデルとなる国が選ばれ、その「いいとこどり」がなされた。たとえば東京大学の場合、大学東校から東大医学部となる系譜に最も影響を与えたのはドイツ、司法省明法寮から東大法学部へと向かう系譜に最も影響を与えたのはフランス、工部大学校から東京大学工学部となっていく系譜に最も影響を与えたのはスコットランドである。

戦前の帝国大学全体は、同時代の世界で支配的だったドイツ型であるとしても、草創期に個々の分野がモデルとした国はまったくばらばらである。近代に遅れてきた国家が、周縁からアジアの帝国にのし上がっていこうとしたとき、学問的体系性などどうでもいいから、とにかく「今の世界ですぐに役に立つ」知識を片っ端から断片化して摂取していったのだ。それが日本の大学の近代であり、そうしてばらばらなモデルを寄せ集めながら近代日本の学知の伝統が出来上がっていったのである。

しかしながら、近世・近代の日本で、こうした「大学」以上に「ユニバーシティ」に近い存在がなかったというわけではない。なかでも緒方洪庵の「適塾」や吉田松陰の「松下村塾」から福沢諭吉の「慶應義塾」まで、幕末維新期に広がった「塾」は、規模の大小はともかく、西欧的な意味での「ユニバーシティ」に近い要素を「大学」以上に含んでいた。幕末の日本では、幕藩体制の弛緩の中で、脱藩志士から商人、博徒まで多様な人々が流動しており、同時に権威のシステムも重層化してきていた。そして何よりも、洪庵や松陰、福沢とその周囲に集まった学徒たちの間には、「教師と学生の共同体」とも言える何かが生まれていたように思われる。加えて言えば、明治学院や関西学院、立教学院、青山学院というように、ミッション系の高等教育が「学院」の言葉を好んだのは、帝国「大学」よりも下位というのではなく、国家からの自律性を強く意識していたからでもあるように思われる。つまり、これらの「塾」や「学院」が、「大学」よりも「ユニバーシティ」から遠い存在だったとは決して言えないのである。

占領期改革とさらなる複雑骨折

かつて、このような教師と学生の共同性は、帝国「大学」以上に旧制「高校」に根づいていたものだった。徹底したリベラルアーツ教育にしても、戦前の旧制高校では、今日の総合大学を凌ぐ水準の学びが実現していた。しかし、占領期の教育改革は、敗戦国ですでに実現していた学びを未来への資産として救い出そうとはせず、旧制高校を「カレッジ」ではなく「ハイスクール」と見なして廃止してしまう。

それだけではない。占領期改革は、ドイツ的な意味での研究と教育の一致、つまり今日の大学院並みの存在だった戦前期の大学の学部を、「グラデュエートスクール」ではなく、あくまで「アンダーグラデュエート」と見なしていった。つまり、戦勝国の傲慢と言えば言い過ぎかもしれないが、占領者たちは日本の高等教育の仕組みを実際よりも一段低く見積もり、その結果として「発見」される空白にアメリカの高等教育の仕組みを挿入したのである。こうして旧制高校が廃止された先で、新たに設置された学部前期課程で一般教育の仕組みが必要となり、さらに戦前からの学部の専門教育が大学院に移行しなかったので、逆にその専門課程の上に、新たに「本格的」な専門課程が大学院として必要とされていった。

やっかいなことに、占領期の米国主導の教育改革には日本側も抵抗したので、過去の教育課程の多くも存続していくことになった。つまり、日本の大学教育は、ドイツ型からアメリカ型に全面転換したのではなく（植民地朝鮮の京城帝国大学から韓国のソウル大学校への変化は、ドイツ型からアメリカ型への全面転換である）、ドイツ型の専門教育の体制を残しつつ、アメリカ型のカレッジとグラデュエートスクールの仕組みも取り入れることとなった。こうして戦後の中核的な総合大学では、戦前からの専門教育研究の体制は学部後期課程に残り、学部前期課程にはアメリカのカレッジをモデルとする一般教養教育が導入され、両者が複雑に接合されていったのである。同時に、戦前からのリベラルアーツ教育の基盤であった旧制高校は解体されるか、あるいはこの学部前期課程のなかに吸収されていった。さらに、実質的に大学院レベルの教育をしていた学部専門教育の上に、新たに大学院教育が加えられていったのである。これらすべては、そもそも「大学とは何か」という定義が突き詰められないまま、古い「制度としての大学」に、新しい「制度としての大学」が接ぎ木されていった結果だった。

大学設置基準の大綱化と大学院重点化を大きな柱とした平成の教育改革は、この戦後間もない頃の教育改革がもたらしていたねじれを、さらに複雑化させてしまった。というのも、「大綱化」とは、要するに学部教育における科目区分や学部名称の規制緩和であり、とりわけそこで一般教育科目と専門科目の区分が廃止されたことが大きかった。その結果、それまで一般教養科目を担当していた教員が次々に専門科目に重心を移し、前期課程レベルの一般教養科目の中身が空洞化した。他方、大学院重点化によって大学院修士課程、博士課程の規模は大いに拡大されたが、それらの大学院生が学位を取得した後のキャリアパスは改善されなかったので、結局は大学院全体の価値低下を招いた。これらの「改革の失敗」はすでに周知のところだが、その失敗の一因は、リベラルアーツ教育と専門教育の質的な違いに無自覚なまま規制緩和を進め、学部後期課程の専門教育と大学院修士課程の研究教育がいかなる関係にあるべきなのかが十分に考え抜かれないまま大学院拡充を行ったことにある。そして、さらにその遠因は、そもそも近代日本に導入された「ユニバーシティ」とは何なのかが問われず、しかも敗戦後、米国の高等教育で一般的だったカレッジとグラデュエートスクールがそこに安易に接ぎ木されたことにもあった。これらのことが根底から問い返されない限り、この複雑骨折は、どうにも直しようがないのである。

三　危機の中で〈大学〉の理念を問う

「入試」と「就職」のための大学？

このようなことに、おそらく日本社会はまるで関心がない。私がここで書いたことも、またこれまで書いてきたことも、大多数の日本人にとってはどうでもいいことで、関心の埒外にある。ところが、それらの人々は、実は大学に関心がないわけではないのである。それどころか関心は大有りで、自分の人生のある時期、そして息子や娘がある年齢になった時期に、大学への強い関心のために相当の時間とお金を使っている。すなわち、大多数の日本人の大学への関心とは、専ら大学「入試」への関心である。「入試」は、膨大な数の受験生や中高生、その両親のみならず、日本社会に深く根を張った受験産業、中学高校の教師、それを取り巻くメディア、さらに社会全体にとってきわめて大きな関心事である。つまり日本社会は、「大学」ではなく大学「入試」に社会全体が関心を向けるシステムをすでに制度化している。

これは、本末転倒ではないか――。ごく最近も、英語入試で民間試験を導入するかどうかの議論で大騒ぎが起きた。「入試」は世間の大学に対する最大の関心事でも、しかし大学の根本問題ではない。入試を大改革しても、今以上に日本の大学教育が良くなるわけでも、本書で論じる諸問題が解決するわけでもないのである。そもそも中堅以上の水準とされる大学なら、入試で失敗してきたのでも、入試制度が悪いから学生が勉強しないのでもない。入試突破直後の日本の高校生の学力は、世界的に見て高い水準にあり、日本の大学の根本的問題は、その入学者たちの知的ポテンシャルを十分に伸ばせていない点にある。

それにもかかわらず、一般に人々が大学について関心を向けるのは、何よりも「入試」であるため、大学をその理念のレベルから問い返し、その教育の成り立ちを構造改革していくという回りくどい道は、なかなか関心も集めないし、理解もされない。悪循環である。人々は、大学の内部で起こっていることはカッコに括り、外からでも見えやすく、切実な目先の問題である入試を変えることで大学が変わるかのような幻想に飛びつきがちになる。メディアがそれを煽るという面もあろう。しかし、実は「入試」は今日の大学が抱える問題の核心ではないのである。むしろ、入試をあたかも大学の根本問題であるかのように受けとめてしまう社会の「常識」にこそ問題の根本がある。要するに、この国では〈ユニバーシティ＝大学〉が何であり得るのかが理解されておらず、そこでの学びの可能性が信頼されてもいないのである。

この本末転倒は、ある必然をもって生じている。日本社会の「常識」からすれば、「大学」とは、若者が「高校」と「就職」の間で通過する数年間の通過儀礼である。多くの中高生やその両親が大学受験をまるで人生の目標であるかのように思い込むのは、それがこの通過儀礼に参加するためのイニシエーションだからであり、その試練に耐えて儀礼に参加すれば、その先の人生も決められたルートに乗ると信じられてきたからである。ここでは人生が、まるで学力によって振り分けられる単線的な未来の集合なのだ。本当は、未来はそのような直線の延長上にあるのではないし、一人の人間の人生にも複数の未来が絡まり並存している。大学は、そうした複数の未来との出会いの場としてこそ価値を持つはずだが、小学校から中学、高校までの直線と、新入社員から定年退職までの直線を繋ぐのが大学入試なのだという「常識」が、いまだに支配的なものであり続けている。人生が二つの線分だけから成り立っているのなら、入学から卒業までの数年間は、第一の線分から第二の線分に移行するためのモラトリアム期間でしかない。

昨今では、こうした直線的成長の人生モデルに、より消費社会的なモデルも付け加わっている。とりわけこれは大学院重点化や外部資金の拡大という流れの中で顕著であり、上位校の大学院や大学教授職が当人の格付けを上げるラベルとして使われていく傾向が強まった。一方では大学院を重点化した大学で、学生定員を埋めるために入学のボーダーラインを下げざるを得なくなり、これに応じて「学歴ロンダリング」と批判される現象が生じていった。文系の場合は学部から修士、理系の場合は修士から博士に進学する優秀層が減少し、定員とのギャップを他大学出身者が埋めていくのが常態化したのである。こうして学部では東大に入れなくても大学院なら楽々合格し、あるいは学部では慶應に入れなくても大学院なら楽々合格する。だから自分の学歴をアップグレードするために大学院進学が使われるケースが増えた。他方、運営費交付金が減らされ、外部資金によるプロジェクトが膨らんでいったために、客員や特任などの教授職が激増し、「大学教授」が地位の商標として使われていくようにもなった。

こうした現象だけを見るならば、事態は古代国家の解体過程で大学寮が存在価値を失っていったときと似た仕方で推移していると見えなくもない。あの時も、大学寮の試験や教育が形骸化し、官職も有力者から支援を得るために宮廷が付与する名誉財となることで、「大学」はその存在価値を失ったのだ。大局的に見るならば、同様の危機が再び大学を襲いつつあるのかもしれない。ただし、ここで念を押しておきたいのは、今日の大学にとって、この過程を拒否することは何ら問題の解決にはならないことである。国民国家は世界全体で後退しており、かつての大学寮と同じように、とりわけ国立大学では文系を中心に持続可能性が揺らいでいる。もう数十年にわたり、「毒まんじゅう」という言葉が多くの大学執行部の間で日常的に語られてきたが、これは要するに本来の望ましい大学の在り方から多少逸脱するリスクを覚悟で外部資金を獲得していくことを意味する。「毒」があることはわかっていても、「まんじゅう」を食べないと死んでしまうので、サバイバルのために覚悟の上でそれを口にするのだ。

国際的に見るならば、大学を、研究と教育の一致を目指したフンボルト型から、カレッジとグラデュエートスクールの二層構造に転換していく過程は、二〇世紀にアメリカから世界へと一般化した。今ではヨーロッパのユニバーシティも、このアメリカ型の二層構造への転換を急ピッチで進めている。グローバルに広がる巨大なデータ資本主義、そしてアカデミック・キャピタリズムを未来の大学は拒否できない。国内で起きてきた産学連携を通じた外部ステークホルダーの影響力拡大は、そうした大きな流れの一部である。つまり、大学はもはや外部の資本主義から切り離された閉鎖空間ではあり得なくなっている。大学の教育から研究までが、社会の変化の只中で、絶えず問い返されざるを得ないのである。

福沢諭吉と「学問のすゝめ」

危機はしかし、大学の理念を問い直すには必ずしも悪いことではない。過去を振り返るなら、近代日本で〈大学＝ユニバーシティ〉の存在価値が根底から問われたことが何度かあった。そのいずれもが、危機の時代の只中でのことだった。おそらくその最初期のものは、福沢諭吉による「学者の職分を論ず」論であろう。明治初期、福沢は同時代の啓蒙知識人たちが、「皆官あるを知って私あるを知らず、政府の上に立つの術を知って、政府の下に居るの道を知らざる」状態であることを厳しく批判した。日本では、「青年の書生僅に数巻の書を読めば乃ち官途に志し、有志の町人僅に数百の元金あれば乃ち官の名を仮りて商売を行わんとし、学校も官許なり、説教も官許なり、牧牛も官許、養蚕も官許、凡そ民間の事業、十に七、八は官の関せざるものなし。これをもって世の人心益〻その風に靡き、官を慕い官を頼み、官を恐れ官に諂い、毫も独立の丹心を発露する者なく」なってしまった（福沢諭吉『学問のすゝめ』岩波文庫、一九四二年、四〇―四一頁）。

このような上からの近代化では、知は育つことがない。なぜならば、この「官」主導は、「知る心」よりも先に「従う心」を育ててしまうからだ。「知る心」は、どこかで「従う心」に抗し、大勢に決然と従わない独立の覚悟を伴っていなければならない。福沢は、「群雁野に在て餌を啄むとき、其内に必ず一羽は首を揚げて四方の様子を窺ひ、不意の難に番をする者あり、之を奴雁と云ふ。学者も亦斯の如し。天下の人、夢中になりて、時勢と共に変遷する其中に、独り前後を顧み、今世の有様に注意して、以て後日の得失を論ずるものなり」と語っていた（『民間雑誌』第三編、全集一九巻、五一二頁）。学者とは「奴雁」であるという福沢の定義は、彼の大学とは何かという定義も内包している。大多数の人々が前しか見ていない、あるいはそれすらわからずただ流れに従っている時に、独り足場を築いてその上に立ち、過去に向けても、未来に向けても、異なる文化や社会に対しても遠くまでを見据えることで、決然と大勢に異を唱えることのできる知性こそ、学者の学者たる根本であり、大学が若者たちのなかに育むべき力なのだ。

しかも福沢は、「そもそも事をなすに、これを命ずるはこれを諭すに若かず、これを諭すは我よりその実の例を示すに若かず」という信念を持っていた。要するに、教育の根幹は「私が実例を示す」ことだと考えていたのである。だから彼は、「我輩先ず私立の地位を占め、或いは学術を講じ、或いは商売に従事し、或いは法律を議し、或いは書を著し、或いは新聞紙を出版する等、凡そ国民たるの分限に越えざる事は忌諱を憚らずしてこれを行」おうとした（『学問のすゝめ』四二頁）。未来の日本では、人民が政府から独立していなければならず、そうした人民を育てるのが職務たる教育は、決して「官」のものであってはならない。いくら「官」が「民」の啓蒙に努めても、そこに生まれるのは政府の命令に従順な優等生ばかりである。そんな優等生の量産は、人民から独立の気風を奪い、啓蒙の根底を覆してしまう。その官主導に抗する基礎に、大学のみならず出版、新聞からビジネスまでの総合的な営みが必要だった。

南原繁と「知識の統一」としての大学

福沢が教育の根本は「官」にはなく、「民」の自立にあると説いた明治初期は、古代律令国家の「大学」を踏襲するかのような「大学本校」が崩壊し、西洋の知をいかに受容するかが根底から問われていた時代だった。日本が直面したこれに類する危機の時代は、敗戦直後である。そしてこの危機の時代に、大学とは何かを最も熱心に語ったのは、東京帝国大学最後の総長だった南原繁であった。

南原は、大学、そしてそこで学ばれるリベラルアーツを、国家を超える人類的価値を生み出す場所と見なしていた。彼は一九四六年二月一一日、あえて「紀元節」の日に安田講堂で催された式典で、「新日本文化の創造」という総長演説をしている。そこで南原は、この国全体が国家至上主義者たちの根拠なき自己過信と独断、欺瞞と恫喝に同調していくのを許してしまった大失敗の原因を、「わが国民には鮮烈な民族意識はあったが、おのおのが一個独立の人間としての人間意識の確立と人間性の発展がなかったこと」

に求めた。なぜなら、そもそも「人間思惟の自由とあらゆる政治的社会的活動の自由は、この人間意識から生れ出でるもの」である。ところが日本では、個人の思惟の根底が、「国家的普遍と固有の国体観念の枠にはめられ、なかんずく、個人良心の権利と自己判断の自由が著しく拘束」されてきた。国家は発展し、産業も近代化を遂げたにもかかわらず、「人間」は発見されないままだったのだ。明治維新以来、「日本は早くも近代国家の形成に忙しく、一切の営みは挙げて国家権力の確立と膨張に向けられ、文化は国家のために手段視され来たったのである。そこの一旦芽生えたはずの人間性と人間の自己意識は、かかる事情の下に委縮し、その成長を妨げられた」（南原繁『南原繁著作集』第七巻、岩波書店、一九七三年、一三頁）。

彼を継ぐ矢内原忠雄と同様、無教会派キリスト教徒として内村鑑三の薫陶を受けていた南原の大学概念は、古代中国由来の儒教的「大学」よりも、はるかに中世キリスト教世界から発達してきた「ユニバーシティ」に近い。彼はその講演で、国家優先の近代化が破局した今、「ヒューマニズム的人間性の解放と独立のみをもっては、いまだ人間の完成ということはできぬ」と主張した。人間的思惟の自由な広がりだけでは不十分なのであって、「必ずや人間主観の内面をさらにつきつめ、そこに横わる自己自身の矛盾を意識し、人間を超えた超主観的な絶対精神――『神の発見』と、それによる自己の克服」が求められる。なぜならば、「元来『自由』の真義はかかる神的絶対者に結びつくものであって、人はかかる絶対者を本源的なものとして信じ承認するところ」にこそ自由の本源があるからだ。こうした意味で必要なのは、新たな超越的な理性への感覚の解放である。「民族宗教的な日本神学からの解放は、単なる人文主義理想によって代置し得られるものでなく、宗教に代うるには同じく宗教をもってすべく、ここに新たに普遍人類的なる世界宗教との対決を、いまこそ国民としてまじめに遂行すべき」である（同書、一一五頁）。

南原によれば、新生日本が志向すべきは「確然と知性に裏づけられた倫理的＝宗教的な理想主義的文化理念」である。このような理想主義的文化理念の揺籃の場は、どこよりも大学に求められなければならなかった。東京大学創立六九周年の式典で南原は、「大学の理念」について論じている。大学はその誕生以来、キリスト教会と国家という二つの強大な権力に対する自律性を確保する闘争を重ねてきた。ところが「近代国家の発展の過程において、やがて国家が大学を完全に自らの『機関』として包摂し、自己に従属せしめるに至った」。日本の帝国大学創立はその典型であり、大学のミッションは何よりもまず「国家に須要なる」学術の教授と研究であると位置づけられた。日本の帝国大学システムは、概してこの目的に忠実であったが、まさにそれ故に「自ら独立の理性の府であるべき大学が『国家の理性』に自らを隷属の位置におくに至った」のである。南原はこれに続けて、次のような注目すべき発言をしている。

「しかも一九世紀後半のヨーロッパはなべて実証主義興隆の時代であり、わが邦明治の文物がその方向をたどって発達し、自然科学をその方法が主調をなしたことは、大学の性格をほとんど決定的ならしめるに十分であった。そこに自然諸科学はもとより、倫理学・法律学・経済学等近代『科学』を成立せしめ、それぞれ専門の『分科（ファカルティ）』の独立がなされ、相俟って文明の進歩に貢献したことは、大学の隆昌をもたらしたと同時に、そこに大学の一つの『危機』が孕んでいた」（同書、四一―四二頁）

つまり、「ファカルティ（専門学部・学科）」の発達と自立は、〈大学＝ユニバーシティ〉にとって深刻な危機であると、南原は述べているのである。諸「科学」の学部学科専門分野ごとに閉じた発展は、大学の理念にとって破滅的である。なぜならば、そのような分断された専門知の発達により、人間と世界の全体的統一が破れ、「『大学（the University）』がその名に値する『知識の統一（unitas intellectus）』をついに失うに至った」。国土と国民にはかり知れない被害をもたらした戦争が終わった時代、日本の大学に求められるのは、この「知識の統一」を、大学が取り戻すことだと南原は確信していた。

「維新」と「敗戦」は、近代日本が経験した最も深刻な軍事的、政治的危機である。この二つの危機の時代において、それぞれ異なる仕方ではあるが、「大学とは何か」という問いが、同時代を代表する知性によって提起されていたことは、この問いと「危機の時代」の親和性を示している。

しかし、歴史は変動と持続の複雑な重なり合いから成り立っている。ある時代に出来上がってしまった構造は、組織や制度の面でも心性やハビトゥスの面でもなかなか変化しない。つまり、そこで成立したリアリティが自明化され、人々はそれが永続的な秩序であるかのように思い込むのである。時折、そんな自明性に異議を唱える人々、若者や宗教集団、社会運動論がテーマにするような集合的主体が現れ、既存秩序に挑戦するが、社会が成長期や安定期にある間は、秩序を根底から変化させるには至らない。

一九六八、六九年の学生たちによる大学への異議申し立てが、近代日本の大学が直面した最も重要な問い直しであったことは言うまでもないが、福沢や南原の時代と比べても、六〇年代末の「紛争」は日本の大学に大きな変化をもたらさなかった。「闘争」のリーダーたちは大学から排除され、塾講師や自然保護家になったり、東洋医療の領域に転身したりした。学生たちは悩んでいたが、いまだ高度成長を謳歌していた社会は、彼らの問いかけを一時的な熱狂という以上のものとは受け止めなかったのである。

日本に比べ、アメリカの大学における一九六〇年代の若者たちの「叛乱」は、大学組織の改革においても、アカデミックな知の地平の変革においても、より大きな変化を生んでいった。アメリカでステューデント・ムーブメントの担い手たちが一九七〇年代以降、大学教育やアカデミズムの仕組みを大きく変えていくことができたのは、同時代のアメリカが何よりもベトナム戦争の後遺症で、また経済的な衰退のなかで大きな危機に瀕していたからという理由もあるのではないだろうか。今日の地点に立ってみると、日米の大学教育の仕組みにはきわめて大きなギャップがあり、その一部はもともとの違いであるかもしれないが、多くが一九七〇年代以降のアメリカの大学が実現してきたような大学改革を、日本の大学はほとんど実現できなかったことに由来している。一九七〇年代から八〇年代にかけて、六〇年代の紛争の時代に問われた多くの問題が、日本の大学では深められるというよりも忘れられていったのだ。

四　大学を取り巻く五つの危機

量的危機と淘汰

このように考えてくると、まさに現在ほど、「大学とは何か」という理念的な問いが必要とされている時代はないのではないか。その理由はもちろん、私たちが危機の時代を生きているからである。ここでいう危機とは、大学の危機であり、同時に社会の危機である。このうち、現代日本における大学危機は、量的危機、制度改革の失敗、教育的欠陥、グローバル化、メディア変容という五つの位相を含んでいる。

量的危機とは、大学バブルの崩壊の危機である。一九四五年、敗戦の時点で日本には大学は五〇校もなかった。それが二〇一〇年代までに大学数は約七八〇校と、約一六倍に激増した。新制大学発足後の五〇年と比較しても、約二〇〇校から七八〇校へと約四倍に増えている。大学生の数は、四五年の約八万人から二〇一一年の約二九〇万人へと、約三六倍の増加である。大学院生数に至っては、統計がとられた最初の年である一九五〇年にはわずか一八九人しかいなかったのが、二〇一〇年には約二七万人となり、増加率でいえば約一四三〇倍である。この間、総人口は、五〇年の約八三〇〇万人から、二〇一〇年の約一億二八〇〇万人と約一・五倍に増えただけである。一八歳人口は、ピークとなった一九六六年の約二五〇万人から二〇一〇年の約一二〇万人へと半減している。戦後日本の大学は、同時代の人口増加、一九八〇年代末以降の若年人口の減少に比せば、あまりにも不釣り合いな仕方で量的拡大を続けてきた。

もちろん、一九六〇年代末まで続いた若年人口増に対応した大学の規模拡大を否定するのは難しい。しかし、七〇年の日本の大学数はまだ三八二校である。八五年に至っても、大学数は四六〇校、大学生数は約一八五万人にすぎない。ところがその後、一八歳人口の急速な減少にもかかわらず、八〇年代末からの二〇年間で新たに二二〇校以上の大学が認められ、学部学生数は二〇一〇年には約二九〇万人に達した。これはやはり、バブル的な増加であったと言わざるを得ない。大学院生数は、一九八五年の約七万人から二〇一〇年の約二七万人へと約四倍に増加した。つまり今日では、四人に三人まで、八〇年代半ばまでなら大学院には進学しなかったはずの人々が大学院生となり、学位論文を書いているのである。

入学者の母集団が縮小しているのに反比例して大学数が増えていけば、全体として入口のハードルは低くなり、質の低下を避けられない。二〇〇〇年代以降、志願者数低下に直面した大学は、選抜方式の多様化や社会人学生枠の拡大、大学広報の強化といった志願者マーケティングを強化し、さらに学生の就職活動支援を進めた。その努力は真摯なもので、そのために教職員の甚大な時間と労力が投入されてきた。

そして、この努力がいかなる皮肉な結果を生んでいくかを象徴するのが、学部名称の「カンブリア紀的大爆発」である。全国の大学の学部名称は一九九〇年の時点で九七種類しかなかった。ところがその後、一九九五年には一四五種、二〇〇〇年には二三五種、二〇〇五年には三六〇種、二〇一〇年には四三五種と激増していく。この過程を子細に見ると、グローバル化や高齢化といった動向を意識しつつ、それぞれの学部が生き残りをかけて口当たりのいいカタカナ語を工夫していった様子を見て取れる。しかし、その努力を貫いたのが学問の理念とは乖離したマーケティング的な努力であったため、学部名称だけからでは、そこが何をしようとする学部なのかが想像もできないものも増えていった。

このような必死の努力にもかかわらず、八〇〇校近くまで膨れ上がってしまった大学の少なからざる割合が、これから二〇年間くらいの間に淘汰されていかざるを得ないだろう。二〇一七年に約一二〇万人だった日本人の一八歳人口は、二〇三〇年には約一〇〇万人、二〇四〇年には約八八万人に減少する。人口統計は予測の確度がきわめて高い分野なので、この減少はもはや逃れることができない。つまり、約二〇年後には、大学進学者予備軍となる一八歳の日本人は、確実に現在の四分の三に縮んでいるのだ。

様々な理由から、大学進学率もすでに限界に達していると考えられるので、大学が高校卒業後の日本人学生を受け入れる機関であることにこだわり続ける限り、学生数も現在の四分の三、したがって大まかに言えば大学数も現在の四分の三に絞り込まざるを得ない。つまり、現在の約八〇〇校のうち、約二〇〇校の大学がいらなくなるのである。もちろん、文科省の指導下で、この淘汰は「学生を守る」という趣旨から複数大学の統合として進められていくだろうから、企業の倒産のような露骨な形をとらないことが多いだろう。しかし、日本の大学数は、約二〇年後には約八〇〇校よりずっと減少している可能性が高く、この縮小をいかに質の向上と結びつけるかが今後の大学政策の中心課題となる。

改革の失敗と履修科目過多

人口構造の変化を無視するかのような大学数や学生数の増加、学部名称の爆発的多様化という一九八〇年代末以降の動きを貫いていたのは、新自由主義路線の下での規制緩和である。そしてこれが、第二の危機、すなわち大学の制度的危機をも貫いてきた。一九九〇年代以降の上からの大学改革、すなわち大学設置基準の大綱化と大学院重点化、国立大学法人化は、いずれも高等教育が旧来の許認可主義を脱し、規制緩和を進める路線の上でなされたものである。大学設置基準の大綱化では、「教養」と「専門」の境目についての規制が緩和され、「専門」と学部や学位の名称との対応でも自由度が拡大した。大学院重点化では、大学院の門戸が大きく開かれたことにより、その大衆化が進んだ。そして国立大学法人化は、他の国立・国営の組織と同様の民営化路線の結果である。

一九九〇年代末以降、国の高等教育政策は「許認可」から「補助金」に軸足を移動させる。その結果、「大学の自主的判断」や「学長のリーダーシップ」が事あるごとに強調されていくようになった。規制緩和は、表向きには「官」が「民」に決定を委ねる傾向を助長していく。しかしその「民」は、すでにかなり疲弊し、過当競争が常態化しているので、少しでも現状の苦しさから脱しようと「毒まんじゅう」に飛びつく意欲に溢れている。結果的に、国の意向を過剰なまでに忖度するプランが各大学の自主性と学長のリーダーシップによって提案され、それらがさらに競争する中で予算が分配されていくので、国主導ではない国策的な大学の横並び状態が一層深刻化した。

さて、第三の教育の危機も、私はこれまで拙著で繰り返し論じてきたことなので、ごく簡単に触れるにとどめる。学生たちが毎週一〇を超える科目の授業を渡り歩き、それぞれは週一回しか開講されないという科目編成が日本の大学では常態化している。各学期で一〇科目、年間二〇科目ということは、卒業までに学生たちが履修する科目数はしばしば七〇を超える。これは、国際的に見て異常である。日本の大学はいわば授業のスーパーマーケットで、学生は学期の前半、商品棚から楽に良い成績が取れそうな科目を多めに籠に入れ、レジ（＝期末試験）に行くまでに、ちょっと割高な科目（＝良い成績を取るには効率の悪い科目）を元に戻し、無駄のない買い物を目指す。このような学修が、福沢や南原が構想した大学の対極に位置することは明らかであろう。国際標準では、大学生が一週間に履修する科目数は日本の半分以下であり、それぞれの科目の授業が毎週二〜三回は開講される。つまり、一つひとつの科目が日本よりもずっと重いのである。この重さに、予習や復習で学生に要求される課題の重さが結びついており、大学はスーパーマーケットではなくコーチングの場である。だからこそ、大学は優れたコーチ（教授陣）を揃えることが決定的に重要なのだ。このような基本的な前提を、日本の大学は根本から欠いている。

グローバル化とネット化への対応の遅れ

第四のグローバル化に関しても、すでに多くの議論がなされてきた。ここで特記されるべきは、グローバル化が進む中で、日本の大学がかなり不利な位置にあることだ。たとえば韓国や台湾では、高学歴人材のための国内市場が限られるため、優秀層ではもともと海外の主要大学への留学が優先的な選択肢として重視されていた。中国でも、戦争と革命、それに文化大革命で既存の知的基盤がかなり破壊されてしまったため、高学歴人材を養成するのに欧米の高等教育機関への留学がキャリアとして重視されてきた。これに対して日本のトップレベルの大学では、過去の蓄積が戦後も残ったため、そうした海外ルートに依存しないでも優秀層の再生産が可能な体制を長らく維持してきた。また、そのようにして育成された高学歴層のための人材市場の規模も、日本の市場は中国以外の他のアジア諸国よりもかなり大きい。そのため、国内のトップレベルの大学を目指す学生たちにとって、実践的な英語力も留学もキャリアパス上の最優先事項とは考えられてこなかったのである。結果的に、日本の多くの主要大学はグローバル化への対応に大幅な遅れをとった。その結果は国際指標に明らかで、東京大学をはじめ主要な日本の大学は、ここ十年以上にわたり国際ランキングを下落させてきた。多くの大学が、教員の構成、学生の留学、英語による授業のどれをとっても、今日の国際標準にはるかに及ばない状況を変えられないでいるのである。

最後に、大学のメディア的危機は、それ自体は日本のみならず全世界の大学が直面している危機でもある。インターネットにより情報がデジタルに爆発するなかで、大学の役割は数世紀に一度という変化を経験しつつある。しかし、e-learning の導入においても、電子コンテンツの利活用においても、日本の大学は長い停滞を続け、米国や他のアジア諸国の大学の後塵を拝するに至った。つまり、過去約二〇年にわたり、海外の大学では教育のネット化やその基盤のデジタル化が劇的なスピードで進んできたのに比し、日本の主要大学での変化は遅々としたものだった。その理由の第一は、日本の大学では授業が担当教員の個人的な裁量に支えられ、組織的なサポート体制が弱いことである。そのため、デジタル化への対応も教員個人の努力に任されることが多く、よほど熱心か技能のある教員でなければ、なかなかそこまで労力はかけられないのである。第二の理由は、日本では著作権の例外規定が限定的で、教育研究のためのフェアユースの考え方すら確立していないことにある。そのため、教育のデジタル化を進めようとすると、著作権処理に膨大な労力が必要となり、割が合わなくなってしまうのだ。この状況は、二〇二〇年春の新型コロナウィルス感染症の感染拡大という突然の衝撃で対面的授業が実施不能となる中、大きな変化の兆しを見せているが、「外圧」がないと何も変われないという国民性が、また露呈した形でもある。

〈近代〉の臨界と第三世代の大学

今日、日本の大学が経験しつつある危機は、これら五つの諸次元が絡まりあう中で生じている。この複合的な苦境を、未来の大学はいかに突き抜けていくことができるのか――それが今、私たちが真摯に考えていくべき問いである。しかし、その道筋を発見していくには、一方では視界を広げ、危機は決して大学の中だけで起きているわけではないことを認識する必要がある。現代の危機は、大学の危機であるという以上に社会の危機なのだ。実際、危機の要因としてのグローバル化やデジタル化は、大学に対してのみならず社会全体を変動させている主要なモメントである。そして、一連の制度改革の失敗は、大きくは国民国家の衰退、とりわけ一九八〇年代以降の新自由主義の潮流、すなわち福祉国家体制の崩壊の中で生じてきたことである。さらに、大学の量的な危機は、より長期的な人口構造の変化、すなわち欧米や日本でまず深刻化していくことになった少子高齢化と結びついている。つまり、日本の大学の特殊事情に由来する第三の教育的欠陥以外は、悉く今日の大学の危機は、現代社会の危機の一部なのである。

そして、これらの現代社会の危機は、私たちの生きる社会が〈近代〉の臨界に至ったことで生じている危機でもある。ここでいう〈近代〉は、たとえば直線的な発展や大量生産と大量消費、拡大する中産階級、マス・メディアと想像の共同体としての国民国家、教育機会の平等や公共の福祉等々によって特徴づけられる。二〇世紀末以降、これらのことが欧米や日本で成り立たなくなっていった。一八世紀末の産業革命の時代から続いてきた経済的拡大のプロセスは、欧米では一九七〇年代に、日本でも九〇年代に終焉を迎える。市場が飽和し、遅れて工業化のプロセスに入った国々に追い上げられる中で、新自由主義が力を伸ばす。これまでのような仕組みで経済成長を続けようとしても、人件費がより安い後発国に追いつかれ、社会の仕組み全体を変えざるを得なくなっていったのだ。こうして資本主義は新たなマーケットを求め、一方では金融グローバリズムを徹底させ、他方ではネット上のバーチャルな空間をフロンティアとして見出していった。このグローバルな拡張とバーチャルな拡張は、資本主義が最後に見出したフロンティアへの拡張とも言える。この拡張により、国民国家体制はますます脆弱なものとなり、大学もまたグローバルな競争原理の下に置かれていった。

この先に広がる二一世紀世界を席巻していくのは、グローバルなデータ資本主義と個体単位の監視の仕組みである。すでにＧＡＦＡに代表されるプラットフォーマーは、国民国家を超える影響力を地球規模で確立している。そう遠くない将来、知能においては人間を凌ぐＡＩによって膨大な人々の仕事が奪われ、情報のグローバル化と高速化は徹底的に進みながらも、社会の分極化もさらに厳しいものになると予想されている。大衆性＝マスを前提にした様々な社会の仕組みが、成り立たなくなってしまうのだ。

そうしたなかで、大学もまたその成り立ちを根底から変化させていかざるを得なくなる。つまり、国民国家を基盤にフンボルト原理に先導されて復興した第二世代の大学は、約二世紀の時間をかけてドイツから全世界へと広がったわけだが、このモデルが緩やかに今、第三世代の大学への転生を始めているのである。その第三世代の大学がどのようなものであるのかは、まだ誰もはっきりとは知らない。ただはっきりしているのは、〈大学＝ユニバーシティ〉の理念が、中世キリスト教世界の都市ネットワークを基盤にした第一世代の大学から、国民国家を基盤とした第二世代の大学に引き継がれたのと同じように、データや知識から人、モノまでがボーダーレスに流通し続ける地球社会を基盤として、またその「自由の結界」としてやがて浮上すべき第三世代の大学にも、この理念は引き継がれていくだろうということである。だからこそ今、再び、大学を理念として問い直すことが、未来への杖として重要なのである。

Ⅰ・大学崩壊の時代に

第1章

爆発の時代に大学の再定義は可能か

「大学とは何か」という問い

今日、大学はかつてない困難な時代にある。一九九〇年代以降、大学設置基準の大綱化とその結果生じた教養教育の劣化、大学院重点化とそのレベルダウン、国立大学の法人化と分野、大学ごとの格差拡大、少子化による全入化傾向や大学生の学力低下、留学生の急速な増大、競争的資金の不均衡な配分、オーバードクターの累積と若手研究職の不安定化等々、大学はその制度の根本が揺るがされる変化の時代に入り、大学運営の仕組みも大学教師の生活も、八〇年代以前とはまったく異なるものになった。

このような中で、近年、「大学」は教育学者のみならず政財界から一般市民までを含めたより広いレベルでの論議の的となってきた。こうした状況は、かつて「大学紛争」という形で学生たちの突き上げによって大学の根本が問われた六〇年代末以来ともいえる。大学教育の専門家たちは現状を制度史的な側面から分析し、学長経験者や文部科学省OBは自らの経験と達成、直面した困難を回顧し、ジャーナリストは大転換と現状の深刻さを当事者たちの聞き取りから浮かび上がらせてきた。

しかし、それらを通覧して何かが欠けているようにも思われる。それは、「大学とは何か」ということ、つまり「大学」の概念自体にかかわる問いかけである。多くの議論で、大学という制度は所与の前提とされ、その現代における激変が語られる。しかし、今必要なのは、「大学」の概念そのものの再定義、あるいは「大学とは何か」という問いへの新たな返答の試みである。

たしかに、こうした問いがまるでなされてこなかったわけではない。むしろ近年、何人かの論者によって、大学における「教養」の再構築が叫ばれてきた。大綱化により教養教育が大きく変質し、大学院重点化により学部教育が軽視されがちになり、その後の専門職大学院等の設立でますますこの傾向が強まった結果、教養の場としての大学という根幹的な概念が空洞化してしまったという批判である。この批判は、まったく正しい。しかし、批判の先にあるべき道は、必ずしも「教養」の再構築だけではない。「教養」の再構築という以上に「大学」の再定義、かつて蓮實重彦が「第三世代の大学」と呼んだように、大学をそれが過去二世紀にわたり存在したのとは異なる仕方で、グローバル化と知のデジタル転回を経たポスト国民国家時代の人類知をリードする可能的な場として再定義することがあってもいいのではないか（蓮實重彦『私が大学について知っている二、三の事柄』東京大学出版会、二〇〇一年）。

事業仕分けで明らかになったこと

こうした再定義は、本稿が書かれている二〇〇九年末、民主党政権下での事業仕分けで示された大学への社会全体の厳しい視線に対する問い返しという意味でも、とりわけ不可欠なように思われる。

報道によれば、事業仕分けは大学関連の基盤的予算にも及び、すでに作業部会では、国立大学法人運営費交付金の一部見直し、グローバルＣＯＥや大学院教育改革プログラム等の競争的資金の予算縮減、スーパーコンピュータをはじめとする大規模科学技術予算の縮減などが結論づけられた。

これに対し、大学関係者は一斉に反発し、旧七帝大と早稲田、慶應の学長が共同で「大学の研究力と学術の未来を憂う」とする共同声明を発し、公的投資の明確な目標設定と継続的な拡充や大学の基盤的経費の充実、政府と大学界の対話の重視等を訴えたほか、ノーベル賞・フィールズ賞受賞者も連名で、基礎研究費の継続中断は次代を担うべき人材を枯渇させ、日本の科学技術の未来に「取り返しのつかない」事態を生じさせるとする緊急声明を発した。その他、多くの研究者や研究組織が大学の基礎的研究費の確保と充実を訴える声明を発しており、その数は二〇本近くに上っている。

このような大学人からの悲痛な訴えは、多くの大学で研究費や教職員数の切り詰めがほぼ限界に達しつつあるとの認識に基づくものだ。それにもかかわらず、著名な大学人を先頭に立てた訴えが、現状では強い世論の支持を受けるに至ったとはいえない。この状況は、日本の高等教育に対する公財政支出が世界最低の水準にあるという、見過ごし難い事実と並べてみるとき、ますます気の滅入るものとなる。

たとえば図１は、ＯＥＣＤ（経済協力開発機構）の統計の中の一つで、高等教育への公財政支出のＧＤＰ比を各国別に比較したものである。二〇〇六年の時点で日本の公財政支出の割合は韓国よりも低く、米国やフランスなどの欧米諸国の半分以下、フィンランドなどの北欧諸国の三分の一以下である。そしてその分、韓国や日本では、私的な家計による高等教育費の負担率が非常に高く、結果的に、公的予算が高等教育費の大部分を賄っている西ヨーロッパ諸国に並ぶ支出水準が保たれていることになる。

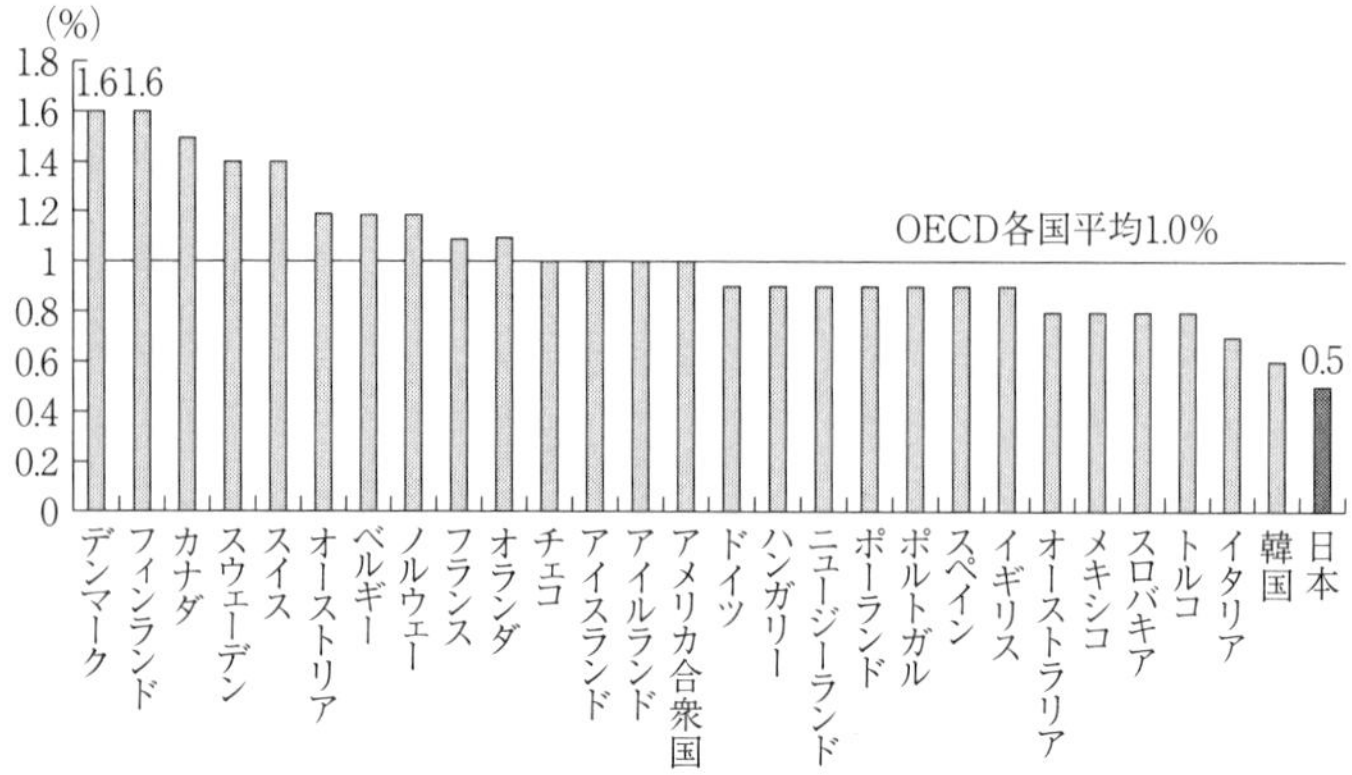

図１　教育機関への公財政支出の対 GDP 比（高等教育）（2006 年）
出典：OECD「図表でみる教育」(2009 年版)

つまるところ、国家から最低の財政的支援しかなされず、かといって米国のような寄附税制の仕組みも育たない中、日本で戦後長らくそれなりの教育の質の維持と大学の拡大が続いてきたのは、多くの日本人が、国家が支援しない分を家計で負担し、それによって様々に問題含みの教育基盤を支えてきたからである。「寺子屋精神が日本の知能を支えてきた」と言えば聞こえはいいが、一つ一つの家計が支えてきたのは「わが子の学歴獲得」であって、大学という公共的空間の価値ではない。大学が未来の社会でどのような公共的価値を担うべきなのか、また担いうるのかという問いは、公財政支出を抑え続ける政府とわが子の受験で夢中な家庭の狭間で捨て置かれ続けた。

急増する大学と学生数

現代における大学の危機とは、いかなる危機なのか。教養の崩壊と学生たちの学力低下、大学教育の可能性や学位の価値に対する驚くべき世間の無理解、教職員の定員削減とネオリベラル的な価値の浸透といった現実に日々接していると、今やこの国では、大学という制度は絶滅種に属しつつあるのではないかという陰鬱たる思いにとらわれることがある。

しかし、大学が孤島の純粋種で、外来の諸々の脅威にさらされて絶滅の危機に瀕していると考えるのは、大学をあまりにロマン化しすぎている。大学は、少なくとも現状においては絶滅種ではない。それどころか、この二〇年、三〇年の単位で世界の潮流を考えたとき、大学という制度はむしろ大爆発を続けているのだ。それはまるで、ある種が突如として大繁殖を始め、地上を覆い尽くし、やがて自らの過剰とそれがもたらす生態系の破壊のために絶滅に向かっていく、その直前の段階のようでもあるのだが——。

というのも、世界の大学数や学生数は、二〇世紀初頭まではかなり限られたものだったが、第二次大戦後に急増し始め、さらにこの三〇年間で爆発的に増加してきた。手元の統計を参考にしてみよう。

たとえば図２は、一九七〇年代以降の高等教育への入学者の変化を示したユネスコの統計である。この三十数年、世界の大学生が継続的に増加し、九〇年代半ば以降は激増してきたことがわかる。この九〇年代以降の変化を支えたのは、とりわけ東アジア諸国の大学生数の激増であった。その結果、一九七〇年の時点では、最大多数は北米と西ヨーロッパの大学生で、全学生数の四八％を占めていたのだが、二〇〇七年までに二三％と減り続け、反対に東アジア及び太平洋諸国の大学生数は、七〇年の一四％から〇七年には三一％と最大多数にのし上がっている。この間、日本の大学生数は漸増であるから、この激増の主要部分は中国や韓国などの国々の高学歴化に支えられたものであろう。

近年、日本の大学教育が苦悩している間に、清華大学をはじめ中国のトップ大学が大発展を遂げてきたのは、このような大きな流れの中でのことであった。当然、一部のトップ大学だけでなく、膨大なにわか

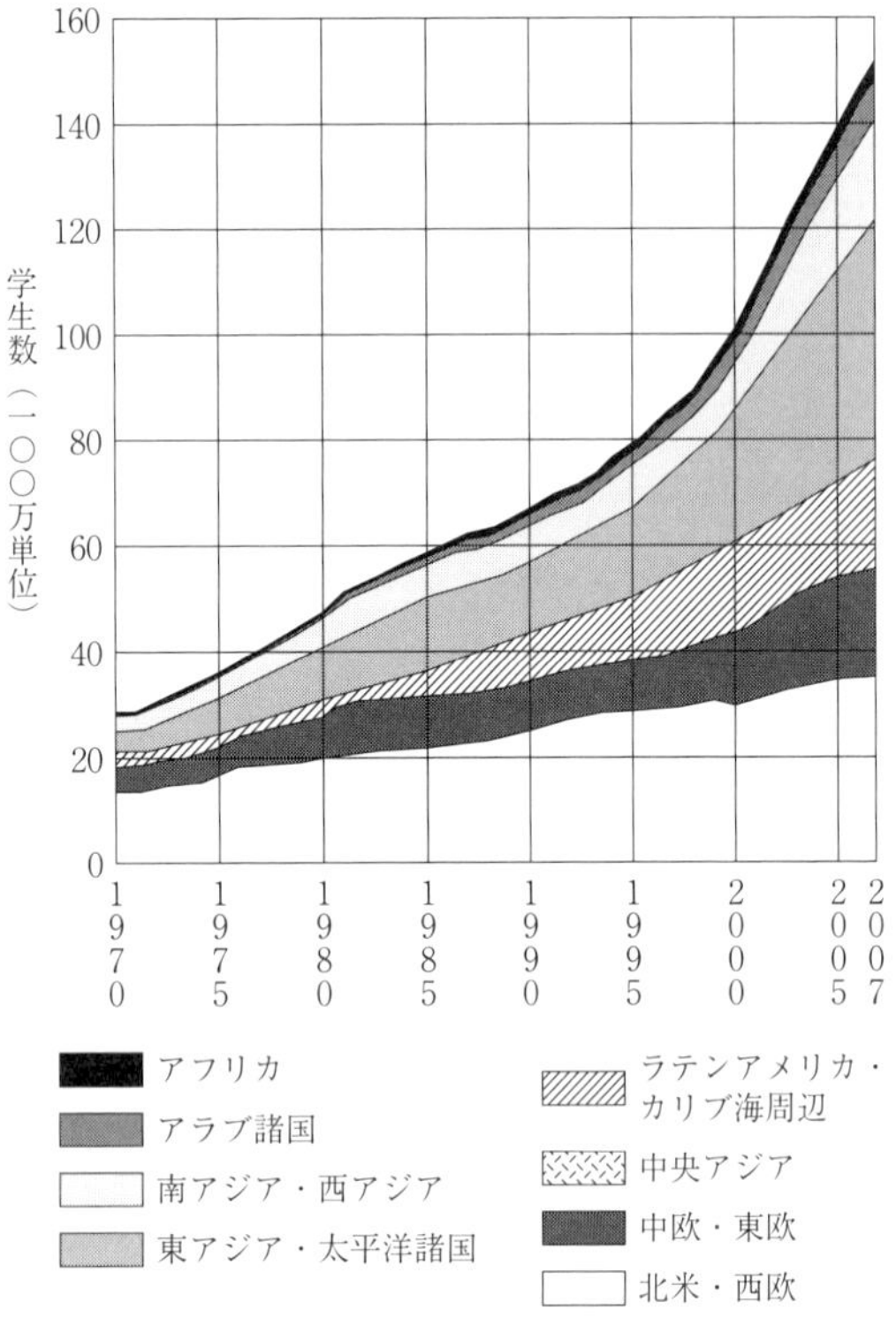

図2　地域別高等教育機関への入学者数
（1970年～2007年）

ユネスコ「Global Education Digest 2009」をもとに作成

仕立ての大学が誕生してきた。この三〇年間、世界でどれほどの大学が新たに設立されたかの詳細なデータは手元にないが、中国の場合、一九九〇年の時点で一〇〇〇校程度だった大学数は、二〇〇五年までに一八〇〇校ほどに増えたようだ。日本には大学が約七六〇校、米国には約四二〇〇校程度ある。合計すると、おそらく世界には一万校を下らない大学が存在するのではないか。しかも、この大学数は、現在なお増え続けている。今後の経済発展を視野に入れれば、中国で起きたのと同様のことは、インドや西アジア、そしてアフリカでも生じるであろう。グローバルな大学爆発はまだ続くのだ。

変化は途上国だけで起きているのではない。たとえば英国では、九二年、すべてのポリテクニク（専門

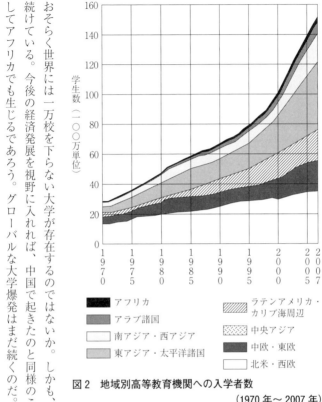

学校）を学位授与権のある大学に昇格させた。この措置により、英国の大学数は一挙に二倍になり、大学生数も五割増加した。こうしてそれまで一八歳から二一歳までの人口のおよそ六％程度しかフルタイムの大学生ではなかった伝統的な高等教育の国が、一挙に一五〇万人以上の多様な学生をかかえるマス型高等教育の国へと変貌していったのである。

このような流れの中で、修士号、博士号などの学位取得者の数も爆発的に増え、国境を越えた大学間の結びつきが、留学生の増大や論文の相互参照、共同研究や共同学位制の増加によっても広がっている。

だいたい今日、どれほど多くの大学教授や留学生が世界を旅し続けていることだろう。世界のどこの主要都市の空港でも、入国手続きを経た出口には、しばしばお目当ての「プロフェッサー」を国際会議場に連れていくために手配された案内人が何人も立っている。大量の大学教授や留学生は、一人ひとりはそれほどリッチではないとしても、すでにその数において世界の航空会社の得意客となっている。

今日の世界で、大学という制度の支配力は縮小するどころか圧倒的なものになっており、グローバルな知識生産体制の最も支配的な部分の一つをなしているのである。したがって我々は、大学の絶滅を心配する前に、まず今日、グローバルな知識体制の一環として「爆発」しつつある「大学」が、その実質においていかに変質し、困難に直面しているのかを問わなければならない。

大学進学率五〇％を突破した日本

それでは他方、日本国内の大学の状況はどうか。一九七〇年代初頭まで、日本の大学生数は毎年五万〜

一〇万人の規模で増加し続けてきたが、七八年の一八六万人を頂点に一度は減少に転じた。しかし、団塊の世代ジュニアが一八歳に達する八〇年代半ばには再び増加に転じ、九〇年代、この世代が大学を去った後も増加は続く。九五年には全学生数が二五〇万人を突破し、二〇〇三年には二八〇万人に達している。

全体として、一八歳人口が減少しているのに学生数だけが増加し続けるのは奇妙だが、その要因は、主に進学率のさらなる上昇である。八〇年代までほぼ二五％前後だった大学進学率は、九〇年代に入って増加を続け、九七年に四〇％、二〇〇〇年には四五％、二〇〇七年にはついに五〇％を突破する。これに、大学院生数や留学生数の増加が加わり、九〇年代以降、日本の大学在籍者数は増え続けた。

同時に見過せないのは、大学数の継続的な増加である。敗戦時まではわずか四八校にすぎなかった日本の大学数は、一九六〇年に二四五校、七五年に四二〇校を超える。ここまでは、一八歳人口そのものが増加し続けていたわけだから、大学数の増加も理解できなくはない。ところが大学数は、九〇年に五〇七校、九五年に五六五校、二〇〇〇年に六四九校、二〇〇五年に七二六校と、一八歳人口の減少にかかわりなくその後も増え続けたのである。九〇年代以降の大学進学率の上昇は、多少なりともこうして増え続けた大学側からの新たな需要の掘り起こしの結果ではなかったか。

ちょうどこの頃から、広告紙面をつかった大学の広報活動が盛んになり、各大学が様々なイメージ戦略に熱心に取り組むようになっていった。これは、もともと大学に入りたい膨大な若者たちの需要に大学側が応える構造から、学力や将来の志望はともあれ、大学に進学はしておくという者を大学が自己努力によって創出していく供給先行の構造への転換である。つまり、商品のマーケティングと同じ論理が大学進学者市場の掘り起こしにおいても広がっていったことを意味している。

中世の成功、近世の失敗

以上で概括したような大学爆発の現状を、誕生以来の大学の歴史の中に位置づけてみたら何が見えてくるか。一般に、今日につながる意味での大学が制度として誕生したのは、一二世紀から一三世紀にかけての中世ヨーロッパのことである。ボローニャ大学に神聖ローマ帝国皇帝の特許状が下されたのが一一五八年、パリ大学が教皇の勅書を受けるのが一三世紀半ばのことである。この二つに続き、一三世紀には、英国でオックスフォード大学、ケンブリッジ大学の二大学が設立され、一四世紀から一五世紀にかけて、プラハ大学、ウィーン大学、クラカウ大学、ハイデルベルク大学、ライプチヒ大学などの中央ヨーロッパの大学が続々と誕生していった。中世的な秩序の中で大学は、教皇権力と皇帝権力の対立を巧みに利用し、またこれら普遍的権力と各都市を支配する地元有力者とのバランスを利用していった。

重要なのは、このような中世ヨーロッパにおける大学の誕生に、同時代の都市を拠点とした広域的な人の行き来や物流の活発化が先行していたことである。急速に拡大する貿易と分業体制の中で、都市は新しい経済のハブとなり、新種の商人から放浪の托鉢修道士まで、多種多様な移動民を抱え込み始めていた。生まれ故郷から離れ、一生のかなりの時間を移動しながら過ごす彼らは、ヨーロッパ各地で勃興しつつあった都市に集い、そこで知識や技能を交換し、新たな協同組合的な組織を形成していった。当時、情報メディアといっても写本や手紙くらいしかなかった時代、都市から都市へと移動するこれらの人々は、彼ら自身が新しい知識を伝え、創造し、集積する最大のメディアであった。

当時、「遍歴者、流浪者、旅人の中には、学者や朗読者の小さなグループもあって、そのまわりにはいつも教えを請う者たちが集まり、その影響圏に知識欲の旺盛な者たちがどっと押し寄せていた」（H＝W・プラール『大学制度の社会史』法政大学出版局、一九八八年、四二頁）。大学は、このような中世のノマド（遊牧民）たちが結びつくことで形成される協同組合の一種として出発したのであり、その組織原理の根底に移動性、越境性を内包している。彼らは移動する能力によってローカルな都市の権力やより普遍的な皇帝や教皇の権力を相対化する自由を手にしていたのであり、この移動性と一体になった「都市の自由」こそが、後年に理念化される「大学の自由」の現実的、歴史的な基盤である。

しかし、これらの中世の大学は、今日の大学のルーツではあり得ても、その直接の出発点ではない。それどころか、中世が終わる頃には大学は次第に重要性を失い、一八世紀末に至るまで、知の発展や深化にとっては周縁的な存在にとどまり続けるのである。

実際、一六世紀には、グーテンベルクによる印刷術の発明により、それまでの手書きの文化が活版印刷の文化に転換するという、人類の知識史上決定的な革命が起きていた。この印刷革命は、宗教改革や近代科学の誕生の必須の前提となっていく。そして、このメディア史上の革命によって、ラテン語の知識世界は徐々にドイツ語、フランス語、英語といった国民語を基盤にする世界に変容し、また同時に印刷された本の世界を基盤にして近代知の巨人たちが登場してくることになるのである。

ところが大学は、このような近代の知識世界の形成において、ほとんど重要な役割を果たしていない。だいたいルネッサンスの人文主義者、ガリレオからニュートンに至る近代科学の創造者たち、さらにはデカルト、パスカル、ロック、スピノザ、ライプニッツといった一七世紀の知の巨人たちの中に、どれほど大学教授がいたであろうか。一六世紀から一八世紀まで、つまり近代という時代が立ちあがってくる最も重要な時期に、大学はまったく重要ではなかったのである。

むしろこの時代の大学は、中世の汎ヨーロッパ的な知的創造性を失っていた。すでに一六世紀、宗教改革の嵐の中で、大学は対立を超えた公共的な場を形成するどころか、カトリックとプロテスタントの両派に分裂し、お互いに相手を拒絶する体制を作り上げていた。他方でこの時代、領邦の君主たちは、しばしば功名心から新しい大学を設立したり、既存のギムナジウムを大学に昇格させたりしたが、多くは大学の名前を冠したものの実質が伴わず、やがて君主権力の衰えとともに消えていく。中世以来の大学の性格も変化し、英国の二つの名門大学は、貴族的な規範を選ばれた若者たちに伝授する訓育機関の性格を強めていったし、そのような機能を持ち得なかったフランスの大学は没落への道を歩んだ。

帝国主義とナショナリズム

たしかに一八世紀になると、近代知は大いに発展を遂げ、新たな知識生産と継承のシステムが必要とされていた。しかし、ここで主役を演じたのは大学ではない。むしろ絶対君主制下で軍事や医学、工学、法学などの専門知を集積し、伝達する機関として発達したのは専門学校やアカデミーである。

今日のように、専門学校を大学の下に置いてしまう我々の偏見は一八世紀のものではない。むしろ一八世紀には、医学にせよ、法学にせよ、トップレベルの専門学校は大学よりもずっと質が高いと考えられていた。たとえばベルリンの医師養成所は、いかなる大学の医学部よりも優れているとされ、またこの頃にはまだ大学に工学部はなかったから、工学的な知を発達させるのは、もっぱら鉱山アカデミーや建築アカデミーの役割だった。そしてこの時代の大学はといえば、次第に多くの貴族子弟を引き入れて、様々な宮廷の称号や礼儀作法、儀式を尊ぶ権威主義の中で学問的な創造性を窒息させていた。

したがって、中世都市を基盤にダイナミックな自由を抱え込んだ知の空間として誕生した大学は、近代が形成されてくる歴史の中で一度は死んだのである。そして一九世紀、ナショナリズムと帝国主義の高揚を背景に、大学は新たなる誕生のときを迎える。

潮木守一ら教育史家たちが説得的に論じてきたように、この大学の「第二の誕生」は、一九世紀初頭のドイツで、研究と教育の一致という「フンボルト理念」に沿うようになされていった。そしてこのドイツ発の研究型大学の概念が、二〇世紀を通じて世界に広がり、一八世紀には大学を時代遅れに見せていた専門学校やアカデミーなどの知識制度を呑みこんで、その数と規模で世界を覆うほどの研究教育システムにまで成長していくのだ。この展開の先で、それまで旧制高校的なカレッジの伝統からなかなか抜け出せずにいた米国の大学が、カレッジのリベラルアーツを守りつつ、このドイツ型大学に「大学院」という新規のラベルを貼って導入し、自らをいわば「上げ底」することで世界的なヘゲモニーを確立していったことは興味深く、今日の学部教育と大学院のねじれた関係を考える最大のポイントでもある。

しかし、ここでむしろ確認しておくべきなのは、フンボルト理念の具現として語られるゼミナールや自由な学問の空間と、同時代の国民国家、そして帝国主義の相互補完的な構造である。一九世紀以降、ドイツで発達した研究型大学のモデルが現代の高等教育研究の普遍的な規範となり得たのは、この時代、新たに国民国家を創出し、さらにはそれを帝国へと成長させていくうえで、大学という総合知の体制が中核的な重要性を帯びるようになったからにほかならない。とりわけ一九世紀末以降、この研究型大学と国民国家＝帝国との表裏の関係を顕著に示してきたのは日本、とりわけその帝国大学の歴史であった。

積層するメディアと大学の未来

以上、今日の危機の中で、大学概念の再定義に向けた座標軸を、現在の平面と歴史の軸の両方から素描しようと試みてきた。

一方で、大学を現在の平面で条件づけているのは、その「爆発」的な増殖である。ここ三〇年間、世界の大学数と学生数は激増し、かつては「大学」のカテゴリーには含まれなかった教育と研究の多様な制度を一元的に統合してきた。大学院重点化や留学生の増大、発展途上国の高学歴化はこうした傾向を加速している。しかも、日本のような人口が漸減しつつある社会でも大学数は増えており、この大学の過剰は、マーケティング的な手法で大学生になる需要を掘り起こしている。大学は今日、グローバルに知を生産し、消費する社会の全活動と重なるほどに肥大化し、その内実を空洞化させている。

他方、歴史の軸で見るならば、大学の概念が空洞化していったのは現代が最初ではない。大学はこれまで、少なくとも二度の誕生と一度の死を経てきている。一二世紀から一五世紀までの高揚期の後、近代初頭に大学はダイナミズムを失い、知識生産の中心的な場所ではなくなった。この時期、印刷術が大学に勝利するのである。近代知を生み、発展させた決定的な基盤は活字のコミュニケーションであり、軍事、法学、医学、工学などの分野では、専門学校やアカデミーの専門教育である。

ところが一九世紀以降、大学は国民国家の、そして帝国の知的資源の主要な供給源に位置づけられ、人材育成と研究開発の両面で国家の支援を受けながら支配的な地位を確立していった。中世の大学が、地元有力者と教皇や皇帝権力の微妙なバランスを巧みに利用して自らの地歩を築いたのに対し、近代の大学の発展に国家からの強力な支援は不可欠であった。

大学の自由、あるいは学問の自由とは、中世都市なり近代国民国家なりのこのような権力配置と切り離しては存在し得ない。カントはかつて、大学を成り立たせる主要学部のうち、神学部、法学部、医学部の三つを「上級学部」、哲学部を「下級学部」と名づけ、下級学部が理性と真理にだけ従い、「みずからの教説に関して政府の命令から独立であり、命令を出す自由はもたないが、すべての命令を判定する自由をもつ」ことを擁護しようとした。

カントによれば、神学や法学、医学は大学が社会にとって有用なものであるために必要であり、哲学は理性のために、つまり真理そのもののために必要である。大学が大学としてあるためには、両者の間に緊張感ある対抗関係が存在しなくてはならず、どちらか一方があればいいというものではない。

カントから百数十年後、『大学の理念』の著者ジョン・ヘンリー・ニューマンは、「有用な知識」と「リベラルな知識」を区別し、「知識は技術に変容し、機械的過程において形あるものになって終わりを得る」だけでなく、それ自体、「力である前に善いものである」こと、「単に手段であるのみならず目的でもある」ことを強調した。大学にとって、「有用な知」と「リベラルな知」は、どちらか一方があればいいわけではなく、必ず両方が、その相互の対話が必須である。工学、医学、法学など、社会的な有用性を第一とする知は、いわば専門人的な知であり、その有用性そのものがいかなる意味を持つかを判定するには、もうひとつ別の次元の知が不可欠である。

一九世紀、大学がその第二の誕生において普遍的な制度となり得た一つの理由は、専門学校が有用性の基準で高度化すればするほど、リベラルな知との連環は失われていかざるを得なかったのに、大学ではこの二つの次元を関係づけていくことが常に根幹をなしていたからだともいえる。

しかし今日、グローバルな大学の爆発とその概念の空洞化の中で、過去二世紀にわたる大学概念は危機に瀕している。これにはいくつかの理由があり、第一には、あまりにも数が膨れ上がってしまった大学群を、国がもはや支えきれなくなったことがある。かつて五〇校を超えなかった日本の大学は、戦後に激増する。その激増に、国が果たして明確な展望を持っていたかは疑問だが、それでも八〇年代まで、国立大学は国の公共的な財源に支えられていた。しかし、九〇年代以降の一連の「改革」後、国は約七六〇の大学を支える包括的な政策展開を放棄したように見える。とはいえ日本では、明確な大学選別は反発を招くから、競争的資金の不均等な配分を通じて事実上の大学間の選別がなされてきた。だが、ここでは政策意図や方向性は曖昧にされたままなので、未来の国家と大学との関係モデルはいまだ描かれてはいない。

しかも第二に、今日の日本では、巨大化した受験産業を基盤として、大学に入ることをマーケティングし、販売し、消費させていく強力な体制が出来上がっている。ここでは大学は、知の共同体でもフンボルト理念実現の場でもなく、むしろ受験産業が知的資源を投資して開発したブランド商品市場である。とりわけこの国では、高等教育のマス的な部分が私立大学によって担われ、公共的なセクターとしての制度構築がきわめて不十分にしかなされてこなかったので、その裏面としてこのような形での大学ブランドの商品化が高度に発達してくることにもなった。今日、少子化の中で多くの日本の大学は、文字通り学歴ブランドを販売する情報サービス産業として生き残りをかけている。

知識メディアとしての役割

こうした中で、大学の未来はどこにあるのか。ここで十分な議論はできないが、これまでの大学の歴史、とりわけその中世の成功と近世の失敗からまだ学ぶべきことがあるように思う。

前述のように、中世における大学誕生の基盤には、全ヨーロッパ規模でネットワーク化された諸都市をハブとした人の行き来や物流の活発化があった。多種多様な新時代のノマドが都市に集まり、知識を交換し、新たな発想や学説を生み出していた。都市から都市へと移動するこれらの人々は、新しい知識を伝え、集積する最大のメディアだったのであり、草創期の大学は、そのような人＝メディアを結社的な組織体として組織することに成功した。つまり、移動と結社の自由が大学の知を生んでいたのである。

他方、近世において、印刷術の発明で知識の生産や流通の方式が決定的に変化した後も、大学は伝統的な体制を変革しようとはしなかった。それどころか宗教改革期の宗派対立を超える対話的空間を創出することもなく、人文主義や科学革命への対応も遅れ、ラテン語中心の教育へのこだわりと国民語への蔑視も後の時代まで引きずったため、一八世紀までに大学は、知識生産の拠点としての地位を失っていた。

この時代の大学に欠けていたのは、印刷技術を根幹とする新しいメディア状況、そこにおける新たな知識創成への敏感な対応である。このような敏感さを備えていたのは大学人ではなく、ルネッサンスの人文主義者から啓蒙期のエンサイクロペディストまでの、しばしば貴族をパトロンとした民間の知識人や芸術家たちであり、彼らと新しいメディア技術の媒介者たちだった。

こうした事例が示唆するのは、大学はそもそも社会の移動やコミュニケーションの仕組みの中にあり、単独では新しい知識の形成や流通、継承を可能にする基盤たり得ないという事実である。大学よりももっと基盤となる層には、メディアとしての人という意味も含めた多種多様なメディアによるコミュニケーション＝交通の積層がある。大学とは、そのようにして積層する知識形成の実践を集中化させ、再編し、より安定的で継承可能なものとしていくある種のメタ・メディアである。

第一の誕生において、大学は、中世都市という商業空間の「自由」を「大学・学問の自由」として高度に結晶化させることに成功した。しかしその後、大学が近世における変身に失敗したのは、大学はその外側に展開するメディアやコミュニケーション環境と結びつき、それらを媒介するメタレベルの組織になってこそ新しい知識創造の主体たり得るのだということが忘却されてしまったからである。

したがって重要なことは、大学は、知識の生産・再生産システムの重要な部分を担ってはきたが、あくまでその部分にすぎないことを自覚し、大学を同時代の知のネットワーク、移動とコミュニケーションの重層的な編成全体の中で定義し直すことである。今日、一方ではグローバル化、他方ではインターネットやデジタル情報技術により、知識の生産・流通システムは根底から変化している。こうした中で、大学というもう一つの知のメタ・メディアはいかなる役割を果たしうるのか――。

大学を、それ自体で閉じた空間と考えるのではなく、それが未来的な知のネットワーク全体の中で占めていくべき場所に照準することで、実験室、博物館、図書館、出版、ウェブなどの様々な知識装置の編成の中で、それらと結びつき、対立もする有力な存在として大学の未来を構想していく必要がある。

第2章

「人文社会系は役に立たない」は本当か

「通知」批判から考える

「炎上」したメディア

二〇一五年六月から九月にかけ、文部科学省が文系学部廃止の通知を出したとされ、マスコミや世論が大変沸騰しました。いわば文科省バッシングでメディアが「炎上」したわけです。この議論の根底にあるものを理解するため、まずは事実として何が起こったのかを確認していきたいと思います。

現在問題になっている通知は、二〇一五年六月八日に正式に公表された「国立大学法人等の組織及び業務全般の見直しについて」というものです。最初にその内容を報じたのは、五月二八日の『産経新聞』です。「国立大学の人文系学部・大学院、規模縮小へ転換」という見出しで、理系の強化に重点を置いた政府の成長戦略に沿って学部・大学院の再編を促し、人文社会系や教員養成系の学部・大学院の規模縮小や統廃合を要請する通知素案を文科省が示したと報道しています。この報道は、約一週間前の五月一七日に開かれた国立大学法人評価委員会で示された資料に基づいていたと思われます。

その後、通知公表と同時に主要各紙が、文科省が教員養成系などの学部・学科廃止を要請したといった見出しで報道を始めます。たとえば、六月八日の『朝日新聞』は「文学部や社会学部など人文社会系の学部と大学院について、社会に必要とされる人材を育てられていなければ、廃止や分野の転換の検討を求めた」と報じています。しかし、国立大学で社会学部があるのは一橋大学だけではないでしょうか。もし、「学類」まで入れれば、筑波大学の社会学類もありますが、それでも二校だけです。

六月一九日になると『毎日新聞』が「国立大文系が消滅？」という見出しで、「今、国立大学の『文系』に消滅の危機が迫っている。文部科学省が、全国の国立大学に対し、人文社会科学系や教員養成系の学部・大学院について、廃止や他分野の転換を求めているからだ」と報道します。この頃から報道はひとり歩きを始めます。六月二五日の『東京新聞』は「人文社会系『改廃』強要　大学の権力批判、封じ込めが目的か」という見出しで、「文科省が通知した人文社会系学部などの改廃は、法的な義務こそないが、事実上は『強要』に近い」と報じます。

こうして六月下旬から七月にかけ、新聞各紙の「文系学部廃止」報道はエスカレートしていきます。後で触れますが、まさにこの時期は、安保法制をめぐる安倍政権のあまりに強引なふるまいに国民的反発が盛り上がっていった時期であることに留意しましょう。

そして、やがて報道はあたかも既成事実を作り始めます。七月二九日には『日本経済新聞』が社説で「大学を衰弱させる『文系廃止』通知の非」という社説を掲げ、文科省の要請は「『すぐに役に立たない分野は廃止を』と解釈できる不用意なものだ」と批判します。同じ頃、日本学術会議も声明を出して文科省を批判します。この情報は海外にも飛び火し、『ウォールストリートジャーナル』は八月四日、日本政府はアベノミクスが目指す成長戦略のために自然科学系の先端研究や職業人トレーニングを強化し、大学のリベラルアーツを犠牲にしようとしていると批判します。

さらに、経済界も文科省バッシングに加わり、九月九日に経団連は、産業界は教養教育こそ大切だと考えているので、教養教育を日本の大学から廃止していいなどとはまったく考えていないとの声明を出します。八月の終わりには『読売新聞』が、文系学部のある全国の国立大学六〇校のうち、二六校がすでに文系学部の改廃を計画していると報道します。

以上、二〇一五年六月から九月にかけて、一連のマスコミ報道に基づいて、学術会議、知識人、産業界、海外メディアが、こぞって文科省の「通知」の非を批判する状況が生じました。しかも、全国の国立大学は、まるですでに「通知」の実現に向けて動いているかのような情報すら流布されていったのです。

「文系廃止」論の起源

しかし問題は、このように「通知」批判をしていったメディアや知識人のどれだけが、本当に文科省の通知を通読し、その前後の文脈も理解していたのかという点です。そもそも文科省は「文系学部廃止」の通知を出していたのでしょうか。もし、そうした「廃止」の「通知」が出ていなかったのなら、なぜ「文科省は文系学部廃止を企んでいる」という解釈が瞬く間に広がったのでしょうか。この点を考えることに、この問題の核心があります。

というのも、文科省が「通知」で示したのは、教員養成系や人文社会系の学部・大学院は、「ミッションの再定義」に基づく各大学の強み・特色・社会的役割を明確にし、「一八歳人口の減少や人材需要、教育研究水準の確保、国立大学としての役割等を踏まえた組織見直し計画を策定」しなければならず、そこには「組織の廃止や社会的要請の高い分野への転換」も含まれるとの考え方でした。これと同じ内容の文書は、ほぼ一言一句同じ文言で、一年前の二〇一四年八月四日にも国立大学に出されています。しかし、その際はまったく注目されず、批判の声が広がることもなかったのです。

文科省からすれば、今回の「通知」は、一年前と同じものをルーティン的に各大学に出していったに過ぎません。というのも、国立大学は法人化されてから、かつての社会主義国と同じように毎六年ごとに立てる中期計画に縛られています。ソ連や中国の計画経済のように六カ年計画を立て、その達成度で評価され、組織の未来が方向づけられているのです。このようになったのは二〇〇三年からで、二〇一五年夏から二一年まで続く第三期中期計画が始まりました。この第三期中期計画では、第二期（二〇〇九〜二〇一五年）の二〇一三年一一月に策定された国立大学改革プランで示された「ミッションの再定義」に応じて計画を立てることになっています。今回の通知はその「ミッションの再定義」の具体的指針として出されたのですが、エッセンスはすでに国立大学改革プランで示されていたものと同じです。こうした文脈を押さえずにメディアは通知の一部だけを取り出して報じたので、突然そのような通知が出たかに見えますが、文科省的にはあくまで二〇一三年のプランで示されていたものの焼き直しです。

では、この方針はいつ頃から出ていたのでしょうか。今回の通知とほぼ同じ指針は、二〇一四年八月四日の国立大学評価委員会で出た「『国立大学法人の組織及び業務全般の見直しに関する視点』について」という資料に書かれています。その文章には、国立大学はミッションの再定義を踏まえ、「特に教員養成系学部・大学院、人文社会科学系学部・大学院については一八歳人口の減少や人材需要、教育研究水準の確保、国立大学としての役割等を踏まえた組織見直し計画を策定し、組織の廃止や社会的要請の高い分野への転換に積極的に取り組むべき」と明記されており、一言一句、問題になった通知と同じです。ところがこの時には騒ぎには全然ならず、翌年の夏になって、メディアは「炎上」したのです。

私は三つの理由があると思います。第一は、二〇一五年夏の政治状況です。同年夏、安倍政権は安保関連法案を強行採決しました。この安保関連法案をめぐる政権の動きを見た人々は、この政権はとんでもなく強硬な政権だ、というイメージを抱きました。しかも、新国立競技場をめぐる不手際や、下村文科大臣の国立大学への日の丸・君が代の要請発言などにより、安倍政権と下村大臣と文科省が、一緒くたに疑いの目で見られるようになったのです。

日の丸・君が代の要請は、文科省が省として示したのではなく、文科相が個人として語ったことです。大臣個人の発言と文科省の方針は区別されるべきですが、一般の人にはこの区別がわからないでしょう。そのへんは、本来はメディアが読み取るべきですが、むしろ、メディアはこの混同を利用しました。安保関連法案の強行採決がひどいので、安倍政権＝文科省がまるで大学を潰そうとしているかのような印象を作り出していったのです。つまり、安倍政権を叩くついでに、文科省も叩いたわけです。

第二に、文科省の失敗は、二〇一四年夏と二〇一五年夏の政治状況の変化を読み込まなかったことです。同じメッセージでも、受け手を取り巻く文脈が変化すればまったく違う意味を生みます。この認識が、文科省にはありませんでした。だから、一年前の文章を、「前例に倣って」使ったのです。ところが政治状況が違いましたから、メッセージの受容のされ方が決定的に変化してしまったのです。もしも文科省側が、この夏の緊迫した政治状況下でマスコミが文科省叩きの材料を身構えて捜しているのを予見していたなら、同じ内容を出すにしても注意深く言葉を選んでいたのではないでしょうか。たとえば、「国立大学は未来に向けて果たすべき役割等を考えた組織見直し計画を策定し、旧組織の抜本的刷新や社会的期待をリードする分野への転換に積極的に取り組む」と書いていたら、実は同じことなのですが、「通知」は未来志向のポジティブな要請と世間に受容されたはずです。

文理の不均衡はいつから問題化したか?

しかし第三に、より根本的な問題があります。遅くとも二〇〇四年の国立大学法人化の前後から進められてきた産業競争力重視の大学政策を背景に、儲かる理系、儲からない文系という構図が当たり前のように成立し、大学も経済成長に教育で貢献しなくてはいけないという前提を皆が受け入れてきた点です。文系学部で学んだことは就職に有利でないし、お金にもならないから役に立たないのだという「常識」が形成され、それを皆はっきりとは言わないまでも潜在的に信じ込んでしまっている状況が、広く国民一般に成立してしまった、これが最大の問題です。

ですから、今回の「通知」に対する経済界やメディアの反応は、文系の役割も一応は認めてあげようというレベルのもので、文科省の通知は過激すぎると言っているにすぎません。しかし問題の根本は、過去十数年の大学政策が、文系学部で学んだことは役に立たないという潜在的な思い込みの上に成り立ってきたことにあります。「通知」批判は、それ自体の構図のなかに文科省バッシングをすれば済む話ではないはるかに大きな問題を潜ませています。

遡れば、こうした文系と理系の不均衡な認識構図がはっきり浮上してきたのは、国立大学法人化の流れが加速した一九九〇年代からです。この動きを牽制し、日本学術会議は二〇〇一年、「二一世紀における人文・社会科学の役割とその重要性」という声明を出しています。そのなかで、「科学技術の概念が自然科学に偏重して理解され、研究環境の整備もバランスを欠いている現状は、人文・社会科学の創造的発展を阻害しがちである上に、自然科学の発展に対してもマイナスの影響を及ぼす可能性をもっている」と指摘し、人文・社会科学の「自然科学とは異なる発想と手法によって、科学技術に対して独自の貢献を行う可能性」を強調しました。自然科学だけではなく人文社会科学も「科学」であり、両者は根本的に相補的な関係にあるという主張です。ですから科学技術政策の中核に人文社会科学を入れるべきで、具体的には、文・理の二分法を乗り越えた新しい統合的・融合的知識が必要という提案をしていました。

この声明がなぜ出されたかというと、直前に総合科学技術会議が内閣府に設置されたことが直接の原因です。日本の科学技術政策は戦後、原子力技術を軸に大発展してきました。ところが一九八〇年代、九〇年代から原子力の重大なリスクが問題となっていきます。科学技術系の諸組織にとっては、原子力政策が転換するなかで、膨張した科学技術予算のパイをどう確保するかが優先課題でした。こうして科学技術基本法が一九九五年に施行されますが、そこでの「科学技術」からは、「人文科学」が明示的に除外されてしまったのです。そして、そうした文系排除の姿勢の先で、二〇〇一年には総合科学技術会議が設置されていきました。日本学術会議の声明は、こうした国の姿勢を根本から批判したものでした。人文社会系からすれば、すでに圧倒的な原子力予算拡充のなかで拡大してきた学術体制の不均衡が、さらに人文社会系の足場を失わせるほどにまで極大化するとの危機感が根底にありました。

しかし、実際には方向転換は生じませんでした。それどころか、二〇〇〇年代以降、理系と文系の不均衡をさらに拡大させたのが国立大学法人化の流れです。その基本的指針は二〇〇一年六月に出され、教員養成系などの学部・大学院の規模縮小・再編についても明記されていました。今回の通知も、二〇〇〇年前後にすでに出されていた文系再編、国立大学数の大幅削減、大学への第三者評価による競争原理の導入、評価結果に応じた資金の重点配分といった方針の繰り返しにすぎません。

法人化と国立大文系の弱体化

他方、人文社会系の教育研究組織のあり方は、法人化後もほとんど変わりませんでした。二〇〇八年、「学士課程教育の構築に向けて」という中央教育審議会大学分科会の審議のまとめが出ていますが、文系が昔ながらの体制から全然変化していないことが批判されています。二〇一〇年には、「国立大学法人化後の現状と課題について」という中間まとめで法人化後の大学の変化が評価されますが、多くの問題が噴出しています。第一に、常勤教員の人件費が減少し、非常勤教員の人件費が急増したこと。つまり職が不安定化したことです。若い人が職に就けなくて、就いても非常勤講師や任期付きの特任ポストで食いつないでいる。第二に、人文学系の教員の数は平成一〇年から一九年にかけて、私立大学では七・八％増加したのに対し、国立大学は一一・四％に減少します。つまり、国立大学文系の弱体化が進み、その分を私立大学が吸収してきたわけです。

ですから、本当は今やらなくてはならないことは、弱体化した国立大学の人文社会系の抜本的強化です。

日本の国立大学文系はこの十数年、あまりに弱体化しすぎました。何もしないから弱体化したわけで、今後も何もしなければさらに弱体化していくでしょう。

第三に、共同研究や競争的資金、科研費の獲得額が大幅に増加しました。プロジェクトを組んで申請書を書いてお金を取り始めたことで、外部資金の獲得力は相当アップしました。しかしその結果、研究時間と学術論文の数が大幅に減少し、基礎研究力の劣化が顕著になりました。私たちは日々、増加した大学院生、博士号取得者を養うために大規模プロジェクトを組み、傑作の申請書を一生懸命書いて外部資金に申請し、予算を確保しています。当然、そのために膨大な時間と労力を使います。しかし、数年経つと予算の期限が近づいてくるので、若い人たちが困らないようにまた新しいプロジェクトが必要になる。そうすると、自分の研究時間や執筆時間がどんどんなくなっていくということがこの一〇年で起こってきたことです。大学は能力に関係なく平等主義ですから、責任感が強く、力がある人ほど、こうしたいろいろな責務を背負うことになり、自分自身の研究時間がなくなっているのです。これは、本当に切実です。

こうした状況に対し、理系はそれなりに対応してきたと思います。理系は組織の分業化によって競争的資金を取り、チームで研究力を上げて後継者を育てる体制なので、中核的な国立大学の理系の研究力や予算は、概して拡大しました。他方で文系は、どんどん弱体化しているのが現状です。

その後、国立大学改革プランでは、グローバル化への対応、イノベーション機能の強化、人材養成機能の強化、各大学の強み・特色を生かした重点化という四つの柱が立てられました。なかでも、グローバル化への対応の遅れは危機的な状況だと指摘されました。諸外国はグローバルな状況下で新しい知の創出を競っていますが、日本の大学は非常にドメスティックな意識を変えられていません。

こうしてミッション再定義の話が出て来るのです。これは、国立大学を世界最高の最先端研究拠点（グローバル）、特定の分野に特化した全国的な教育研究拠点（スペシャル）、地域活性化の中核的拠点（ローカル）という三つのカテゴリーに分けるものです。このプランへの批判はいろいろありますが、今注目すべきは、国立大学改革プランに沿って各大学学部・研究科のミッションを再定義するため、医学系、工学系、教員養成系についてはモデルプランが提示されるのですが、人文社会科学系に関しては、何らモデルが示されていないことです。たぶん、文科省も中教審さらには産業界も含めて、人文社会系をどのようにしていけばいいのかについて明確な答えを持っていないのだと思います。彼らは何となく大切だとは思っているが、大いに問題がある現状をどうしていいかわからないのが正直なところでしょう。

人文社会系は長く役立つ

今回の「通知」への批判と人文社会系擁護論の多くは、そもそもの報道に問題がある新聞記事をもとにしています。そのなかで、私には違和感のある二つの主張がありました。一つは人文社会系と教養教育、さらにリベラルアーツを混同し、「文科省は大学から教養教育ないしリベラルアーツをなくそうとしている」と主張したものです。しかし、人文社会系は政治学、経済学、法学、社会学、人類学、歴史学などを含む専門知で、教養やリベラルアーツとは異なります。つまり、リベラルアーツには数学も含まれれば、芸術も含まれます。他方、人文社会科学も、人文学と社会科学でかなり様相が異なります。ところが「文系」と言ったとき、これらがあいまいに一括りにされ、あたかも「教養」と重ねられがちです。そして、教養教育擁護の論理で人文社会系を擁護するのです。

たとえば、「古典や哲学、歴史などの探究を通じて、物事を多面的に見る眼や、様々な価値観を尊重する姿勢が養われる。大学は、幅広い教養や深い洞察力を学生に身に付けさせる場でもある」という理由で「文系学部廃止」に反対した六月一七日の『読売新聞』の社説が典型的ですが、経団連もこの種の混同をしています。さらに、一橋大学元学長の石弘光氏も、六月二九日の『日本経済新聞』の記事で、「物事に対する洞察力を深め、多様な価値観を尊重し、そして自ら人格形成に努めるために主に人文社会科学に立脚する幅広い教養こそ不可欠」との主張をされ、両者をほぼ重ねています。この主張の論旨自体はまったく正しいのですが、しかし人文社会科学と教養の違いがぼやかされた表現になっています。

こうした同一視の背景には、大学をめぐる議論のなかで「リベラルアーツ」「教養」「一般教養」「共通教育」という諸概念が混同して使われてきたという問題があります。もともとリベラルアーツは自由七科（文法学、修辞学、論理学、代数学、幾何学、天文学、音楽）で構成されていました。文法学や修辞学、論理学はやや「文」の学、文系ですが、代数学や幾何学、天文学は「数」の学、理系です。リベラルアーツはそもそも文理両方を含んだ概念で、文系とは対応しないのです。これがやがて「哲学」の概念に統合されていきます。したがって哲学は単純に文系の知ではありません。数学も哲学の一種です。

他方、「教養」概念は、「国民国家」の成立と切り離せません。ところが、「一般教育（General Education）」は二〇世紀のアメリカで生まれた概念です。アメリカのカレッジは、中産階級以上の層を中心としていたヨーロッパのユニバーシティとは異なり、もっと幅広い層まで含み込んでいこうとしましたから、従来の「教養」概念にとどまらない、一般大衆に向けて機能する基礎教育的な仕組みを発展させました。この「一般教育」の仕組みが日本に導入され、「一般教養」と訳されたことで「教養」概念とごっちゃになって普及が進んでいきます。さらに九〇年代以降になると、ITリテラシーや英会話、研究倫理などのコンピテンス育成を「共通教育」という概念に括っていくのです。しかし、これらすべてと人文社会系の学問は別で、区別していく必要があります。

もう一つ、「通知」批判で私が違和感を持ったのは、人文社会系の学問は役に立たないけれども価値があるという主張です。しかし、本当にそうでしょうか。私は人文社会系の知は三〇～五〇年、一〇〇年といったスパンで考えたとき、絶対に役立つと考えています。理系と文系の違いは、短期間で役立つか、長期的に役立つかという時間的スパンと一定の関係があります。たしかに三年、五年ですぐに役に立つのは難しいかもしれませんが、三〇年、五〇年のスパンでならば、工学系よりも人文系の知のほうが絶対に役に立ちます。ですから、「人文社会系の知は役に立たないけれども大切」という議論ではなく、「人文社会系は長期的にとても役に立つから価値がある」という議論に転換していかなくてはなりません。

そのためには「役に立つ」とはどういうことかを考える必要があります。「役に立つ」には二つの次元があります。一つ目は、目的がすでに設定されていて、その目的を実現する最も優れた手段を見つけていく目的遂行型です。これはどちらかというと理系的な知で、文系は概して苦手です。二つ目は価値や目的自体を創造する価値創造型です。目的遂行型は与えられた目的や価値がすでに確立されていて、その達成手段を考えるには有効ですが、目的や価値軸自体が変化したとき、すぐに役に立たなくなります。

たとえば一九六〇年代と現在では、価値軸がすっかり違います。高度経済成長をしていた六〇年代には、より速く、より高く、より強くといった右肩上がりの価値軸が当たり前でしたから、その軸にあった役に立つことが求められていました。ところが二〇〇〇年代以降、私たちは、もう少し違う価値観を持ち始めています。末長く使えるとか、リサイクルできるとか、ゆっくり、愉快に、時間をかけて役に立つことが見直されていますね。価値の軸が変わってきたわけですね。

よく言われるのは、ウォークマンとiPad/iPhoneの違いです。SONYはなぜAppleになれなかったのかを考えたとき、SONYは既存の価値の軸を純化していった。つまりウォークマンはステレオの聴くという機能に特化して、それをモバイル化した。その意味では非常に革新的だったのですが、ウォークマンはあくまでもステレオだったわけです。ところがiPad/iPhoneは、パソコン、そして携帯電話という概念自体を変えてしまった。コミュニケーションがどういうものになっていくかについての発想の転換があって、そのなかでどのような技術が必要かという考え方をしているから、テクノロジーの概念そのものを変えてしまった。これが価値の軸が変化していくということです。五年や一〇年では変わらないかもしれませんが、より長いスパンで見れば、必ず価値の軸は転換をしていくわけです。

価値・意味の多元性と人文社会知の未来

どのようにして新たな価値の軸を作り出していくことができるか。あるいは新しい価値が生まれてきたとき、どう評価していけるか。それを考えるには、目的手段的な知、つまり理工学的な知だけでは駄目です。価値の軸を多元的に捉える視座を持った知でないといけない。そしてこれが、主として文系の知なのだと思います。なぜならば、新しい価値の軸を生んでいくためには、現存の価値の軸、つまり皆が自明だと思っているものを疑い、反省し、問い、違う価値軸の地平を見つける必要があるからです。

経済成長や新成長戦略といった自明化している価値を疑い、そういった自明性から飛び出す視点がなければ、新しい創造性は出てきません。ここには文系的な知が絶対に必要ですから、理系的な知は役に立ち、文系的な知は役に立たないけれども価値があるという議論は間違っていると、私は思います。主に理工学的な知は短く役に立つことが多く、文系的な知は長く役に立つことが多いのです。

安倍政権は法案を通すためなら何でもしてしまうし、アメリカの言うことはどんどん聞いてしまう。短いスパンでしかものを考えず、長期展望がないのが大きな欠陥です。しかし私たちは、私たちの社会を次世代まで継承しなければなりません。人類社会が五〇年、一〇〇年の単位でどこに向かえばいいのかを考えなければならない。そのためには文系的な知が必ず必要です。

しかし、こうした問題は一九世紀後半から気付かれていました。つまり自然科学が近代産業社会の発展とともに拡大していくなかで、哲学や歴史学といった人文科学はいかなる存在意義を持つのか。これは一九世紀末の思想家が真剣に考えたテーマだったのです。なかでもこの点を突き詰めたのが、ヴィンデルバントやリッケルトのような新カント派でした。彼らは人文社会科学の成立根拠について探究を重ね、ヴィンデルバントは、自然科学は法則定立的、歴史科学は個性記述的であるという結論に達しました。他方、リッケルトの議論では、歴史科学は文化科学と言いかえられ、意味や価値の問題が焦点化されました。そして、この観点がマックス・ウェーバーに応用され、二〇世紀の社会科学の基盤が築かれたのです。

ウェーバーは目的合理性と価値合理性を峻別しましたが、彼の名著『プロテスタンティズムの倫理と資本主義の精神』は、価値合理的に意味を持っていた行為が、資本主義システムの発展のなかで、目的合理的にしか意味を持たなくなったのはなぜかという問いへの答えです。この議論の背後に、文系的な知の位相（神学）と理系的な知の位相（工学）の葛藤を読み取ることもできます。

このように、一九世紀末から二〇世紀初頭にかけての社会科学は、価値や意味の問題に照準していたわけです。それらと対峙したマルクス主義、構造主義、ポスト構造主義は、価値や意味の問題だけを取り出しても駄目だということで、新カント派的な文化主義への批判を展開しました。マルクス主義は、価値や意味と資本主義経済や階級システムの関係を問題にし、構造主義は、価値や意味が言語論的構造に基づいて生産される様子を解き明かしました。さらに、そこに権力の働きを見たのが、フーコーやサイード以降のポスト構造主義やポストコロニアリズム、カルチュラル・スタディーズです。こうした流れが、二〇世紀の人文社会科学のエッセンシャルな部分です。

ですから、人文社会科学ほどに意味や価値の問題について長い時間をかけて議論をしてきた知は他にないのです。なぜかというと、人文社会科学の対象が私たち自身だからです。そして、私たち自身を問うということには、私たちが当たり前だと信じていることを問い直すモメントが含まれているわけです。自然科学の対象は、基本的に私たちの外側に存在します。たとえば、人文社会科学であれば言葉、身体・心性、風景として問題とすることを、自然科学であれば情報、人体・脳、環境とします。実体的には同じものでも、私たち自身の内側として見るか、私たちの外側にあるものとして見るかで見方が違う。

私たち自身の問題として見るときには、価値や意味の問題は根幹をなします。この点についてずっと考えてきた学問が人文社会科学であり、その観点からの考察が役立つのは、私たちが歴史のなかで変わるからなのです。人類は変わることができるし、否応なく変わっていく。それが歴史というものです。私たちが変わるということは、歴史のなかで価値や意味が変化していくということ。だから価値はそもそも多元的なものであり、複数的なものであることを人文社会科学は考えてきたし、そのことには意味があるのです。単に教養に富むというのではなく、人類社会のために有用なのです。

この有用性は、五年、一〇年の短期スパンの有用性ではありません。人間は、三〇年、五〇年、一〇〇年あれば変わる。それだけ先を見通すなら、人文社会科学がいかに有用かを証明できると私は思っています。それを誰に対して証明するのかと言えば、人類です。政財界には、国立大学は税金で賄われている以上、国の成長に奉仕すべきだとの考え方があるようですが、大学はそもそも国に対して奉仕する組織ではありません。大学の歴史は国民国家よりも古く、中世以来、大学は国家や民族を超えた普遍性に奉仕してきました。今後も、大学は人類の未来や世界的普遍性に対して奉仕するべきなのであって、国家を越える存在です。そしてそれは、非常に長い時間的スパンでの奉仕になります。大学は一二〜一三世紀から何百年という時間をかけて発展をしてきたわけですし、組織形態は変わっても、人類史の続く限り続くでしょう。六年単位で大学の存在価値を証明することなどできません。しかし、六〇年、六〇〇年単位ならばできるはずです。今、大学はそのくらい長期的な展望をはっきりと示すべきで、とりわけ人文社会系の学問にはその責任があると思います。

人文社会系は役に立つ。長く役に立つ。だから、少なくとも二二世紀に向けて、そこに役立つ大学の知とは何かを考え、どのようなビジョンで学問を再編し、大学を組み立てるかを考えるべきです。今のままでよいとは私には思えません。伝統を大切にすればよいという人文社会科学の考え方は、自らの自明性を疑うという本来のあり方に反するもので、根本から変わらなければならないでしょう。

第3章 大学院教育の未来形はどこにあるのか

変質した大学院

近年、東大の学部生を教えていて暗然とさせられることがある。何人かの反応の鋭い学生に、将来どうするのかを尋ねると、相当の確率でこんな答えが返ってくる。「勉強が好きで、本を読むのも嫌いじゃなかった。それで東大に入るまでは、研究者になることも考えていたが、上の世代の人々を見ていてそんな気は失せた。将来が不安なので、今は就活に邁進している。大学院進学は考えていない」と。人によっては、大学で学問の面白さに目を開かれるのではなく、逆に高校で芽生えていた知的好奇心が東大に入ってから幻滅に変わったと語る者もいる。耳の痛い話である。

大学院に進学して、研究者になるのが人生のベストの選択なのではない。まずは就職し、社会の現場で経験を重ね、機会があれば大学に戻ってこようと思う若者も増えていい。しかし、私たち大学教師の現場で近年顕著に起きている現象は、しばらく前ならばきっと大学院進学を考えたであろうタイプの学生が、もう初めから大学院には進もうとしなくなっていることである。大学院に進学してもキャリア上のメリットはない、優秀な博士課程の先輩たちが、いくら研究に打ち込んでも一向に安定した職が見つからないのを見るにつけ、学歴を付加価値に自分を売れるときに売ってしまったほうが得、と彼らは考えるようになっている。学部生がそんな状態だから、修士に進学した学生も、博士課程には行かず、早々に大学から去る傾向が強まっている。

しかし、大学院には学生定員があるから、大学としてはある程度は定員を充足しなければならない。自ずと、かつてならば大学院生たるべき水準に達しているとは見なされなかった学生も大学院に入学を許可されることがある。主要校であれば表面上の競争率はそうは下がらず、定員も充足されているから問題は顕在化しにくい。しかし、外からは見えにくいところで大学院生の学問力は低下してきており、このことが日本の大学院の国際競争力や社会的な評価をさらに下げるマイナスの循環を生じさせている。

ここ数年、日本人院生の水準が低下傾向をたどってきた一方で、韓国や中国、台湾などのアジアからの留学生の水準は、急激に上昇してきた。二〇年以上にわたり大学院で教えてきた自分の経験を振り返っても、五、六年前からだろうか、大学院の教室で議論をリードする主役が、日本人から留学生に交代したと断言できる。少なくとも十数年前は、大学院での研究の中核には日本人院生がいて、彼らがリードする議論に何人かの留学生がついていく構図だったのが、今は逆転している。日本の学生は、米国など海外に留学しなくなっているだけではない。日本国内でも、もはや学問的前線の主役ではなくなりつつある。

「実務家」養成という落とし穴

今日、大学院は、日本の高等教育の問題点が集約的に表れる場所となっている。一九九〇年代、全国の主要大学は大学院重点化を推進し、多くの場合、院生数を急増させてきた。大学院の拡大は、実のところ七〇年代から、工学系の大学院に先導されるかたちで文部省が進めてきたところであり、量的に米国並みの水準に追いつこうという狙いから、大学院の設置が容易化され、大学には入学定員の充足と博士号授与が要請され続けてきた。九〇年代の大学院重点化は、このような政策的な流れと、基盤予算拡大を狙う大学側の思惑が合致して起きた帰結である。

しかし、大学院制度が日本社会のなかで置かれてきた文脈や専門分野の違いへの配慮なしに進められた重点化政策は、十数年を経て深刻な結果をもたらしつつある。八〇年代までの日本では、大学院は希少なものであるが故にそれなりに機能してきたのだが、大学院進学率が大幅に上昇しても、この変化に対応すべき社会の変化はほとんど起きていない現状では、研究者養成と専門職業人養成の両方の機能が曖昧化されて「虻蜂取らず」となり、一部の大学院はすでに「高等補習機関化」しつつある。これは国際的に見て異様な状態であり、これに続くのが日本の高等教育全体の信用失墜となることが危惧される。

このような大学院の現状が生じさせる当然の帰結は、大学院の重心を研究者養成から専門職業人養成へとシフトさせることである。一部の工学系や薬学系を除き、多くの分野で研究者として社会が必要としている数は知れている。それならば研究者ではなく高度な実務家を大学院が養成していけばいいではないか――。誰もが考えそうなことだが、この選択の落とし穴は、いったいどんな「高度な実務家」が、本当に大学院レベルの知識や能力を必要としているのか、という問いに対する答えが不明確な点にある。安易な実務家シフトは、それらの大学院に、余剰人員化した企業実務家が再就職する、つまり大学院が「高度な実務家」の供給先になるのではなく、「高級な実務家」の天下り先になる結果をもたらし、このことが大学や大学院の研究者養成機能をさらに弱体化させる危うさを伴う。高級な実務家は、社会での処世術は教えられるであろうが、学問的な思考を深く伝える力は、必ずしも備えていないことがあるからだ。

日本の大学院の何が問題なのか

最近、中央教育審議会大学分科会大学院部会がまとめた『大学院教育の実質化の検証を踏まえた更なる改善について』は、二〇〇五年に中央教育審議会から出された『新時代の大学院教育』(いわゆる「大学院答申」)を受けた中間まとめだが、この種の政府文書にしては珍しく、今日の大学院問題に長期的な展望を示そうとした真摯な取り組みの成果である。仕分けをめぐる文部科学省と行政刷新会議の間の粗雑な攻防の陰に隠れているが、政府サイドから提案された未来展望として注目すべき内容を含んでいる。

大雑把にいえば、この報告で強調されているのは、①大学院における教育の質保証、②グローバルな知識基盤社会において再定義される高度な基盤能力の獲得、③多様な学生への生活・キャリア支援の充実、の三つである。第一の要件として、組織化された研究指導体制や学位プログラムの体系的組織化、明確な成績評価基準の導入、ファカルティ・ディベロップメント(FD)や授業評価の導入、教育情報の公開などが提案され、第二には、多様なキャリアパスの開発、課題設定・解決能力の育成、教育研究機関相互の連携や産学連携、社会連携、長短期の留学、複数の教員による指導体制などが奨励されてきた。第三に、優れた学生のための奨学金やＴＡ（ティーチング・アシスタント）・ＲＡ（リサーチ・アシスタント）制度、各種のインターンシップ、キャリア支援体制の充実が取り上げられる。

質保証にしろ、新しい基盤的知、つまりリベラルアーツの再定義にしろ、様々な学生支援にしろ、いずれも日本の大学院改革にとって必要不可欠な要目である。そのことを十分に認めたうえで、なおここで、一連の大学院改革策では明示されていない決定的なポイントがあることも指摘しておきたい。すなわちそれは、大学・大学院が変革されるのに対応して、その外側にある社会そのものの職業構造が、熟慮された仕方で並行的に変革されていかなければ、大学側の必死の変革努力も徒労に終わってしまうという、ごく当たり前だが根本的な関係である。

今日の日本の大学院の苦境の根本は、大学院が重点化され、修士や博士の学位を取得する高学歴層が劇的に増えつつあるのに、日本社会の側が、そうした人々を評価し、処遇していく仕組みをまったく発達させていないという著しいアンバランスにある。本来ならば、政府は大学院重点化政策を始めるときに、大学院だけを重点化するのではなく、社会の仕組みを単純なモノや技術を指向する社会から、知識や価値、デザインを指向する社会へ転換させ、修士や博士の学位の位置づけ直しをしていくべきであった。ところがそうした社会変革がなされないまま、大学院だけが重点化され、高学歴層の大量生産が始まったために、逆に重点化政策の企図を根底から覆してしまうような質の低下が生じてきたのである。

したがって、今日目論まれている大学院改革も、それが大学院だけで終わるならば、どれほど真剣なものであったとしても、効果は限定的となろう。日本の大学院教育を実質あるものとするには、大学側の努力と並行して社会全体の高等教育に対する認識が変わらなければならない。様々な社会構造上の変革がなされ、新しい専門職能が生み出され、それが各地の制度で積極的に運用されていくようにならなければ、分断された循環回路は永遠に分断されたまま、人材は無駄に滞留してしまう。

「白熱教室」から何を学ぶべきか

今日の大学や大学院のあり方の変革はしかし、制度やそれを取り巻く環境を変えればいいというものでもない。大学の根本は教室にあり、教師と学生の対話にある。この対話のひとつのモデルとして、二〇一〇年八月、私が当時センター長を務めていた東京大学大学総合教育研究センターでは、NHKと共催でハーバード大学のマイケル・サンデル教授を安田講堂に招聘して「ハーバード白熱教室in JAPAN」を開催した。この東大安田講堂での「白熱教室」については、すでにNHKで数回にわたって放送され、社会的ブームといえるほどの反響があったので、わざわざここで紹介するまでもないだろう。

強調しておきたいのは、私たち日本の大学が今、サンデル教授の授業から学ぶべき最大のポイントは、その巧みな講義術や「対話型」の授業形式そのものではおそらくない、という点である。私はこの八月の催しの冒頭の主催者側挨拶で次のように述べた。

「今日、大学は世界的な危機のなかにあります。『役に立つこと』『お金になること』『職にありつけること』が真っ先に求められてしまう社会のなかで、大学は本来、そのような価値がすべてではないこと、より崇高な価値やかけがえのないものに向けて、私たちは学びの共同体を形成しうることを伝えていける数少ない橋頭堡です。サンデル教授の授業は、そのお話の中身だけではなく、非常に多くの学生を身の回りのアクチュアルな問題に向き合わせ、回を追うごとに深い思考に巻き込んでいく卓越した実践において、大学が本来なすべき教育の原点であるように思います。（中略）私たちは今後、日本の大学から、どの分野であれ第二、第三のマイケル・サンデル教授のような先生方を、どれだけ輩出していけるでしょうか。今日の世界の危機の深さを思うならば、私は世界の大学に百人のマイケル・サンデルが誕生してもまだ足りないのではないかと思います」

右は挨拶文の一部を引用したにすぎないが、こう述べるなかで私が主張したかったのは、学びの共同体としての大学の理念だけではない。ここで百人、千人のサンデルと述べているのは、何もサンデル教授のような達人的なパフォーマーがそれだけの数、出現することを期待しているのではない。むしろ重要なことは、同教授の授業の背景にあるシステム、大教室授業を有効なものたらしめる仕組みの確立である。

というのも、サンデルの大教室講義は、それだけ独立して成り立っているわけではなく、彼の下で多くのTA（ティーチング・アシスタント）が学生の理解度をチェックする少人数形式の演習授業を運営しているし、各週の授業に先だって学生は指定文献を必ず読んでこなければならない。つまり、予習、講義、復習がシステム化されており、それを可能にする科目編成や支援教員の体制ができているのである。

このような仕組みが機能していくためには、大学全体として学生の履修科目が現状よりもはるかに少ない数にコントロールされていなければならないし、各科目は、全体としての学問知識の体系に沿って構造化されていなければならない。大学側からするならば、主要科目には相当の支援スタッフを充当していく必要がある。学生が、現状のようにあまりにも多くの科目を履修しなければならないと、とてもそれぞれの科目の指定文献を事前に読む余裕がなくなってしまうし、多くの学生が一人の教授だけで運営される授業に集中すると、その教師は学生への対応や試験の採点だけで疲弊しきってしまうからだ。

他方、多くは博士課程在籍の大学院生からなるTAは、講義を担当する教授を様々な面でサポートするだけでなく、教授とともに学生指導を分担することで、新しいティーチング・スタッフとしての訓練を積んでいくことになる。しかも、このようにTAとして雇用されることが、博士課程学生の生活を支え、次のキャリアへの資格要件も満たしていくことになる。

教育システムの構造変革を

テレビの影響もあってサンデル教授の「対話型」授業へのブームともいえる関心が高まる一方で、このような授業の実質を支えている仕組みへの理解が深まっているとはいえない。日本の大学教師は器用だから、「対話型」を導入して授業方法の改善に役立てていくことは容易だろう。しかし、「対話型」は有効に働くときもあるが、かえって参加者を安易な自己満足に誘い、より深い理解への道から遠ざけてしまうこともある。ポイントは、授業自体が「対話型」かどうかではなく、大学がどこまで授業全体についての構造化された仕組みと支援基盤を整えていくことができるかにある。

このような構造変革と人的支援基盤の整備で根本的なのは、決して新規予算を獲得し、野心的なプロジェクトを実施することではない。九〇年代以降、大学院重点化と並行して文科省の政策として推進されてきたのは、ＣＯＥやグローバルＣＯＥ、大学院ＧＰ、グローバル30といった実験的な大規模教育研究プロジェクトに期限付きで予算が集中投下されていく動きであった。文科省の企図としては、まず先導的な教育研究プログラムを走らせれば、それに引っ張られて大学・大学院教育の改革が誘導されていくと期待したのだろう。それぞれのプロジェクトには億単位の予算がつぎ込まれ、それによって大学院生が困窮した生活から一時的に脱出して、数年間の研究生活を送ったのも事実である。

しかし、先導的な大規模プロジェクト重視の予算配分は、多くの場合、実験的な事業に加算的な仕方でなされていくことになるために、大学や大学院の教育システムの基盤的な構造は、ほとんど手がつけられないまま残っていく可能性が高い。すでにある根幹的な教育体制は、相変わらず貧しいまま古い体制を残し、新規のベンチャー的な部門だけが予算の投入を受けて一時的に潤っていく。しかし一定期間が過ぎてしまえば、多くは元の木阿弥で、教育の根幹にかかわる構造的な改革はなかなか進んでいかない。このような不安定な仕組みは、実は長期的な高度の人材育成にプラスに機能しないのだ。

小林信一は、九〇年代以降の若手研究者の供給過剰が、十分に予測されながらも政策的に誘導されたものであったと指摘する。すなわち、一九九五年に科学技術基本法が制定され、ポストドクター等一万人支援計画が始まり、科学技術への重点投資が方向づけられていった。この動きは大学院重点化の追い風となり、若手研究者の過剰生産を加速させた。ほどなくポスドクレベルの若手研究者が過剰になって溢れ始めるのだが、その過剰分は、並行して急速に拡充されていった日本学術振興会の特別研究員やＣＯＥの特任教員、RAなどに吸収され、数年間は深刻な問題の顕在化が先送りされたのである。

このように二〇〇〇年代、大学院重点化を通じた若手研究者の過剰創出が、新しい大学教育の仕組みへの構造改革と結びついて吸収されていくのではなく、大規模競争プロジェクトがもたらす短期的雇用によって吸収されていったために、表面的に雇用不安が先送りされた反面、膨らんだ若い知的エネルギーが新しい大学の安定的な教育基盤としては有効に活用されていかず、しかも多くは三年ないし五年限りの短期的雇用であったために、任期の後半になると当人たちは次の職場を求めて必死の「就活」を始め、それがうまくいかない場合、精神的にも厳しい状況に追い込まれていく不幸が各地で発生していった。

高学歴層は使い物にならないのか

今、必要なのは、これ以上の大学院の質の低下に歯止めをかけながら、学部教育と大学院の人材育成、社会的雇用の間にサステイナブルな関係を構築し、大学と大学院を、知識社会のなかで幾重にも伸びる深い知性を育んでいく場として再構築することである。

すなわち大学院は、一方で社会の専門職業と大学を結ぶ接点に位置している。他方でそれは、学部レベルのより基盤的な教育と専門知性を結ぶ媒介役である。しかし現状では、このように社会のプロフェッショナリズムと学部のリベラルアーツの双方に対し、大学院がメディエーターの役割を果たしているとはいえない。むしろ大学院は、そうした新たな人づくりの仕組みが構築されていく上での隘路となっている。本来ならば蝶番《ちょうつがい》となるはずの大学院を隘路にとどめている最大の原因は、社会の側が、学位を取得した専門的知性をそれほど必要とは感じていない事実にある。したがって、大学院改革の最大のポイントは、こうした状況を変えていくことであり、それは幾ばくか社会変革的な契機を帯びる。

どうすれば企業や自治体、社会一般に広がる大学院についての無関心や無理解、わかってはいても評価しないという態度を変化させていけるのだろうか。この問いは、工学系以上に文系、それも人文系で深刻である。法律学や経済学ならばともかく、人文学や人類学、歴史学などの分野で学位を取った高学歴層は使い物にならないという発想が、企業にも、学生自身の側にも定着してしまっているのではないか。そうであるが故に、大学院重点化で充足しなければならない院生定員が増えることで最もダメージを受けたのもそうした領域であった。――しかし、この認識は本当に正しいのか。

というのも、欧米と日本の大学院の最大の違いは、日本の大学院は理工系が圧倒的に多数派であるのに対し、欧米では社会科学や人文学が相当の割合を占めている点にある。日本よりも文系の割合がずっと高いのに、欧米の大学院がそれなりに機能しているとするならば、人文学や社会科学でも、専門的知性に対する社会の需要が存在していることになる。逆に、そうした文系分野の専門性の低さ、高度な専門的修練を積んだ人材の有用性が社会的に認知されていないことが、重点化後の大学院で資源配分の不均衡や困窮が深まっていく要因の一つにもなってきた。私が念頭に置いているのは、たとえばジャーナリストや学芸員、図書館司書、アーキビスト、広報担当者などの例だが、他にも諸職種を挙げられよう。

問題の隘路を突破するには、文系分野も含め、専門的知性の中身について、広く社会に通用する再定義をしていかなければならない。この点で、今日のデジタル化やグローバル化はプラスに作用する可能性がある。これらの変化は、それまでの組織で閉じた職業構造を横断的に流動化させていく。これは昨今の職の不安定化の一要因にもなっているのだが、既存組織の防衛ではとても変化に対応できないことが明らかになっていくと、既存の組織内論理ではなく、むしろ職能の標準化と客観的保証によって当該職種の水準をサステイナブルなものにしていかなければならなくなるはずだ。

たとえば、近年ではマスコミの記者教育に関しても、企業内ＯＪＴ（オン・ザ・ジョブ・トレーニング）が限界に達しており、何らかの職能の専門化が必須である。学芸員や司書では、デジタル化の進行で博物館・美術館と図書館、文書館の機能が相互に重なり、いずれにおいても高度な情報技術を使いこなせる能力が求められてきているが、そうしたデジタル技能と人文学的素養を併せ持つ人材を、デジタル・キュレーター、デジタル・ライブラリアンとして公的に保証していく必要がある。企業や行政、ＮＰＯなどにおいて、広報に関する戦略的技能を持った人材の必要性も高まっている。

デジタル化やグローバル化、ネットワーク型組織の発達のなかで、近未来の職業構造は大きく変化する。そうした新たに現れつつある職業構造を、事態の推移に任せて後追いするのではなく、むしろ大学の知恵をフルに使って社会や産業とも連携しながら戦略的に先取りし、それに向けて私たちの潜在力や知的可能性を伸ばしていけるような学びとキャリアパスの仕組みを構築していくことが、メディエーターたる大学院の可能性を再構築する重要なステップとなるであろう。

第4章 「蹴れない東大」を実現する方法

蹴られる東大

「蹴られる東大」という、東京大学新聞オンライン版で話題になった連載がある。東大とハーバードやプリンストンといった米国のトップ校を併願し、両方に合格した学生へのインタビューが目玉の連載である。彼らは四月から半年間、東大に在籍した後、九月から米国の大学に移る。そこで記事では、超優秀な若者たちが双方で学んだ体験が比較されている。彼らはなぜ、東大を蹴って米国の大学を選んだのか。

まず、彼らにとって東大受験は、両親を説得するための「言い訳」、ないし米国大学の授業料を払うのに必須の奨学金が得られないときのための「滑り止め」と認識されている。ある学生は、「東大受験は、米国大受験を許可してもらえるよう親を説得するための条件でしたね」と語り、また「(米国の大学では)全落ちの可能性もあったため、浪人を避ける意味合いもありました」と続けている。

同時に彼らは、将来のキャリアも計算している。別の学生は、「将来日本に帰ってきて働く可能性がある以上、東大に一時期でも通っていれば人脈ができ、就職に有利」と言う。一般に企業が東大生に求めるのは、東大で何を学んだかよりも、当人が東大に合格する頭の良さを備えていることだかららしい。そのうえで、米国のトップ校で学んだ経験もあれば鬼に金棒、就職面でも怖いものなしなのだ。

入学後はどうか。学生たちが語るのは、米国大学での教師の面倒見の良さである。ある学生は、「人文学のトップ層の教授たちが毎週二時間半、一対一五くらいで直接指導」してくれるし、「オフィスアワーもものすごく充実していて、週三時間くらい一人の教授が時間を取ってくれる上に、時間外に行っても相談に快く乗ってくれました」と感動している。そしてこれらが、「システムとしてのオフィスアワーもないし、初めはどう教授にコンタクトを取ればいいのか分からず戸惑う」東大での経験と対比される。授業でも、米国の大学では提出した小論文等に対し、「頻繁にフィードバックを行ってくれ」るが、東大では多くの授業で、小論文を提出しても「フィードバックが返ってこない」との弁。

やや先回りするが、この最後の日米格差の原因は明白である。日本の、特に国立大学の教員は余りに忙しすぎるのである。私は、後述するように二〇一七年の秋学期と二〇一八年の春学期、ハーバード大学の大学院と学部で授業を担当した。ハーバードでは、学生の教育のための時間が制度的に十分に確保されているので、毎週のオフィスアワー等で個々の学生を丁寧に指導できた。ところが昨夏、東大に戻ると、複雑化する一方の入試業務、教務や雇用管理上の雑務、各種委員会、リスク管理的な用務というように、目前の課題処理に忙殺され、とても個々の学生の面倒を丁寧に見る時間的余裕などない。ちなみにハーバードで私の授業に出ていた学生から研究相談や推薦状を頼まれたが、滞米中は気軽に引き受けていたこれらも、帰日後は余裕がなく対応できないままになってしまった。

個人商店街としての日本の大学

日米の大学における、この教育上の格差の要因は何か――。この点は、ハーバード大で教えた経験に基づき拙著『トランプのアメリカに住む』で論じたところだが、一言で言えば、大学についての基本認識の差に由来している。米国の大学教育は、全体が一つのシステムとして設計されており、個々の教員の役割はその一部を構成する。これに対し、日本の大学教育は個人商店主＝教員による個別の営みの集合である。だから、各学部は教授たちによる商店街のようなもので、自分の店をどう運営するかは店主に任されている。しかも、各商店街＝学部を越えて地域全体、つまり大学全体を一個のシステムとして設計する発想が弱い。各部分では最適化が図られるが、全体をデザインする意思や、それを実現する仕組みが欠落しているのだ。その結果、個々の教員は自分流に教授法を編み出しており、干渉を受けない代わりに支援もない。この「個人主義」が、日本で大学教育を学生の学びの視点から設計することを妨げている。

このような全体的視点の欠落は、一九九〇年代以降の大学改革を挫折させてきた要因でもあった。たとえば九〇年代、日本の多くの大学で、「大綱化」と呼ばれる改革で、専門教育と教養教育の垣根が取り払われた。それまでは専門学部の教員と教養部の教員の間に担当できる科目についての区分があったのだが、専門学部に属さなかった教員も専門的な科目を担当できるようになったのである。ところが、その結果、どの教員も基礎的なことよりも専門的な内容の教育に力を入れるようになり、前期課程の教養教育が大いに弱体化していった。規制緩和は、必ずしも教育の充実化をもたらさないのだ。

同じ頃に実施された大学院重点化も同様の結果を招いた。当時、多くの大学が大学院重点化に飛びついたのは、教員の所属が学部から大学院に移ると、一教員当たりの予算が増えるメリットがあったからである。その際、大学院の学生定員を増やすことが求められたので、大学院生定員が一挙に増えた。当然、大学院は入りやすくなった。ところが研究職の雇用全体が増えたわけではなかったので、修士・博士の学位をとっても研究職に就けない大学院生が激増した。そのことに気づいた学部生たちは優秀な人も含めて、今度は大学院に行くことをネガティブな選択と考えるようになってしまった。かたや大学院側は、定員を充たす必要から、だんだんハードルを下げていく。これは、文部省（当時）からの強制ではなく、大学の各学部が自らの意思で進めたことだったのである。

これらの挫折の根底には、大学が学生の学びやキャリア形成の全体的な場であると理解されず、それぞれの教員の学問的な満足や学部の予算上の必要に学生の学びが従属してしまっている現状がある。大学が教員の個人商店街＝学部の集合体である限り、それぞれの商店主は自分の店の流儀にこだわり、その商店街を超えた視点をなかなか持つことができない。目指してきた学科や教えを乞いたい目当ての先生の研究室に入れた学生は幸せだが、それほどはっきりとした目的意識を持たない学生や、所属した研究室や学科で学びたいことが見つけられなかった学生の場合、研究室や学科の枠を越えて大学での勉学がその人の可能性を育んでいける仕組みにはなっていないのである。

履修科目数は米国の二倍以上

これらの問題は、大学教師の怠惰に由来するわけではまったくない。むしろ、昨今の日本の大学教師はひと昔前よりもずっと真面目である。授業も休まず開講し、諸々の学内行政もこなしている。さらに外部資金の獲得にも熱心である。ハーバードの先生のほうが、よほどのんびり自分の生活を楽しんでいる。日本の大学教師は、自分の生活を犠牲にして大学のために尽くしている。それにもかかわらず、肝心の授業とそこでの学生の学びのクオリティを上げられていない。学生たちの予習や復習の時間はちっとも増えておらず、教師たちの授業準備にかける時間も決して増えてはいないのだ。

つまり、日米の大学の教育力の差は、個々人の努力ではどうにもならない構造的要因に起因している。それを変えない限り、教師は頑張れば頑張るほど疲弊していく。では、問題の根本はどこにあるか。ここではそれを大きく三つに集約してみたい。

第一の要因は、一人の学生が一学期に履修する科目数である。前述の学生の一人は、米国では学生が授業を「一学期に四つしか取らないのがミソで、これによって思い入れのある授業しか選ばなくなるため、勉強に楽しく集中することができ」ると答えていた。当然、授業選びは重要で、指導教員と相談しながら履修科目を決めていく。多くの場合、一つの科目につき週三回授業があり、その一回はＴＡ（ティーチング・アシスタント）による少人数の討論授業である。その討論を通じ、各学生の理解度が確認され、また、それはリードするＴＡの訓練の場ともなっている。

このように米国の大学では科目を絞り込んで深く学ばせる仕組みが一般的だが、日本は「広く多く」である。多くの場合、学部生は一学期に一〇から一二の科目を履修している。それらの授業は大概週一回で、学生はとりあえず授業に出席するが、とても予習や復習の余裕はない。四年間では七〇科目近く履修するから、科目が多すぎ、卒業する頃には、一、二年生でどんな科目を履修したかすら忘れてしまう。

科目の多さは、学生たちの履修行動を、スーパーでのショッピングに近いものにする。学生は、とりあえず関心のある科目をカートに入れるが、個々の科目の比重が相対的に軽いので、負担が重そうな科目があると、途中で簡単にカートから外に出す。だから教師も、あまり大きな負担を学生に課さないように気を遣う。この関係が、学生が何かを深く学ぶことを構造的に困難にしていく。

不都合が明白なのに、「広く多く」という体制が変わらないのは、日本の大学ではそもそも授業選択が大学教育の根底となっていないからである。日本では、学生たちがどの学部・学科に所属したかは重要だが、どの科目を履修したかはそれほどではない。日本の企業が、なかなかメンバーシップ型からジョブ型に転換できないでいるのと同様の問題が、大学教育にも存在するのだ。就活と同様、大学での学生の所属先は、入試等の結果で決まる。学生は、所属学科の指示に従って必修科目を選び、選択科目は無難なもので埋める。これに対して米国では、大学の学びの根本はあくまで授業である。各学期に履修する約四つの科目を何にするかが重要で、四年間では合計で三〇〜三五程度の科目になる。その組み合わせでカリキュラムが構造化される。

シラバスの充実や予習・復習を含めた実質的な学修時間の確保、対話型の授業やＴＡの有効活用等々、大学の授業の改善策が多く提案されてきたが、それらが有効に機能するための根本は、まさにこの履修科目数の問題を解決することである。この構造が改まらない限り、授業のいかなる改善策も学生、教師の双方にとって過重負担となり、有益な効果を生まない。過ぎたるはなお及ばざるがごとし、である。

この問題の解決策は、実は一つしかない。一科目の単位数を倍増させるのである。日本の大学で多いのは、一学期二単位の科目である。これを、海外と同じように一科目四単位以上に変える。卒業に必要な単位数は日米でそれほど変わらないから、一科目の単位数が倍になれば、学生の履修科目数は半分になる。単位数と必要な学修時間は連動するから、必然的に同じ科目の授業が一週間に複数回、実施されることになる。そうすれば、各科目に対してより大きなコミットメントを求めることも可能になる。また、学生は登録科目を学期の途中で簡単には放棄できなくなり、否が応でも教師の要求に応えていくことになる。さらに教師側からしても、担当科目により大きなエネルギーを割いていけるようになる。

カレッジとユニバーシティの折衷

さて、冒頭の学生たちが東大を蹴って米国の大学に移ったもう一つの理由は、米国の大学が提供する質の高いリベラルアーツ教育だった。ある学生は、「東大だと必ずしも自分の進みたいと思った分野に進学選択で行けるとも限らず、後に興味を抱いた心理学も理系なのか文系なのか曖昧な学問だったので、（文理という区別がない）米国大」を選んだと言う。前期課程に教養学部を残す東大は、日本の総合大学では相対的にリベラルアーツ教育が充実している。ところが彼らからすれば、少なくとも米国の大学と比べた場合、東大のそれは不十分と映っているようだ。

リベラルアーツ教育をめぐる日米の差は、実は前述した大綱化で日本の大学の教養教育が弱体化した結果、生じたものではない。問題の根はもっとずっと深い。日本の大学にリベラルアーツ教育が取り入れられたのは、戦後、新制大学になるなかで、米国の大学に浸透していた「一般教育（ジェネラル・エデュケーション）」の仕組みが取り入れられたからである。それまでの日本では、リベラルアーツ教育は旧制高校で徹底して行われていた。だが、占領期の教育民主化政策のなかで、旧制高校はそのエリート主義が敵視され、解体されてしまう。東大の場合、旧制一高がそっくり駒場キャンパスの前期課程教育に統合されていった。

逆に言えば、戦前の旧制大学には、リベラルアーツ教育は存在しなかった。「研究と教育の一致」を謳うフンボルト理念に従う帝国大学では、それぞれの分科大学、つまり学部で最初から専門分野の教育と研究が一体的に営まれていた。この「研究と教育の一致」を実現させる根本単位が研究室で、それは文系の場合はゼミナール、理系の場合は実験室だった。前述したような授業よりも研究室や学科への所属を重視する考え方は、歴史的にはこうした戦前的な仕組みに由来している。そしてこのような仕方で戦前期の帝国大学で営まれていた教育研究は、今日でいえば大学院の仕組みに限りなく近い。

もうお分かりだろう。占領期の高等教育改革は、実は大いなるボタンの掛け違えをしていたのだ。戦前の日本と今日の米国の高等教育を対比すると、前者のエリート主義に対して後者の民主主義という差はあるが、教育内容では前者の旧制高校が後者のカレッジに、前者の帝国大学が後者のグラデュエートスクールに相当する。ところが戦後の大学改革では、旧制高校で大学レベルのリベラルアーツ教育がなされていたことが評価されず、新たに一般教育が学部前期に縮小された仕方で導入された。

他方、旧制大学では実質的に大学院レベルの専門研究がなされていたことも評価されず、むしろその大学の上の大学院が強化されていった。その結果、戦後日本の大学では、一方ですでに全寮制を含め旧制高校で実現していたカレッジ的伝統が生かされず、他方で前期課程の一般教養教育はアメリカのカレッジ式、後期課程の専門教育はドイツのユニバーシティ式、さらに大学院教育はアメリカのグラデュエートスクール式という極度に折衷的な仕組みとなった。

もはや旧制高校は失われて久しいので、今さら復活はできそうにない。大学院もアメリカ式の仕組みがすでに確立しつつある。そうすると、旧帝大のような歴史的伝統を有する日本の大学に残されている最大の課題は、学部後期課程の扱いになる。要するに、大学院教育を重点化すればするほど、また学部のリベラルアーツ教育を充実しようとすればするほど、学部後期の専門教育の位置づけが曖昧になってくるのだ。この問題への短期的な解答は存在しないが、長期的な解決策ははっきりしている。すなわち、現在の学部後期課程と重点化した大学院修士課程を一体化していくのだ。

他方、学部前期課程の一般教養教育と米国のカレッジでのリベラルアーツ教育には、その質に雲泥の差がある。この差を縮めていくには、カレッジ＝旧制高校にあって今の一般教養教育にないものを検証し、学部教育にカレッジの仕組みをよりはっきり導入していくことが解決策となる。これはある意味で、旧来のドイツ式を捨ててアメリカ式を徹底させていく方向である。

教員の役割、職員の役割

最後に、日米の大学の間で教員力の差をもたらしている第三の背景に触れておきたい。言うまでもなく、大学は教員と学生、職員という三種類の人々から成る。日本では、このうち教員だけが高度な専門性を有すると見なされがちだ。だが、それは間違いで、実は職員もそれぞれの分野で高度な専門性を有している。職員の業務には図書・情報、学務、国際、研究推進、財務、渉外、人事・総務など定型的な分野設定が可能であり、同分野ならば大学間の違いは小さい。と言うか、同じ分野で大学・学部間に大きな差があってはいけないのであって、すべての大学の間で標準化されているべきなのである。

この標準化と大学職員の専門化は表裏一体である。ある業務分野で有能であることが知られた職員は、別の大学からより良い待遇で移籍の声がかかり、その分野のプロとして渡り歩いていく。そうしたなかで実践的な専門性も深まり、やがて本来の意味でのアカデミック・アドミニストレーターとなっていく。つまり、大学の管理運営で重要な役割を果たすようになる。実際、米国の大学職員は、管理職であればその人自身が相当の決定権を持っている。教授や学内委員会に決定を仰いだりしない。学生の成績や学位、教育内容や教員人事に関すること以外では、大学の管理運営上の事項を決めるのは職員である。入試ですらアドミッションオフィスが担当するので、米国の大学では日本の国立大学の教員たちを忙殺させている膨大な入試業務はほとんど存在しない。

これが日本の、特に国立大学では決定的に異なるのだ。大学間どころか学部を越えた業務の標準化すらできておらず、職員の専門性も確立していない。しかも入試から大学運営まで、決定権は教授会や教員たちの委員会にあるとされがちである。ところが多くの場合、教授たちもその分野の専門家ではない。誰も一人では責任を負えず、委員会が合議制で決める。これは、非効率で責任が曖昧な仕組みである。

日本の大学で職員の専門化が確立できていないことの根底には、大学教授職が多くの決定権を抱え込みすぎている現状がある。だから必要なのは、教授の権限を明確に絞ることである。大学教授は研究教育の専門家なのだから、成績や学位、教育内容や教員人事に関する事項はこの専門家に委ねられるべきだろう。しかし、現在の大学で教授会や教員の委員会が関与している多くの業務は、入試を含めて必ずしも教員でなければできないものではない。職員のなかから育った専門家が、その人の専門的な知見に基づいた判断で決定を下していく方が、教員の委員会が決めるよりも適切なことは少なくない。

要するに、今日の日本の大学教育の窮状は、「足し算」しかしてこなかったことの帰結である。日本の大学は、科目の「割り算」で生じる軋轢を避けて「足し算」を重ね、結局は学生の深い学びを阻害してきた。ユニバーシティとカレッジの関係にしても、アメリカ式の一般教育や大学院を受け入れながらもドイツ式の体制を残したため、全体を構造化する原理に混乱が生じた。さらに教員と職員の関係でも、責任と権限を専門職員に委ねるのではなく、合議で決める体制を維持することで、そうした業務で教員が忙殺される本末転倒の結果を招いている。私は、日本のトップ大学の学生が、米国のトップ大学の学生よりも学力で劣るとはまったく思わない。しかし、以上の構造的問題が解決されないなら、いずれ彼我に、学生の学力においても今日以上の歴然とした差が生じてくるリスクは大きい。

第5章

大学の不条理と未来

単線から複線へ

減り続ける一八歳人口

二一世紀初頭の日本の大学を巨視的な視点から見たとき、四つの構造的な危機に直面していると統括することができる。第一は、人口学的な危機である。現在の日本の一八歳人口はおおよそ一二〇万人。これが二〇四〇年には約九〇万人に減る。さらに五〇年には約八〇万人、六〇年には約七〇万人である。人口学的変化は長期的なものなので、この減少を今から止めることはもうできない。前提だと思ったほうがいい。一八歳人口が数十年で四分の三ないし三分の二に減る。これは劇的なことであって、今の大学数や学生定員が過剰でなかったとしても、危機に陥って潰れる大学がたくさん出てくる。

しかも実は、今の大学数や学生定員はすでに過剰だ。日本の大学数は、一九四五年の段階では四八校であった。四九年に新制大学に移行し、大学数は二〇〇くらいに増える。それから徐々に人口増加に合わせて増え続け、八〇年頃には五〇〇校程度になった。その後、八〇年代後半に一八歳人口が減り始めたにもかかわらず、規制緩和路線のなかで大学数が増え続けた。そして二〇一〇年代には七八〇校、つまり、四八が八〇〇近くになった。いくら進学率が上昇するからといって、本来ならばここまで大学数を増やすべきではなかった。

しかし一度増えたものを減らすのは困難だ。そこで今何が起こっているかというと、「志願者マーケティング」、つまり「うちの大学に来てください」という勧誘活動である。定員を充足しないと「あなたの大学はいらない」と言われてしまう。ハードルを下げ、学部の名称をキャッチーなものにして、志願者を誘う。多くの大学が、そうして何とか定員を充たすことで凌いできた。

志願者マーケティングが最もよく表れているのが、大学の学部名称の激増である。学部の名称は、一九八五年の段階で八〇種類、九〇年の段階で九七種類だった。たとえば「環境情報学部」「国際文化学部」などがあったが、そのくらいまではまだおとなしい。ところが九〇年代以降、九五年に一四五種類、二〇〇〇年に二三五種類、〇五年に三六〇種類、一〇年に四三五種類と増えてゆく。「シティライフ学部」「フロンティアサイエンス学部」「ホスピタリティ・ツーリズム学部」等々、カタカナ語の学部名のオンパレードとなった。私はこれを、「学部名称のカンブリア紀的大爆発」と呼んでいる。

そのため人口増加が止まり、バブルが弾け、日本経済の停滞が始まっても、大学数や学部名称の増加は止まらなかった。九〇年代から二〇一〇年代にかけての四半世紀は、大学バブルの時代だった。経済のバブルはとっくに弾けているのに、人口増加も止まっているのに、大学はバブルを延々と続けた。

ようやく最近、さらなる人口減少によってこのままでは大学はもたなくなるということが明白になってきて、中教審や文科省など、国のレベルでも対策を本格化させようとしている。しかし、この危機は今後二〇年、三〇年にわたって、大学という組織を脅かし続ける所与の条件となるだろう。

基軸言語としての英語の時代は続く

第二の危機は、高等教育における国際競争が本格化していることである。いわゆる国際ランキングを批判するのは簡単だが、しかしそれは実際に世界を動かしている。たとえば、ランキングは留学生の行先を左右し、国際的な人材移動に影響を与える。そうしたなかで、東大をはじめとする日本の大学は、アジアのトップ大学に次々と追い抜かれていった。このままいけば、この傾向はもっと進むだろう。国際的には、日本の大学のレベルはもう抜いたとアジアの諸大学は考えている。今や、アジアのトップ大学はもう日本の大学を相手にするのではなく、欧米のトップ大学にどうやって近づくかを考えている。

そういう競争状態の基盤をなしているのは英語である。人口構造が変わらないのと同じように、これからも一〇〇年以上の長さで、英語が知の基盤である状況は変わらないだろう。「日本語が大切だ」と言ってどうにかなる話ではない。ところが、日本の教育はずっと日本語ベースで、英語は受験英語でしかなかった。どこの国際学会へ行っても日本人は一番、英語が下手。韓国の学生たちは日本の学生たちより遥かに英語が上手だ。韓国ほどではないが、中国の学生たちも日本人に比べればよほどしゃべれる。トップレベルの大学で、こんなに国際舞台で英語がしゃべれない人の割合が高い国はない。しかも、この状況はなかなか変わりそうもない。英語中心主義を批判していればいいという話ではないのである。

知へのアクセシビリティの変化

第三の危機は、知的生産をめぐる条件の変化である。デジタル化が知的世界のあり方を抜本的に変えたのは事実である。何よりも、知へのアクセシビリティの条件が変わった。どこにいても、世界中のデータにアクセスすることができる。論文も読めるし議論もできる。大学が知を占有的にストックする機関である時代は終わった。知はすでにネットの世界に解き放たれつつある。

これは一六世紀の大学が経験したのと似た状況である。つまり、グーテンベルクの印刷革命。一五世紀までの大学は、先生と学生が知的共同体を形成していた。重要な知識を得るためには、高度な知を体得している先生のところに行くか、その知識が写本のかたちで残されている修道院の書庫に行かなければならなかった。だから学生は数カ月の旅をした。ところが、一六世紀以降、同じ知識が何千という単位で複製され、流通するようになった。もう大学に行かなくても、自分の周りに本を買い集めればよくなった。これは、一六世紀以降の大学の力を弱め、時代は大学の時代から出版の時代へ転換していった。

同じことが二一世紀にも起こっている。つまり、デジタル化によって、重要な知識へのアクセシビリティは、大学に依存しなくてもネットベースで確保される。TEDだってMOOCsだって役に立つ。それらを超えるシステムもいずれ出てくるだろう。そうすると、様々なインターネットベースの知識システムが発達するなかで、大学はやや遅れた知的機関に成り下がりつつある。

そして、その新しい情報システムのなかで創造されていく知は、二〇世紀までのそれとは構造的に変わってゆく。日本の大学は、近代的な知のシステムに適合して発達してきた。それは理学部や文学部や法学部など、縦型の専門知を深く学んでいくのに適合した仕組みであった。こういう知のあり方は、近代工業社会に適合的な仕組みだった。非常に専門分化され、その専門分化された知識がピラミッド型の体系のなかで安定性を持っている。だからその専門分野を深く学んだ人が権威を持っていく。ところが今起こっているのは、知の多極的な流動化である。知の体系のピラミッドが崩れ、むしろ横につながり、複数の知の体系の隙間に新しい知が突然現れたりすることである。そこで新しい知は、基本的に「インター」や「トランス」であることが要求されている時代、知の構造そのものが変化しているのだ。

だから、学部縦割り型の教育ではもうもたない。それにもかかわらず、日本の大学の仕組みは、新しい横断的な知の地平を付け足しとしてしかつくれていない。そこが、アメリカの大学とは違う。デジタル知識社会が劇的に拡大するなかで、一九世紀型の知の仕組みでやってきた大学が危機に瀕している。このデジタル知識化の流れは、今後数百年は変わらない。グーテンベルク革命が一五世紀末に始まり、一七、八世紀までずっと続いたように、これから一〇〇年、二〇〇〇年の単位でデジタル知識基盤は続く。もちろんTEDやMOOCsやe-Learningなど、今あるそれぞれのデジタルの仕組みは進化していくが、インターネットベースの知識情報社会自体は長いスパンで変わらないだろう。

教育の質をめぐる根本問題

四つ目の危機とは、こういう社会の変化のなかで、日本の大学教育が教育の質を劣化させてきたことだ。

八〇年代頃まで何とか維持してきた教育の質を、教員の側も学生の側も落としてきてしまった。

私は二〇一七年の秋学期から一八年の春学期までの一年間、ハーバード大学の東アジア文明言語学部で客員教授として授業を担当した。一七年秋学期は大学院で「日本のメディア研究」という科目を教え、翌春学期は「日本におけるアメリカ」について学部で教えた。その経験をもって言うと、米国のトップレベルの大学の教育の質と日本のそれとを比べると、教育の質を支える仕組みの面でこの二〇年くらいでだいぶ差が開いたように思う。

日本は八〇年代まで戦後教育で何とかやってきて、その頃はまだ経済がよかったから、「Japan as No. 1」などと言われながら、米国を超えることを狙っていた。結局それはものの見事に失敗するわけだが、米国に追いつけ追い越せという意識は当時の教育行政にもあったと思う。だが、結果はまったく逆になった。つまり、九〇年代以降、米国のエリート大学は着実に教育の質を上げ、日本との差はむしろ開いたのだ。

その間、日本では、専門教育をより充実させようとして九二年に大学の大綱化をやった。大綱化で、これまで教養部で教えてきた先生が専門の教育もやってよいとなった。それまでは専門の先生と教養の先生との間にある種の障壁があった。それをなくそうとしたわけだ。そうなると、先生たちはみんな自分の専門を教えたいし、ベーシックなことだけを教えていたくはないとなる。その結果、みんながそちらへ走り、大学の教養教育が弱体化していった。これは、内部からの崩壊であった。

大学院重点化も、なぜ多くの大学が大学院重点化に飛びついたかというと、教授たちの所属が学部から大学院に移ると、組織の予算が増えるからだった。それで、大学の側から一生懸命大学院を重点化した。そうなると大学院の学生定員を増やさなければならなくなる。その結果、今まで入りにくかった大学院に自分も入れれば、研究者になれると思って入った大学院生がいっぱい生まれた。でも、その先はなかった。修士・博士の学位をとっても研究職に就けない。将来もそれほど開けない。そのことを、みんなだんだんわかってきたから、大学院に行くことはネガティブな選択だと思われ始めて、大学院に優秀な人が行かなくなってしまった。かたや大学院側は、定員を充たさなくてはいけないから、だんだんグレードを下げていく。今では学部の四年生よりも修士一年生のほうがレベルが低い大学も増えた。しかしこれは、文部科学省からの強制でやったことではなく、大学の先生たちが「是非こうしてくれ」と要望して進めたことだった。多くの崩壊は大学の上からの圧力によってではなく、内から自発的に起こってきたことだ。

今日の大学の不条理は、基本的には大学の内側にある構造から生じている。たとえば、特に国立大学には無数に委員会がある。なぜかというと、事務職員が決定権を持っていないからだ。これは米国の大学では全然違っていて、多くの業務で決定権は事務の専門職員にある。だから委員会は必要ない。職員のトップ層は、大学専門職としてのプライドと権限と専門的知識を持っている。この専門化と分業が、日本の特に国立大学にはない。だから日本の大学では、事務職員は自分たちで物事を決めたがらない。

日本の大学職員には、分野の専門性が認められていないから、いろいろな職場を短くぐるぐる回る。そうすると、ますます専門性が確立しない。結局、「先生方の委員会で決めてください」ということになる。ところが教授たちにも、誰も専門家はいない。誰も一人で責任を負いたくないので、委員会が合議制で決めることになる。みんなで委員会で決めたかたちをつくる。責任の所在がはっきりしないシステムである。

一つの問題は、教授陣が過多に決定権を持っていることである。特に国立大学はそうだ。その結果、自分にはよくわからないことを決めるために、この委員会の委員長だとか、あの委員会の委員といった業務が増え、委員会が無数に開かれる。そして、それぞれ厚い議事録がつくられる。実に不条理な仕組みである。要するに、大学教授たちは自分たちで自分たちの首を絞め続けているのである。

これを改善するには、大学教授職の権限は何かを明確に絞ることしかない。それは基本的に、研究教育である。当然、成績や学位の決定も含む。これらは教授しかできない。多分、教員人事も専門家がやったほうがいい。本当は、ここに入試は含まれない。誰を大学に入れるかを先生方が決める必要は、本当は必ずしもない。要するに、大学を教授を頂点としたタテ割りの閉鎖的な組織から、様々な技能とプライド、権限を持った専門職の分業化された開放型の組織に転換するのである。

一九八〇年代以降、国も大学も、いくつかの改革を通じて日本の大学教育を高度化していこうとしたのだろう。ところが大学の教養教育の大綱化が結果的に一般教養教育を弱体化させた。大学院重点化が結果的に日本の大学院教育を水膨れさせた。改革はたくさんやられたが、あまりいい結果を生んでいない。

たしかにアメリカでは大学間の落差がものすごくあり、エリート大学とボトムの大学の状況はまったく異なる。しかし少なくともエリートレベルの大学では、九〇年代以降、一貫性のある改革をやってきた。その結果、それらの大学と日本の大学の教育のクオリティの差が大きく開いてしまった。

この四つ目の危機、教育のクオリティの劣化は、最初の三つの条件をきちんと変えないでいると、ますますひどくなるだろう。だから昨今、なんとか教育改革をしなければならないというプレッシャーが強まっているが、うまくいかないからみんな焦っている。それで、シラバスやアクティブラーニングや授業評価など、いろいろな制度が導入されていく。それぞれは正しい方向の改革だが、しかしその結果、大学教員がどんどん忙しくなり、みんなが疲弊していく。

たとえば国立大学法人化以降、大学は自分たちの研究資金を自分たちで稼いでくることになった。そうすると、みんな外部資金を獲るために一生懸命書類をつくって申請する。また、資金を得た後は、また一生懸命、報告書をまとめ、評価のための資料を作成する。外部資金の獲得率はずっと上がったが、そのために新たに時間を使うようになり、本来の教育や研究の時間が減っていった。昔あったような味のある授業は減り、研究のアウトプットも減り、何よりも学問の面白味が失われていった。みなそれぞれ熱心に働いているが、大学が全然、大学っぽくなくなっていった。

不条理な構造を変える

前半の話をまとめると、日本の大学は、人口的な危機、国際競争の激化、デジタル情報社会という環境の深刻な変化に加え、教育のクオリティの劣化というさらに深刻な危機を経験している。そしてそのなかで、いくつもの矛盾やねじれが顕著に露呈してきている。たとえば一八歳人口がどんどん減少しているのに、大学数や学生定員は増加し続けた。また、東京への過剰な集中が問題とされつつ、地方の大学が非常に弱体化している。大学進学率については、地域間格差がここ二〇年で大きくなっている。やはり東京のほうが大学も多いし、就活にも有利ではないかと思われ、進学が集中する。なおかつ、アジアからの外国人留学生の数は増えたのに、日本から海外に行く学生数が劇的に減っている。日本政府も産業界も「もっと海外に行くべきだ」と奨励しているが、日本人の学生たちは海外に出ていけていない。

今の大学教師は一生懸命働いている。文学部の先生だろうが、工学部の先生だろうが、昔よりははるかに真面目に授業をしている。彼らは、大学のアドミニストレーションにも一生懸命で、しかも科研費などの申請書を書いて外部資金を獲ろうと努力している。アメリカの大学の先生のほうがよほどのんびりしている。自分の生活を楽しんでいるように見える。日本の大学の先生は、自分の生活を犠牲にして一生懸命大学のために仕事をしているにもかかわらず、全体的にはいい結果が出ていない。

授業でも、「学生たちは授業に単に出席しているだけでは駄目」というわけで、自主学習というか、予習・復習をちゃんとすることになっている。それで、文科省は一生懸命そのための仕組みをつくってきたのだが、実際には学生たちの実質的な学修時間は増えていない。多くの努力が空回りしている。

さらに、大学の教員たちが獲ってくる外部資金は確実に増えている。その結果、教員が書く論文数や著書の数が減っている。研究成果が出なくなっている。獲得する予算が増えるのに反比例して研究成果が出にくくなっている。全体が複雑骨折してしまっている。大きな構造的な問題があるのに、それをそのままにして一生懸命小手先で対処しようとしてきたわけで、誰もが必死に足掻いている。そして、どんどん学生も先生も疲弊しているのが日本の状況、これは、底なしの泥沼だ。

はたして何が問題なのか。東大でもう三〇年近く教えているが、実感として日本の大学教育のクオリティは八〇年代くらいのほうが全般的に高かったのではないかという気がする。これは私の印象論だが、だいぶ質が落ちてきた。その要因の一つは、先生たちがどんどん忙しくなって、教育にかまけていられなくなったことだ。先生たちが怠惰になって教育のクオリティが落ちたのではない。学生も怠惰になって勉強しなくなったのではない。七〇年代くらいまでに比べれば、今の先生方のほうがずっと真面目だ。学生も、昔のほうがいい加減な学生がいっぱいいた。教師も、学生も、とても真面目になった。

にもかかわらず、教育のクオリティは落ちてきた。これは明らかに不条理である。何が問題なのかというと、小手先で一生懸命に改善努力を重ねながら、根本の仕組みはそのままにされていることである。たとえば、最近だとアクティブラーニングを一生懸命取り入れようとしている。対話型の授業だ。先生が一方的に授業をやるのでは駄目だ、と。学生が能動的に授業に参加して、ディスカッションをする授業をもっと導入しなければならない。それから、学生に事前に文献を読ませる仕組みをもっと入れていかないといけない、学生の達成度をチェックする仕組みをもっと入れていかないといけない。

しかし、そういう仕組みを単に取り入れてうまくいくかというと、うまくいかない。どうしてかというと、それは接ぎ木と同じで、根本の仕組みの構造改革ができていないのに、目立つ部分を一生懸命取り入れるからだ。根が腐っているのに、新しい活きのいい枝を一生懸命つけているのだ。枝からつけていけば木全体がよみがえってくれるのではないか、と思っている。しかし、根本ができなければ、腐るものは腐っていくし、枝をつければつけるほど、そこに養分がいってしまって、幹は腐る。

履修科目の数が多すぎる

それぞれの危機への私なりの答えがあるが、それらは概して簡単なものだ。ミクロからマクロに至るように、順番を逆にすると、まず、第四の危機である「教育の質の劣化」に対する解決法は何か。日本の大学の授業の根本問題は、履修科目数の多さである。学生が一学期にとる科目の数が多すぎる。日本の大学の学部学生を見ていると、一学期にだいたい一〇以上の科目を履修登録している。米国やヨーロッパの大学は、一学期にとる科目は四つか五つで、全然違う。一学期に一〇科目もとっていたら、一週間に一〇の異なるテーマの授業にそれぞれ出ることになる。バイトもしたいから何曜日かは空けたりする。すると、履修する科目をある曜日に集中させ、一日に四コマ、五コマもはしごする学生が出てくる。

そのような状況で、予習を課すとする。たとえば、「次の二つの文献を事前に読むように」とそれぞれの先生が要求したとする。すると、学生が一週間に読んでこなければならない文献の数は、少なくとも二〇本くらいになる。これは、こなせない。米国の大学で、学生たちがそれなりにしっかり予習できているのは、科目数が少ないからである。四つしかとっていないから、一つ一つのウェイトが大きい。しかも一つの科目は一週間に二回ないし三回、授業がある。当然それぞれが重く、科目で要求される事項はがっちりやらないといけない。その単位を落とすわけにはいかないからだ。日本の場合は、四年間で六〇〜八〇近くの科目をとる。そんなにたくさん科目をとったら、自分がどんな科目をとったかすら忘れてしまう。

なぜそういうことが起こるかというと、日本の一科目の平均単位数はだいたい半期で二単位、大学によっては実習科目では一・五単位や一単位でしかないからだ。米国ではだいたい一科目は四単位か六単位。それだけのエネルギーを一科目にかける仕組みになっている。学生に対しても多くのことが要求され、しかも、一学期に四つしか科目をとれないとなると、どれをとるかは大きな選択だ。そして、その選択した科目が自分の学びの柱になる。そうやって全体の学びが構成されてゆく。逆にこの基盤となる仕組みのデザインが、本来のカリキュラムである。

この現状を変えるには、日本でも一科目の最低単位数を四単位以上にして、学生が一学期で取得する科目の数を半減させればよい。当然、担当講師は週一回の授業を週二回以上にしなければならない。他方、今、開講されている科目の数は半分くらいに減らされる。そのような取捨選択を、果たして大学ができるかどうかが重大な問題だ。科目の多くを非常勤講師に頼っている大学には難しいだろう。

現在の日本の大学では、一つの科目に対して先生方も学生も軽い気持ちで臨んでいるが、科目数を減らし単位を重くすることで、一つ一つの科目に対する責任と評価はより厳しいものになるため、先生と学生の双方にとって負担が増えるかもしれない。しかし、何を教え、何を学んだのかについて、互いにより明瞭な認識を持つ利点がある。世界で一般化している予習復習の徹底を現在の日本の科目数のまま推し進めることは不可能だ。それを無理にすると、教師の労働強化や学生の過剰負担に繋がるため、外見だけを取り繕う形骸化した制度になりかねない。そのため、カリキュラムそのものの転換が必須である。

複数の専門を学ぶ

次に、第三の「デジタル知識革命への対応の遅れ」という危機の解決方法について考えてみよう。結論的に言えば、新しい知のシステムに対応できていない原因は、横との繋がりが薄い縦割り型教育が旧態依然と守られてきたことにある。日本の大学の現状は、入学するための試験は厳しいが卒業するのは簡単であることから、殻のみが固く骨の通っていない甲殻類に喩えられる。これを変えていくには、学部ごとの壁を薄くし、そこに芯を通して甲殻類から脊椎動物に変容させなければならない。あるいは、一刀流から二刀流の教育システムへの転換、佐々木小次郎型から宮本武蔵型への変化が求められる。

より具体的には、学生が主専攻と副専攻を同時に学ぶダブルメジャーないしメジャー・マイナー方式を広く学部段階で導入する必要がある。日本の大学の学部を、まずはカレッジとして立て直すのである。そうすれば、法学部で知的財産権を学び、同時に工学部で情報工学を学ぶ学生、環境工学と中国史を同時に学ぶ学生、臨床医学と哲学を同時に学ぶ学生など、異なる二つの専門知を連動させる学生が増える。

この複眼的なシステムを取り入れることは、文学部の復権にも繋がるだろう。なぜなら、キャリアのために理系を選んだ学生でも、知的能力が高い学生ほど芸術や哲学に関心を持ち、文系科目と理系科目の繋がりの重要性を実感しているためだ。副専攻として文学や哲学、歴史を選びたい学生は多いはずだ。理系的な技能を持つ学生が、価値とは何かを考える人文系の学問を学ぶのは有益だ。それは彼らに卒業後、一本の刀だけではなく、二本の刀を持たせることになる。一本目は生活のための実学、二本目は知を深める教養的な学びを己の人生の武器として磨くのである。これは教育上、大きな意義がある。

哲学や社会学を学ばせることで、理系の学生に自らの研究への疑いの目を持つ方法を教えることは大切だ。二本の刀を育てることによって、日本の未来の核になる学生を育てることができる。また、文系学部の存続のためには、その科目群を大学全体の副専攻的な構造へ開いていくことが戦略的にも重要になってくる。これは、世界的に見てリベラルアーツカレッジではごく当たり前の体制である。理系的な分野を主専攻にしている学生が、人文的な学知も共に学び、議論できる場を設けることは、テクノロジーが超高度化した現代における大学の存在意義にも繋がる必須の課題である。

しかし、この転換の実現は、教授中心の学部体制では困難だ。すべての学生が二重所属になることによって、従来の学部学科に閉じた蛸壺型の教育に支障が生じる可能性が高いからである。ある学部と別の学部の間に、学生の科目履修をめぐって調整すべき事項が増えるかもしれない。それぞれの学部や学科が学生を、自分のところに一〇〇％所属しているというふうには見なせなくなる。しかも、異なる学部に学生が二重所属するためには、学部学科ごとに実施している入試制度の改善も求められるだろう。これは、私大の受験料収入の減少につながるので簡単ではない。

こうした困難は、日本の大学が学生中心ではなく、教員中心に組織されていることにより生じる。学生視点で考えるのであれば、二つの専門を学べることは確実にプラスだ。中国史を学んでいる学生が環境問題をエンジニアリング的に考えられるようになれば、その学生の未来を広げる。この複線化を実現するためには、大学を教授中心のものから学生中心のものに転換させる必要がある。教授たちが自身の学部に学生を囲い込むことを止め、大学全体がその学生の学びを方向づける役割を担っていく必要がある。

グローバル言語

次に、第二の「グローバル化への対応の出遅れ」に対する解決方法について。日本の教育において、英語の問題はたしかに大きい。しかし、学生も先生方も、流暢な英語をしゃべる必要はない。私は高校時代、英語と古文が苦手な理系学生だった。その後、演劇をやって文転したが、英語が得意という意識はまったくない。しかし、九〇年代からカルチュラル・スタディーズにコミットし、アジアの仲間たちとの共同作業が増えるなかで、海外での会議への参加や英語でしていく作業が増えた。英語は基礎さえできていれば、経験を通じて身についてゆく。要は、若いうちの経験を増やすことだ。

日本語のほうが深い議論ができるから日本語で授業をすべきだという論調には賛成できない。そこは一長一短で、英語で話すことによって曖昧さを誤魔化せなくなり、議論のロジックをより明晰にせざるを得なくなっていくという利点もある。だから、少なくとも三分の一の授業の英語化は必要だろう。英語という共通言語で、日本人学生と留学生、帰国子女や社会人が共通に議論していく場を増やすべきだ。日本語ベースでは、日本人が日本語で議論し始めたら海外からの留学生はついていけなくなってしまう。不十分でも日本人も英語で議論する必要性がある。英語が決してうまくない教授こそ、率先して英語の授業を行っていくべきだと思う。そうすることによって、英語での議論が日常の一部になっていき、学生にとっては海外留学へのハードル、教授にとっては海外の学会で発言することへのハードルが低下する。

また、日本の英語教育が間違っているのは、読む英語から入ってしまっていることだ。自身の思いをディスカッションの場で発露できることは、アカデミックなコミュニケーションの世界を広げる。そして、オーラルなディスカッションへの苦手意識がなくなれば、読み方も変わっていくため、関心のある本を濫読できるようになるのではないか。韓国や中国の学生のほうが日本の学生より遥かに英語がしゃべれるけれども、英語の本を必ずしも精密に読めるわけではない。「熟読→議論」という英語教育の回路を逆転させる必要性がある。英語で話す経験が少ないことが、海外留学や英語ベースの場での発言に消極的である日本人の現状を作り出している。対話のための道具として、不完全でもよいから多くの学生がごく当たり前に二重の言語に所属する意識を持つことが大切だ。

つまり、言語においても単線的な構造から複線的な構造への転換が必要だ。中世の大学の学生が、ローカルな言葉を話しながら大学ではラテン語でコミュニケーションをしていたように、古くから大学という場はローカル言語とグローバル言語を二重に話す者たちの場だった。大学で複数の言語が飛び交うのは当たり前のはずだ。議論の深さや専門性にこだわることよりも、大学という場を、言語的にも複線的でオープンな場にしていくための改革が重視されていくべきだろう。

複数の世代の共在

最後に最もマクロなレベルの話である人口学的危機について考えたい。一八歳人口の減少に抗うことはできないが、小規模な大学や地方大学から潰れていくことがないようにするための解決策は、大学の人的な流動性を活発化させることだ。そのために、自国の一八歳人口以外の母集団を、大学教育の基盤として考えていく必要がある。それはつまり、社会人のリカレントを積極的に受け入れることだ。

私は、日本は一八歳と三〇代と六〇歳前後、人生で三回大学に入るのが当り前の社会になるべきだと論じてきた。高卒だけでなく、人生の半ばでキャリアチェンジの場として大学があるべきだと思う。大学を、通過儀礼的に一八歳前後を受け入れて就職に送り出す仕組みとして維持するだけでは未来がない。

科目数の大幅な削減に加え、専門の複線化、言語の複線化、世代の多層化という、様々な意味での複線化、多層化が、未来の大学を危機から救う鍵になる。教授が中心となって統治する同心円的な教育構造を転換するためには、学生による授業評価はもちろん必要だが、人生経験が豊富で、教授よりも年上かもしれない社会人学生や留学生がある割合で教室のなかにいることもプラスだ。TAがもっとアカデミックで専門的な教育の主体として認識されていくことも大切だろう。すでに述べてきた四つの危機を乗り越えるためには、単線的な構造を複線的な構造へ、教授中心の大学からTAや学生を含め多中心的な大学へ、様々なレベルでの専門性に基づいた業務の分業化が避けて通れない道なのだ。

第6章　明日の大学　明日の都市

コミュニティとしての大学＝都市

「戦後の日本は実に大学の多い国になった。文化国をもって自他ともに許すフランスでさえ国立大学は二〇くらいしかないのに、日本には七一もある。これに公立、私立の新制大、短大を加えると、およそ『大学という名の学校』は三八〇にもなる。……各地にできる短大はどれもこれも似たり寄ったりで、この大学インフレ時代にまたしても不換紙幣を濫発するような感なしとしない」（「天声人語」『朝日新聞』、一九五三年一月八日）

はじめに

一九五三年に創立された国際基督教大学（以下、ＩＣＵ）の初代学長湯浅八郎は、同大学を永遠に未完であり続けるプロジェクトとして捉え、これを「明日の大学」という一言に要約した。いうまでもなく、この言い回しはルイス・マンフォードの古典『歴史の都市　明日の都市』（ルイス・マンフォード、生田勉訳

『歴史の都市　明日の都市』新潮社、一九六九年）を想起させる。マンフォードがこの本を書いたのは一九六一年で、湯浅の言明よりも後だ。だが、彼の都市に対する思想の骨格は、すでに三八年の『都市の文化』（ルイス・マンフォード、生田勉訳『都市の文化』鹿島出版会、一九七四年）に顕著で、「明日の都市」という観点は、戦前にまで遡ることができる。そして、これとほぼ同じ言い回しは、一九三九年から四〇年にかけて開催されたニューヨーク世界博のテーマ「明日の世界の建設と平和」にも表れていた。現実の歴史はこのテーマとは正反対の展開をたどるが、悲惨な戦争を経て再び人々がかつて目指されていたもう一つの未来に目を向けたとき、かつての理念が再登場したのである。こうして再浮上した「明日の大学」「明日の都市」「明日の世界」といった理念は、戦後、どのような内的結びつきを持ち得たのだろうか。

本章では、草創期のＩＣＵと戦後、帝国大学からの転換期の東京大学が、それぞれその大学キャンパスと都市の関係についてどのような挑戦をしていたかを振り返ることで、この時期に特有の両校の共通性を浮かび上がらせてみたい。たしかに東京大学とＩＣＵは、極めて対照的な二つの大学である。一方は明治国家の建設以来の帝国大学としての歴史を背負った官学、他方は戦後、本格的なアメリカ型のリベラルアーツ・カレッジとして設立された私学であり、歴史的背景といい規模といいまったく異なる。

しかし戦後、占領期とポスト占領期に絞るなら、通念に反して両者の方向には共通性があったと考えられる。この類似性は、リベラルアーツ教育の積極的な導入とその指導者（南原繁・矢内原忠雄と湯浅八郎）のキリスト教との結びつきに明瞭だが、ＩＣＵの創立期、及び東京大学の東京帝大からの転換期において、大学キャンパスと都市コミュニティの関係にも重要な共通性があったというのが以下での議論の趣旨である。そして、これら三つの共通性、すなわちキリスト教とリベラルアーツ、それに都市コミュニティとしての大学キャンパス構想という三つは、相互に内的な結びつきも持っていたと私は考えている。

軍都としての東京

やがてICUのキャンパスがその一部となる三鷹西の約六〇万坪の広大な土地は、戦中期に絶頂を極めた中島飛行機が先端技術を開発していくために設置した三鷹研究所の敷地だった。中央線の北には同じ中島飛行機（現スバル）の陸軍用のエンジンを製作していた武蔵野製作所と海軍用のエンジンを製作していた多摩製作所が並んでいた。これらの製作所はやがて統合され、約二〇万坪の中島飛行機武蔵製作所となる。中島飛行機は当時、ライバルの三菱重工や川崎航空機を凌ぎ、日本最大の航空機メーカーだった。同社の主要工場は、群馬県太田、大泉など北関東に集中し、太田にあった太田製作所は従業員四万五〇〇〇人を擁して中国戦線の陸軍のための軍用機を生産し、大泉にあった小泉製作所は従業員六万八〇〇〇人を擁して太平洋戦線の海軍のための軍用機を生産していた。そうした中で東京西郊の三鷹一帯では、陸軍と海軍の双方の航空機エンジンの生産を引き受ける武蔵製作所が従業員五万人以上を擁し、もう一つの戦闘機生産の拠点をなしていたのである。

この中島飛行機三鷹研究所が三鷹に建設されていく経緯については、高橋昌久による聞き取り調査に基づく詳細な研究がある（高柳昌久「中島飛行機と三鷹研究所――その建設まで」『アジア文化研究』三四号、国際基督教大学アジア文化研究所、二〇〇八年）。それによれば、それまで純然たる農村だった三鷹一帯も、一九二〇年代に入ると徐々に東京の西への拡大の中で都市施設が増えつつあった。まず、一九二四年に東京天文台が移転してくる。これと並行して、付近の国分寺崖線には富裕層の別荘が建ち始めた。国分寺崖線は、東は二子玉川・成城から西は三鷹・国分寺まで続く野川沿いの崖線で、豊かな湧水や富士山までを見渡す眺望で人気があり、大正以降、別荘地がどんどん西に伸びていた。他方、それまで土木工事用の多摩川の砂利を都心に運んでいた多摩川線や南武線にも客車が付けられるようになり、徐々に都心でサラリーマンのための分譲地も形成されつつあった。

そのような中で、一九三八年、当時の帝都東京では最大規模の調布飛行場が計画される。すでに前年、日中戦争が本格化しており、陸軍は軍事的関心から調布飛行場建設計画を強力に後押しした。調布飛行場は、調布、三鷹、多摩にまたがる五〇万坪が用地選定され、全国から集められた囚人たちの労働によって一九四一年四月に完成した。日米開戦の直前である。当初は「東洋一の民間飛行場」と謳われたが、実際には陸軍管理下の軍事施設となっていった。そしてこの飛行場建設と並行して、三鷹から調布にかけての三二万坪の敷地に内閣中央航空研究所が建設される。さらに三鷹一帯には、民間でも正田飛行機、三鷹航空工業、中島飛行機武蔵製作所など一九三九年までに二一もの軍需工場が集中していった。三鷹はこの時期、航空関連の軍需の街として発展するのである。

こうした状況を背景に、中島飛行機の総帥中島知久平は、太田にあった陸軍機の機体開発部門、小泉にあった海軍機の機体開発部門、三鷹のエンジン開発部門を統合する中島飛行機全社の横断的技術開発部門として、広大な敷地を擁する三鷹研究所の設立をリードした。当然ながら、この研究所の立地にとって調布飛行場との隣接は決定的に重要で、試作機を専用道路で調布飛行場まで移動させ、そこで飛行実験をする目論見だった。土地の買収は一九四〇年から四一年にかけて行われ、地鎮祭が執り行われたのは、一九四一年一二月八日、つまり日本軍による真珠湾奇襲作戦が実行されたのと同じ日だった。こうして同研究所の建設は日米戦争の激化と並行して進み、同所は一九四三年から四四年にかけて、研究所というよりも武蔵製作所をバックアップする戦闘機エンジンの工場として稼働していたようである（高柳昌久「中島飛行機三鷹研究所――その疎開と戦後」『アジア文化研究』三七号、国際基督教大学アジア文化研究所、二〇〇八年）。

したがって、一九四四年末から激しくなる米軍の空爆で、中島飛行機傘下の戦闘機工場が主要な爆撃目標となるのは当然だった。米軍は大型爆撃機B29による本格的な日本本土爆撃を四四年一一月二四日に始めるが、その際に標的となったのは同社武蔵製作所である。この空爆と、同じ頃に行われた太田や小泉の主要工場への空爆により、同社の航空機生産体制は壊滅する。やがて翌年二月には三鷹研究所も空爆され、四五年春、同研究所全体が岩手県に疎開する。前年末の時点で、もはや日本に戦闘をまともに継続する能力はなくなっていた。すでに明らかに無条件降伏をすべき潮時だった。実際、ここで降伏をしていれば、東京大空襲も沖縄戦も広島・長崎の原爆もなく、六〇万とも、七〇万とも考えられる市民の命が救われたのである。四五年八月一五日の終戦宣言は、あまりにも遅すぎる決定だった。

軍都から大学と公園の東京へ

そして敗戦後、米軍占領下で中島飛行機三鷹研究所の敷地の大部分がＩＣＵキャンパスへの転身を遂げる。大まかに言えば、三鷹研究所六〇万坪の敷地の内、ＩＣＵキャンパスとなったのは約四六万坪で、全体の約四分の三に当たる。他は中島飛行機の後身となった富士重工三鷹事業所などの敷地に残された。このキャンパス用地には、三鷹研究所の主要な建物だった本館、機械工場、格納庫等が含まれており、本館はそのまま大学本館に、格納庫は体育館に転換される計画となった。この本館は今もICU本館として使われているが、キャンパスのメインストリートと本館が直交するような位置関係になっており、今日、ICUキャンパスを訪れても本館のある位置はあまり目立たない。ミッション系大学のキャンパスとしては、礼拝堂と図書館が重要だが、当初の予定で本館の左右に建設されることになっていたこれらの建物は、最終的にはメインストリートの終点近くに置かれている。つまり結果として、中島飛行機三鷹研究所の主要施設は、泰山荘を含め現ICUの主要施設の脇に隠れるような形になっている。

この軍需から大学への転換において、中島飛行機の主要な建物をそのまま引き継ぐことを主導したのはウィリアム・メレル・ヴォーリズであった。これらの建物はまだ新しく、巨大だった。本館の場合、仕切り壁もなかったので、大学の用途に合わせて自由に空間を分割することができた。格納庫も巨大な建物であり、ヴォーリズはここに、三つの体育館や室内プール、室内サッカー場等々を設けていくことができると考えていた。彼からすれば、これらの全学の中枢とスポーツ施設の他に、礼拝堂と図書館が新たに建設されることで、カレッジの骨格が出来上がるはずであった。ヴォーリズはさらに、学生寮と教員家族用住宅をキャンパス内に建設することに強い意欲を示していた。

しかし、ヴォーリズのキャンパス計画で最も注目されるのは、彼がここに狭義の高等教育施設というにとどまらず、小都市コミュニティの実現を目指していた点である。彼は、大学キャンパスの中心には、シビック・センターを設置しなければならないと主張していた。このシビック・センターでは、市場の取引から、郵便局、旅館、床屋、修理屋、銀行、各種商店の経営を大学院生たちが担うことで、大学は彼らが社会で活躍する準備となる実習機会を提供するのだとされた。さらに農学部は、学生寮や教員住宅で必要となる食料品を自ら生産し、工学部はキャンパス内に計画された施設の設計と建設を担う。音楽学部は近隣に文化を広めるためにコンサートやリサイタルを開催していくべきだとされていた（居住技術研究所『国際基督教大学歴史調査報告書』二〇一一年三月）。

ここに示されているのは、高等教育機関としての大学という以上に、三鷹から小金井にかけての地域全体を、大学を中核とする文化的コミュニティとして発展させていく都市計画的な発想である。ＩＣＵのその後の歴史では、このシビック・センターの計画が、形を変えてディッフェンドルファー記念館になっていったのではないかと想像される。だが、実現した後者はむしろ学生会館的なもので、周辺地域を含めた都市コミュニティの商業的・社会的中枢といった施設とは異なるものとなった。

ところで、ＩＣＵと同様、それまで日本軍関係の施設であった敷地が戦後、大学キャンパスに転身していった例としては、東京に限定しても、小金井市の陸軍技術研究所の跡地がキャンパスとなった東京学芸大学や、世田谷区の陸軍近衛野戦重歩兵連隊基地の跡地がキャンパスとなった昭和女子大学、同じく世田谷の陸軍機甲整備学校の跡地がキャンパスとなった東京農業大学の例などがある。東京の場合、多くは世田谷区から目黒区にかけてと三鷹市から小金井市にかけての一帯のどちらかに集中しているが、もちろんこれは、かつてこれらの地域に日本軍関係の施設が集中していたからである（高校までを含めるなら、駒場練兵場跡地が戦後、筑波大附属駒場高校や駒場東邦高校、駒場高校などの校地になった）。

結果的に、明治期から大学が集中していた上野・本郷・神保町界隈（東京大学、東京藝術大学、明治大学、日本大学等）や、やや遅れるが戦前から大学が集中していった飯田橋・早稲田・目白界隈（早稲田大学、学習院大学、日本女子大学、法政大学、東京理科大学等）と並び、戦後に世田谷区・目黒区一帯（昭和女子大学、東京農業大学、国士舘大学、東京大学駒場キャンパス、駒澤大学等）、武蔵野市・三鷹市・小金井市・調布市一帯（ICU、東京女子大学、成蹊大学、亜細亜大学、東京学芸大学、東京外国語大学等）が、東京で多くの大学が集中する主要地域となっていった。この後二者の大学地域の形成は、敗戦による軍都東京からの転換が大きく関与していた。

しかし、日本軍施設からの戦後的転換を全体で見るならば、最も目立つのは公園やスポーツ施設への移行である。その代表例は、何といっても代々木練兵場から米軍のワシントンハイツを経て一九六四年の東京オリンピックを機に誕生した代々木オリンピック競技場と代々木公園である。同じような軍事施設から公園への移行例には、駒場練兵場の一部から世田谷公園への移行、陸軍戸山学校から戸山公園への移行、さらには立川飛行場から昭和記念公園への移行なども含まれる。さらに戦前にまで遡るならば、日比谷公園は日比谷練兵場の跡地利用で、青山の神宮外苑は青山練兵場の跡地利用で誕生したものだった。したがって、日本の大規模公園は軍事施設の跡地利用から生まれていったと言っても過言ではない。

ここで問われるべきは、大学キャンパスへの転換であれ、公園への転換であれ、それまでの軍事施設が大学や公園に転換していくことで、帝都＝軍都としての東京は、どのような戦後都市に転身していこうとしていたのかという点である。日本の無惨な敗戦とその結果としての日本軍解体は、それまで軍都の骨格をなしてきた東京のなかの諸軍事空間の機能を失効させ、ここに突然、広大な空白を生じさせたのである。この空白に、いかなる新たな意味を与え、その明日をどうデザインしていくかは、戦後の都市計画家や教育者、知識人の手に委ねられた。使われなくなった練兵場や軍需工場は、しばしば軍事とは対極的な文教施設やスポーツ施設への転換を遂げる。この転換が標榜していたのは、「軍事都市」から、「文化都市」への転身である。つまり、「文化」こそが、この転換を導く中核の観念だった。この転身は、果たしてどこまで実現され、何が実現されなかったのか。

戦後東京の脱軍都化が生んだ空白を利用して生まれていった多くの大学キャンパスのなかで、ＩＣＵのキャンパスは単に既存の大学施設をそこに移設するという以上のラディカルな可能性を標榜したほとんど唯一の例である。ＩＣＵ以外の大学では、キャンパスの広さにも限界があり、それ以上に大学の概念そのものに革新があったわけではないので、ヴォーリズが夢見たような「都市コミュニティとしての大学」への展開は構想されていなかった。ＩＣＵの場合、広大なキャンパスに加え、大学の概念が戦前からの日本の大学や専門学校とは切れて、純粋にアメリカ的なカレッジ概念の導入であったことから、少なくとも構想としては大学を中核に都市コミュニティを形成していく可能性が標榜されていた。

もうひとつの大学都市構想――南原繁と上野・本郷・小石川文教地区

まさにこの点において、ＩＣＵキャンパスの構想は、南原繁総長の下で帝国大学からの転身に挑戦していた東京大学の戦後構想に通じるのである。一九四五年末、東京帝国大学総長の任に就いた南原は、敗戦国日本の文化復興を、大学こそが先導すべきであると考えた。彼は、四六年四月の大学創立記念日における講演で、「祖国の再建と新しい文化国家の建設は学問と教育のほかにはなく、そして大学はまさにその主導的地位にある」（南原繁『祖国を興すもの』帝国大学新聞社、一九四七年、三六頁）と述べた。だが、大学が「文化国家」建設を主導する役割を果たすためには、戦中期までの大学のありようを自ら変革しなければならない。本来、大学人は「社会の現実から多くの真理を発見しなければならぬとともに、またそのなかにおいてこそ真理は確立されねばならぬ」。つまり、大学にとって「生ける社会の現実生活とわれわれの考究する基礎的原理との結合融和は、不断の努力の目標」（南原、同書、五二頁）なのである。そのためにはまず、学生や教師が街のなかで活動すること、大学をキャンパスの壁の内側だけに閉じ込めるのではなく、新しい学寮生活の場を、都市のなかに展開していくことが必要とされた。

南原は、オックスフォードやケンブリッジを大学のモデルとして示し、「思想においてのみならず、それと生活との統一が維持」される大学と地域の関係を構想している。

「オックスフォードやケンブリッジにおける学寮生活が大学全体に統合せられ、教授もともに居住し、礼儀・道徳・宗教も含めて、ここをイギリス『紳士』の教育の場として来たことは、英国大学の強味を示すものといわねばならない。かようないわゆる『学寮生活』（Residential University）や、米国にも営まれる「ハウス・システム」「大学クラブ」などは、われわれの新たに採り容れるべき点があると思う。われわれが将来、本学を中心とする文化地区を設定し、教授学生を含めて学寮制度の創設を提唱するのも、ここに理由があるのである。要は、単に知性の啓発のみでなく、人間『性格』の形成、深く豊かな情操をも含めて『全人』の教育はまた大学教育の任務でなければならない。これによって、ただに有能な吏員・弁護士・教育者・医師・技術者をつくり出すのみでなく、善良にして高貴な人間――自由にしてよく責任を解する人士を、新しく社会の各層に向って送り出すことである」（南原『祖国を興すもの』、四七―四八頁）

“Residential University”という言葉が示すように、ここでは都市に住まうこと、学習すること、研究することが、いわば三位一体をなしている。知られるように、近代の大学についてのフンボルト理念は「教育」と「研究」の一致にあったわけだが、南原は英国の大学＝ユニバーシティではさらにもう一つ、「生活」が「教育」や「研究」と融合して三位一体をなしており、そのことが大学を、単なる専門教育や研究開発だけの場でなく、全人的な人格形成の場にしているのだと考えた。そしてこの全人的な教育こそ、戦前までの日本の帝国大学に決定的に欠けていたように思われたのである。

このような関心から、帝国大学を地域に開かれたものにするために南原が構想していたのが、本郷・上野・湯島・小石川の文教地区化構想である。『東京大学百年史』によるならば、南原は総長就任から約一カ月後の一九四六年一月二九日の評議会で、この文教地区構想を説明している。彼は、「人物を育成することは学問を通じて行ふこと勿論なるも、学生の共同生活、教授と学生との接触が極めて必要なるを以て、理想としては本学を中心として上野公園、（小石川）植物園に及ぶ地域を文教地区たらしむべき構想を樹て、既に営繕課に仮案作成方を命ずると共に、一方関係官庁に対しても連絡中」であると述べていた（東京大学百年史編集委員会『東京大学百年史』通史二、一九八〇年、一〇四五頁）。

この構想は、数日前の帝国大学新聞にも紹介されており、そこでは彼は「敗戦を一新起原として祖国再建といふ大業の前に新日本文化の創造と文化国家建設といふ使命が大学に課せられている」として、「本学を中心とし上野公園及び小石川植物園に亘る学園文化地区を設計し、英米の大学制度を参考とし学生の寄宿及び教授住宅等を緑地の間に配設して理想的学園を実現」（『帝国大学新聞』、一九四六年一月二三日）すると語っていた。

その後、一九四六年前半には東京帝大と東京都の調整が進み、「戦災を免れた本学を中心に文化、教育、芸術、厚生を総合した国民文化の中心をつくろうとする気運」が大いに盛り上がり、三月には、大学内に「文教地区計画委員会」が、南原を会長とし、「学内技術者、関係官庁委員等が委員となって」(『帝国大学新聞』、一九四七年一月一日)設立されていった。この委員会の下で、「文教地区」の具体的な計画案を練っていったのが、岸田日出刀の指導下、丹下健三、高山英華の二人の助教授が中核を担うチームだった。

彼らがまとめた文教地区構想とは、およそ次のようなものである。この計画は、北東方面は上野公園と将来、緑地になるとされていた谷中墓地まで、その北端から小石川植物園までを結んで、さらにそこから後楽園までの緑地帯を含んでいた。つまり、後楽園から外濠に沿う一帯と湯島聖堂から上野池之端に至るまでの緑地帯を含み、全体は本郷区、下谷区、小石川区に跨る広域的な計画だった。鉄道路線でいうならば、御茶ノ水駅から水道橋駅までの総武線よりも北、上野駅から日暮里駅までの山の手線よりも西の広い範囲が含まれていた。この中心部には市街地が広がっていたが、外縁部は上野公園から谷中墓地、六義園、小石川植物園、後楽園、湯島聖堂というように緑地が連なり、それらを繋ぐ緑地帯を形成することで文教地区全体を緑で囲むことができるとされた。

このなかの本郷地区は、帝大キャンパスを整備すると共に、学生・職員会館等を新しく建設することと計画されていた。他方、上野地区には、これまでの博物館・美術館群に加え、近代美術館を新たに建設し、さらにお茶の水と本郷に挟まれた湯島地区は、「交通も便であり景勝にも恵まれているため、この地を国際学術中心地区とし、博物館、図書館、研究所、及び学術会館またはクラブを緑地的環境の中に配置する」とされた。さらに、小石川植物園から後楽園にかけての地区にはレクリエーション施設を配置し、人々は「芸術」「学術」「国際」「レクリエーション」のすべての機能を享受できるはずだった。

また、計画では四つの地区を結ぶ交通路の整備も重視された。たとえば、「お茶の水駅からは、国際学術地区の緑の中を抜けて大学に至り、或は上野公園に至ることが出来る」街路が形成されるはずだった。また、「本郷通りは車両通過交通を他の様に回避してこれを大緑道とし、本郷通りの商店街を娯しみながら緑の中をお茶の水まで遊歩することができる」ともされた。さらに、「上野公園から大学を横切って植物園、後楽園へは緑樹に覆われた散歩道路が設けられる」ことになっていた。この計画はあまりに理想的と考えたのか、岸田日出刀は、これは「どうすれば本郷台を中心に学園都市らしい環境をあますところなく展開しうるかといふ理想案であって、もしもこの計画案の何十分の一かでも実現できたら、本郷台は文教の地区として現状よりも何十倍の好ましい環境を成すことができる」と控えめに語っていた（『帝国大学新聞』、一九四七年三月）。

しかし現実には、この壮大な構想は何一つ実現しなかった。本郷通りは今でも激しい交通量の大通りで、「商店街を娯しみながら緑の中を遊歩」できるような道ではまるでない。お茶の水から湯島を抜けて本郷や上野に至る道もまったく未整備だし、後楽園方面から本郷に抜ける幅の広い道路は存在するが、プロムナードとは言えない。本郷と上野は距離的に至近であるにもかかわらず、気持ちよく散策できる街路はまったく整備されず、不忍池と東京大学の間の池之端には超高層マンションが林立してしまった。さらに湯島のその後は、国際的な交流拠点となることではなく、ラブホテル街となることだった。

リベラルアーツと都市コミュニティとしての大学

戦災復興のなかの文教地区計画は、南原を中心とする本郷・上野・湯島・小石川地区だけが舞台だったのではない。東京都で一連の文教地区構想を主導したのは石川栄耀だが、彼のイニシアティブによって本郷・上野以外でも主だった大学のあった四つの地区、すなわち早稲田（早稲田大学）、三田（慶應義塾大学）、神田（日大、明治、中央などの私立大学）、それに大岡山（東京工業大学）で計画が立案されていた。早稲田の計画は佐藤武夫が中心となり、吉阪隆正、武基雄などが加わっていた。三田の計画は、奥井復太郎を中心としていたらしい。神田の計画をまとめていたのは日大で、笠原敏郎、市川清志などの官僚出身の教授たちが関与していた。大岡山の計画を仕切ったのは、東工大の田辺平学を中心とするチームで清家清らが加わっていた。さらに、上野・本郷地区の計画は東大中心に進められたが、後に東京藝大でも独自案を作る動きが生じ、これを吉田五十八がリードした。つまり、やがて戦後を代表することになる建築家たちが未来のコミュニティとしての大学街のデザインをめぐって競い合っていたのである。

ただ、そこで計画されたことがどこまで実現できたかとなると、いずれも成果は乏しいと言わざるを得ない。たとえば早稲田の場合、計画は早稲田大学を中心に、高等予科学校四校、専門学校一三校、それ以外に師範学校や芸能学校、国際学院も含んだ七四五ヘクタールの地域に対する広域計画で、交通路は山手線の高田馬場駅から高架で主要施設間を一周する学校専用バス道路を建設し、高架の下は歩道が続くことになっていた。また、地下鉄も池袋と虎ノ門を繋ぐ路線ができればちょうど路線が早稲田大学付近を通ることになるので地区内に二カ所の地下鉄駅を設け、路面電車やバスのルートも学園地区を中心に再編成するとしていた。全体として、早稲田の計画では交通計画と土地の区画整理が強調され、緑地や文化施設への配慮は弱い。結果として、この計画は大隈講堂前のロータリー化や補助七五号線（早大通り）の拡幅、戸山ヶ原の文教地区化といった成果を部分的に残すことになったが、実現したことよりもしなかったことのほうがはるかに多い。

大岡山地区の場合、郊外住宅地の真ん中に位置しているので、ここは文教地区ではなく田園都市だという指摘は当時からあった。この計画区域は現在の東工大敷地をはるかに越え、東は洗足池、さらにその東北の昭和医大までを含み、西は自由ヶ丘、北は当時の都立高校（後の都立大学）までの四七七ヘクタールを対象としていた。ここまで広げると、たしかに小山、洗足、大岡山、緑が丘、奥沢、自由が丘、八雲といったポテンシャルの高い一群の地区が一纏まりの地域として見えてくる。今日でも、自由が丘と大岡山、それに洗足池の間は歩ける距離だがまとまった地域としては意識されていない。そこで東工大と昭和医大、都立大を中核にこの地域全体を学園都市にしていこうという計画だったわけである。特に重要なのは東工大と洗足池の関係で、計画では洗足池公園が拡張されて東工大と隣接するはずだった。

東京大学や東京藝術大学の本郷・上野界隈、早稲田大学の早稲田界隈、東京工業大学の大岡山界隈、それにＩＣＵの三鷹界隈での計画を並べてみると、一九四〇年代後半から五〇年代にかけて、「明日の大学」と「明日の都市」がまったく無関係などころか、深い結びつきを持とうとしていた可能性が浮かび上がってくる。たとえば東大と上野公園、湯島の社寺会堂と小石川植物園や後楽園が一体化し、緑のなかに開かれた大学キャンパスと美術館や博物館、神社や聖堂、植物園や庭園が街路で結ばれる地域が誕生していたら、その後の東京の文化的価値をどれほど上げることができたであろうか。あるいは東工大による計画が目指したように、洗足池と大学キャンパスが一体化し、医科大学や都立大学も含めた学園都市が誕生していた可能性は本当になかったのか。そうして戦後の東京に、ちょうど米国東海岸のケンブリッジや西海岸のバークレーのような、いくつもの大学都市が誕生していた可能性は本当にないのか——。

この問いは、戦後日本の大学にどれほどまでに深くリベラルアーツの考え方や実践が根づき得たかという問いとも表裏をなしている。というのも、南原にとって、焼野原の東京にオックスフォードのような文化都心を出現させることは、単なる街づくりの問題ではなく、むしろ彼が考える新しい大学の理念と不可分だったからだ。だからこそ彼の視点からするならば、文教地区は、大学を「中心とする文化地区を設定し、教授学生を含めて学寮制度の創設」をしていく明日の大学構想として見えていたはずである。

つまり文化、あるいはリベラルアーツこそが、敗戦を経て軍都から脱しようとしていた東京において、新しい大学と新しい都市の共通理念だった。このような理念、またそれを基軸とする大学と都市の結びつきについての考え方は、ある程度までキリスト教的な大学観を背景にしていた。ICU初代学長湯浅八郎とヴォーリズも、東大総長南原繁や彼の方針を引き継いだ矢内原忠雄も、共にキリスト教徒である。つまり、彼らは新島襄や新渡戸稲造、内村鑑三に連なる日本のキリスト教知識人の流れのなかにいた。

実際、ICUが誕生する前に構想されていたのは、新渡戸が創立した東京女子大学の大規模総合大学化であった。東京女子大を中心に、明治学院大学、青山学院大学、女子学院、フェリス女学院などのミッション系高等教育機関の連合を強化し、神学部、文学部、法学部、経済学部、農学部、理学部、工学部、医学部を擁する第一級の総合大学を創設することが目指されていた。そしてこの計画に、南原も矢内原も推進の方向で関与してもいた。彼らが旧制一高を廃止してでもリベラルアーツ教育を推進する教養学部の設立を推進した背景には、本郷を中心とした「帝国大学的なもの」は相対化されるべきだとの認識があったからだ。東京女子大が拡張され、東京帝国大学のライバルになり得るキリスト教系総合大学が誕生するのは、旧帝大の残滓から脱しようとしていた東大にとっても歓迎すべきことのはずであった。

明治前期、森有礼によって構想された帝国大学は、「帝国」の理念に基づく大学知の総合だった。これを「リベラルアーツ」の理念に基づくものに転換させていくこと——これは東大の南原や矢内原にとっても、ＩＣＵの湯浅にとっても、共通の目標だったはずだ。このような大学の革新は、単に思想上のものとしてだけでなく、大学空間の転換としてもなされるべきだった。つまり大学キャンパスとは、教授たちの講義を学生がじっと聴いて勉学する教室の連なりだけで成り立っているのではない。それはむしろ、ヴォーリズがＩＣＵキャンパスのシビック・センターの構想で示したように、無数の都市的要素を入れ込み、理想的な明日の都市コミュニティとしていくことによってこそ実現されるはずだった。

ＩＣＵの場合、教員と学生が大学キャンパスのなかに実際に住んで大学コミュニティを生成していくことが可能であった。それが、ＩＣＵにとっての「明日の大学＝都市」である。東京大学の場合、狭義のキャンパス内にそのような土地は存在しないから、自然と教員や学生の生活の場が街のなかに出ていくことになる。いわば本郷、上野、湯島から小石川までの界隈全体が、大学キャンパスと見なされていくことになる。キャンパスの内側にコミュニティを形成するか、それともキャンパス自体が街に溶け出していくかの違いはあるが、都市と大学が不可分な関係をなすとの考え方は共通している。

翻って考えるなら、これは中世以来、欧米の大学では当り前のことであった。大学は、高等教育機関である以前に高度に知的な都市コミュニティである。この認識が、日本の大学には弱い。その結果、この国ではしばしば大きな大学は無数の専門領域に分かれた小さな村の集合体となっていく。そうした組織では、そもそも横断性に価値があるリベラルアーツは軽視されがちになる。大学が生まれてまもない一二、一三世紀のヨーロッパで、リベラルアーツを担ったのは都市から都市へと遍歴する学生や教授たちだった。彼らは村の住人ではない。彼らの居場所は最初から都市であり、そのコミュニティは常に横断性や移動性に開かれていなければならなかった。戦後日本で新しいリベラルアーツの大学を構想していった湯浅もヴォーリズも、あるいは南原や矢内原も、いずれもキリスト教徒であったのは偶然ではない。それは宗教としてのキリスト教自体に何か特別のものがあったというよりも、キリスト教もその一部とする普遍性の観念――大学、学部、学科、専門領域を閉じた世界としてしまうのではなく、それぞれの境界線を越境してリベラルアーツや大学コミュニティを営んでいく普遍的な知性として、「明日の大学」は「明日の都市」と共に進まなければならないという認識を、彼らのほうが持ちやすかったからだと思われる。

II・明日の大学を語る

第7章
大学に未来はあるか
通過儀礼からキャリア―ビジョンの転轍機へ

はじめに

本日は、大学教育の専門家の先生方の前でお話しをさせていただく機会をいただき、ありがとうございます。私自身は、社会学、文化研究といった分野の研究をしてきており、教育学は素人です。素人ながら、岩波新書で数年前に『大学とは何か』という、実に不遜なタイトルの本を書きました。そうしましたら、いろいろな専門家の方から、お話する機会をいただくことになりました。今日の場も、私よりも遥かに大学教育に詳しい先生方とお話をさせていただくことを楽しみに参りました。

今日の話は、大きく五つのパートに分かれております。最初に近代について考えてきた社会学者として、私たち自身が今、どういう場所にいるのか、どういう歴史の中を生きているのかという視点から、二一世紀を長い歴史の中に位置づけておきたいと思います。二番目は、『大学とは何か』に書いたことと重なりますが、大学の死と再生、大学は二回生まれているという話。三番目は、近代日本において、大学の歴史がどういうプロセスを経てきたのかを確認します。そして六〇年代、七〇年代以降、大学はどのように苦悩してきたのか、今いかに苦悩しているのかという話もさせていただきます。ここまではかなり歴史の話ですが、最後は、大学の未来について、私自身の経験も加味しつつお話しさせていただきます。

類似する二つの世紀——近代の入口と出口

まず一番大きな歴史の話から始めます。大ざっぱに言いますと、私は一六世紀と二一世紀が似ていると思っています。五世紀も間があるのに、二つの世紀には似ている点が幾つかある。しかも、この類似は、単なる偶然ではなく、そこには構造的な理由がある。その理由の一つは、グローバル化です。

ここで三人の大航海者について考えてみましょう。最初は、クリストファー・コロンブスです。彼は、一四五一年に生まれ、一四九二年に新大陸を発見している。第二のバスコ・ダ・ガマは、一四六九年に生まれ、一四九七年以降、ポルトガル—喜望峰回りのルートを発見しています。そして第三のフェルディナンド・マゼランは、一四八〇年に生まれ、一五一九年から世界一周に向かっています。

つまり、これらの大航海時代の征服者・航海者は、ほとんど同時代人だったのです。彼らは、お互いに同じ時代を生きていました。逆に言えば、大航海時代というのはずるずるとやってきたわけではなく、いわば、ほとんど一瞬でやってきたのです。そして、銀という通貨・媒体によって世界の経済がひとつに繫がっていくのを、一五世紀末から一六世紀初頭の世界は経験したわけです。そしてこれが、現在のグローバル化に至る出発点でした。その後、帝国主義、国民国家、世界戦争などいろいろなことがありました。内実は非常に変わるのですが、しかし一六世紀に始まったグローバルな歴史の時代は、二一世紀までつながります。私たちは今、このグローバル化がある極限まで進んだ新時代を生きているのだと思います。

もうひとつ、一六世紀と二一世紀の間には類似点があります。ヨハネス・グーテンベルクが活版印刷を発明するのは一五世紀半ばです。そして彼が発明した活版印刷が、一六世紀になるとヨーロッパ全土に広まっていきます。その影響を受けた多くの人々の中でも、ニコラウス・コペルニクスの人生は象徴的です。彼の前半生は、クラクフ大学に始まり、ボローニャ大学、パドバ大学を転々としました。彼は単に天文学者だったわけではなく、神学や法学、医学など、諸学を修めています。しかし、後半生はポーランドに引きこもり、そこで地動説を唱えるに至る。なぜコペルニクスが、しかも旅することをやめてしまった後で地動説を確信するに至ったのでしょうか。この時代に大きな天文学上の発見はなされていないにもかかわらず、彼が地動説を確信するに至った理由として、重要な条件、彼以前の時代と彼の時代で決定的に違っていた条件がありました。それは、印刷された天文学上のデータがヨーロッパ中に出回っていたことです。それは活版印刷により、何千部、何万部と印刷された書物が一六世紀からヨーロッパ中に出回り始めます。それで、それまでだったら何カ月もかけて重要な本がある修道院や、重要な知識を持つ先生のいる都市に行かなければ、その知識にたどりつけなかったのが、自分の周りに印刷されたデータや書物を集め、それを比較参照できるようになったのです。これが一六世紀の大きな転換だと思います。

つまり、一六世紀には大航海時代と活版印刷が始まっていました。今、私たちが経験するのもグローバル化とデジタル化で、インターネット等のいろいろな情報メディアの発達により、我々は知識へのアクセスで革命的と言ってもいい変化を経験しています。今までならば大学の図書館に行かなければ読めなかった本に、特に英米では電子出版がかなり発達してきていますから、iPad 一つで、かなり容易にたどり着けるようになっています。いい悪いとはまったく別です。日本でも学生たちは、必要な知識を得るためにはWikipediaやGoogleで検索すれば得られてしまうので、彼らからすれば、わざわざ大学に行く必要があるのか、大学図書館に行く必要があるのか、という議論が出ても不思議ではない。

そうすると、一六世紀と二一世紀を挟んで、近代という時代があります。近代では国民国家やマスメディアなど、いろいろなものが発達してきました。その挟んだ時代の前、一六世紀は近代への入口の時代です。その後、二一世紀は近代の出口です。この入口と出口がどうも似ていると思われるのです。これは一体何なのか。近代という時代は工業化の時代であり、帝国主義の時代であり、そして経済成長の時代、人口爆発の時代です。こういう右肩上がりの時代が基本的には近代なのですが、その右肩上がりが始まる直前と、右肩上がりが終わろうとしている直後、この直前と直後はやや似ているわけです。

この歴史的文脈において、大学とは何なのか。近代の前半において、つまり一六世紀から一八世紀までの時代、大学はまるで重要ではありませんでした。ちょっと考えてみればわかりますけれども、この時代で名を残した大思想家や大科学者のほとんどは、大学教授ではありません。つまり近世は、大学の時代ではなく、むしろ出版の時代だったのです。そういう大思想家や大科学者たちが後世に名を残したのは、彼らが有名な大学の先生だったからではなく、彼らが後世に名を残すような重要な著作を出版したからです。著者としての知識人が教授としての知識人よりも、重要だったということです。

そんなことを考えながら、では二一世紀の大学、あるいは大学の未来をどう考えるのかというのがこれからのテーマです。そこで重要なことの一つは、大学は二度生まれている。ボローニャ大学とかパリ大学、オックスブリッジは、一二～一四世紀からあるわけです。しかし、これら中世の大学がそのまま近代の大学になったわけではなく、一回、大学は衰退しています。近代の前半において、大学は一回、ほとんど意味を小さなものにしていると思います。したがって大学は、一度、中世に生まれ、近世に一度死ぬ。その後、一九世紀の国民国家の時代、フンボルト理念のもとに再生し、二度生まれている。

もう一つは、大学とは「メディア」であるということです。教育学の多くの研究は、大学を教育制度として研究してきたと思います。しかし私は大学を、たとえば出版とか、博物館、図書館、都市空間、そういうものとの関係において捉えております。つまり大学はコミュニケーションの場としてまずあり、その場、すなわちメディアを考えるときの様々な方法論や概念が使えるという認識から、大学とはメディアであるということを申しました。

三つ目は、大学とは「自由」である。カントを持ち出すまでもなく、大学とはリベラルな知と有用な知、この二つの知のダイナミクスによって成り立っています。このことは大学が誕生したときから、それから将来においても、大学が大学であり続ける限りにおいて、私は変わらないと思います。この二つの知の関係のあり方は歴史とともに変化すると思いますけれども、基本的にはリベラルな知と有用な知、両方がないと大学は成り立たないということ自体は変わらないと思います。

さて、二度あることは三度ある。二一世紀、二二世紀、グローバル化はもっと進んでいくでしょう。グローバル化が徹底的に進んでいく中で、国民国家を前提にした大学がそのままであり続けられるとは、私には思えません。グローバル化を前提にした大学とは一体どういうものであるのか、そこに転換していかないときに、近世に起こったような大学の死が、もう一度起こるかもしれません。

大学の二つの誕生

このように、大学は二度誕生している。つまり過去において一度死んでいる。そこで、この一度目の誕生、二度目の誕生について少し振り返っておきます。一度目の誕生は、一二世紀から一三世紀にかけてです。この誕生において最も重要なことは、大学を可能にしたのが移動の自由だったことです。九世紀、一〇世紀以降、ヨーロッパの諸都市が商業的なネットワークによって繋がれるようになり、都市から都市へと、職人、商人、聖職者、いろいろな人々が渡り歩く状況が成立しました。

当然、その渡り歩く人たちの中に、知識人と言いますか、先生も学生も含まれていたわけで、非常にすぐれた教授の周りに、学生たちが旅をしながら集まってくることがありました。彼らは、中世都市のネットワークの中で移り動いていたのです。つまり、中世的な意味での大学の根本には、移動の自由がありました。私は、これが大学の成立する最も重要なベースの一つだったと思います。

このような大学が、教師と学生の協同組合として成立してくる、ユニバーシティの原理がそこにあるというのはすでに言われてきたとおりです。教師も学生も旅人という弱い立場にあったので、都市の支配層に対し、団結し協同組合を立てる必要があったのです。地元の領主層から迫害を受けないようにするなど、いろいろ対抗していく戦略として、彼らは神聖ローマ帝国皇帝の勅許やローマ教皇の勅許をもらい、その勅許を掲げ、自分たちの権利を守ろうとしていったという周知のお話がございます。

また、中世の大学が発展していくプロセスにおいて、アリストテレス革命と言いますか、イスラム経由のギリシャの知がヨーロッパに入ってきました。そして、それまでの非常に垂直的なキリスト教神学の世界に、もっと水平的なギリシャ哲学の世界が入ってきて、水平的な知と垂直的な知が衝突を起こしました。この衝突の中で、中世の大学の知が生まれてくる。これも周知のことでございます。

重要なことは、この大学が一三世紀、一四世紀と発展していくわけですが、一五世紀あるいは一六世紀になると、実質、だんだんと形骸化していったことです。特に大学の衰退を決定づけていったのが宗教戦争や領邦国家の成立で、それまでヨーロッパ全体が大学のネットワークで繋がれていたものが、プロテスタント側の大学とカトリック側の大学に分かれてしまう、あるいはイギリスとかフランス、プロイセン、イタリア、それぞれの領邦国家が出てくることに応じて、それぞれの国別に大学が分かれてくるということが起こります。このようにヨーロッパが分裂していくことで、キリスト教的な世界の中でも大学の知の普遍性、そして何よりも汎ヨーロッパ的な移動の自由が失われていくわけです。

他方、もう一つここで強調しておきたいのは、やはり一六世紀以降、知識の再生産のプロセスが決定的に変わっていったことです。それまでの写本とか、口伝えによって知を伝えることに代わって、一つの知識が何千部、何万部と活版印刷で複製されることが産業化され、広まっていきました。それまでであったら、重要な知識にたどり着くためには、何カ月か旅をしなければならなかったのが、この段階において、もはや旅をしなくても、お金さえあれば、自分の身の周りに印刷された書物を集めておく、そのことによって、比較可能な根拠に基づく知識を得ることができるようになります。やがて、図書館とか公共的な書庫ができてくれば、その巨大な書庫の知識を使いながら、ものを考えることができるようになってくる。知のインフラが、活版印刷により、極めて大きく変わっていったと思います。

一七世紀、一八世紀というのは、大学の時代というよりは、アカデミーや専門学校の時代ですし、何よりも、私は出版の時代であったと思います。例えば一七〜一八世紀のフランスの『百科全書』を考えてみれば、ディドロなどという非常に辣腕の編集者たちがいろいろな知をネットワークしてものを出版していくプロセスの中に、知の最もダイナミックな生成のプロセスがありました。

この印刷革命のインパクトは大きく、社会的記憶の変化が生じました。それまでなら、大切な知識を一番確実に後世に伝えようとすれば、みんなに教えないほうがいいわけです。トレーニングを受けた、能力が確証された人にだけ伝えていく。つまり、免許皆伝のような形で、秘伝で伝えるほうが、知識がちゃんと後世に伝わったのですね。ところが印刷革命で、同一のテクストが何千部、何万部と出版されますと、たとえば一万部の本が刷られていれば、そのうちの九〇〇〇部が失われても、一〇〇〇部が残っていれば、知識は後世に伝わるわけです。こうして知識は、秘伝の時代から公開の時代に転換します。印刷革命とともに知識がどんどんオープン化するという時代になったとき、それまでの中世的な知の伝承の仕組みは困難にぶつかっていく。逆に、そういう印刷技術をベースにした社会記憶の変化によって、宗教改革や科学革命、国語の成立、国民国家の成立といったことが引き起こされていきます。

こうしてほとんど死にかけていった大学を再生させたのは、一九世紀のドイツでした。フンボルトの大学理念、文系におけるゼミナールや理系における実験室をベースにした、研究と教育の一致という概念が、大学にある種のブレークスルーをもたらしたことは、大学史の先生方がいろいろ論じてきたとおりでございます。そしてフンボルト型による大学復活の基盤となったのが、国民国家でした。近代国民国家の中で、その国の文化が見出されていきます。文化を発見し、それを根拠にネイションを発展させていく、その基盤として大学を再定義することが一九世紀のドイツで起こり、そのドイツ型の大学モデルが世界各地に広がりました。こうして近代の大学は復活し、今日に至るまで増殖を続けたのです。

さらにもう一つ、二〇世紀に入りますと、アメリカにおいて、ドイツ型のユニバーシティモデルを乗り越えるために、カレッジの上にグラデュエート・スクールをつくっていくということが起こっていきました。カレッジだけではなかなかユニバーシティを乗り越えられなかったのが、ジョンズホプキンス大学を初めとするアメリカの大学において、カレッジの上にグラデュエート・スクールをつくってしまい、（カレッジ）＋（グラデュエート・スクール）＝（ユニバーシティ）という等式をつくってしまいました。そこでPh.DやMAを量産していくシステムができたことにより、二〇世紀のアメリカナイゼーションの時代とともに、アメリカ型の大学モデルが世界化していきました。これも周知のことかと思います。

帝大と義塾の間

このような歴史の中で、日本の大学の歴史を少し振り返っておきたいと思います。これが三番目の話になります。日本の大学は言うまでもなく帝大型と私学型、東京帝国大学型のモデルをベースにするものと、私学の雄である慶應義塾型のモデルという二つの、歴史的にかなり違う経路をたどってきた系列がありま す。ひょっとしたらキリスト教系の大学もいろいろありますから、もう一つのパターンがあるのかもしれませんが、大まかに言えば、帝大型と私学型という二つのモデルに分類されます。

帝大型のほうは、元はばらばらの専門学校でした。東京大学でいろいろなことをやっていて、本当に雛しいと思いますのは、学部ごとにDNAが違うという点で、そのために全学統一ということがとても難しいのです。この点では慶應義塾が本当にうらやましいですね。慶應義塾の場合は、最後は「福沢先生がこうおっしゃった！」と言えば、この「福沢憲法」は絶対です。東大はそういう人がいません。

東大の場合はすべての学部に先祖がいて、それぞれ違う人なので、全学統一ということがとても難しい大学です。そもそも大学よりも学部のほうが古い。東大の文学部と理学部の祖先をたどっていきますと幕府天文方になりますし、医学部は大学東校、もともとは幕府の種痘所で、一八五八年にできています。東京大学が創立一三〇周年を祝っているときに、東大医学部は創立一五〇周年を祝っていました。そんなことがあるはずはない、と思われるかもしれません。しかし東大の場合にはあるのです。大学の成立よりも個々の学部の成立のほうが古いし、それぞれの学部の学問上の宗主国も違っていました。

これだけ祖先も成立時期も違うと行動パターンが全部違います。こんなに違う専門学校や大学校を、「帝国」という概念のもとに一つにまとめたのが森有礼でした。このモデルが京都や、仙台の東北大学、九州大学など、旧帝大に広がっていき、ソウルにも台北にも広がっていく、これが帝国大学の歴史なわけです。「帝国」の冠をかぶることにより、ようやく一つの大学の体をなしていた。これらの帝国大学が、学長のことを今でも「総長」と呼ぶのは、このへんに一つの背景があります。ちなみに慶應は「塾長」ですから、「帝国」の思想と「私塾」の思想は、原点において異なるわけです。

こうした「帝国」の知に対し、私学の原点は翻訳です。つまりヨーロッパ、特に英語で書かれた西洋の知識を日本の知の中に翻訳して埋め込んでいく、そのための機関として、福沢が慶應義塾を創ったわけで、同様の私塾は各地に生まれていました。明治初頭、福沢と加藤弘之、森有礼の間で大学論の論争があったのは周知のところですが、そこで福沢は、学問や大学は官の側にあるわけではなく、私の側にあること、官の側では大学の知は育たないのだということを強く言い、官の知を批判していくわけです。

東京大学の歴史についてもう少し話をさせていただきます。東大の歴史を振り返ってみますと、やはり戦中から戦後にかけての変化が大きいのです。戦中期の総長は平賀譲海軍中将で、一九四三年二月に肺炎で急逝しました。もし、彼が敗戦後まで総長だったら、東大は占領軍によるキャンパス接収を免れなかったでしょう。しかし、平賀の急死で次の総長内田祥三は建築家で、軍人ではまったくありませんでしたから、占領軍による本郷キャンパス接収を拒否できました。

そしてその後、南原＝矢内原時代を迎えるわけです。南原＝矢内原時代というのは一九四五年から五七年まで続きます。いろいろなことがこの時代に起こっていきます。戦後の東京大学のあり方がこの時代に決まっていきます。一番重要なことは、やはり教養学部ができたことです。旧制一高をつぶして東大教養学部に取り込んだわけで、ここに駒場と本郷という二極構造が生まれました。進学振り分け制度というのも、このとき東京大学にできていくわけです。

南原総長がやろうとしたことは明らかです。それはリベラルアーツ教育といいますか、教養教育、あるいは一般教育を、帝国大学の中に入れなくてはいかんということを彼は強く思っていた。彼がそう思ったのは、やはり彼の中のキリスト教的な考え方があったと思います。そのために、ＧＨＱと手を結んででも、彼は東大に教養教育の仕組みをつくる、駒場に教養学部をつくる、そして初代教養学部長として矢内原さんを送り込んでいくということをやったと思います。

この構造は、いまだに東京大学の根本をなしています。九〇年代の大綱化のときに、多くの国立大学で教養部が解体されましたが、そのことの問題点がその後何年かして明らかになっていきました。今、いろいろ分散してしまったポストをもう一回中央に戻し、例えば九州大学だったら基幹教育院のような、統合的な、全学を通じた教養教育の仕組みを再構築しています。ところが東京大学はがっちりと駒場の教養学部を残してきた。これはいい面もあるのですが、しかし、その結果として、後期課程や大学院課程の教養教育を全学的にやる仕組みがないのです。東京大学はくし型で、くしの付け根のところに進学振り分け制度があり、駒場と本郷の距離があり、これが非常にがっちりと構造化されており、その仕組みを変えることがものすごく難しいということが、東大のその後の運命的な桎梏になってきたわけです。

ただ、南原総長の試みたことには、教養学部以外にも面白いことがあります。エピソード的ですが、もう一つつけ加えておきたいことがあります。それは、彼が東京にオックスフォードのような大学都市をつくろうとしていたことです。南原総長は一九四五年一二月に総長になりますけれども、一九四六年一月二九日の評議会の記録を見ますと、総長就任直後の評議会での発言で、次のように言っています。「本学を中心に、上野公園、小石川植物園に及ぶ広大な地域を文教地区たらしめるべき構想を立て、すでに営繕課に仮案を命ずるとともに、一方、関係官庁に対しても連絡中である」と。この営繕課でデザインの中核を担っていたのが丹下健三、高山英華といった人たちです。当時、丹下は工学部の助教授でした。

そして東京都とか関係官庁にも南原総長はいろいろ交渉をしています。この一月の東京帝国大学新聞でのインタビューに南原は答えていて、戦災復興に関わる政府並びに都市計画案と並行して、東大本郷キャンパスを中心として上野公園から小石川植物園に至る都心全域を学園文化地区として設計し、英米の大学制度を参考にし、教授棟を住宅棟の緑地の間に配置し、理想的な学園を実現するのだと。東京はまだ焼野原ですから、そこにオックスフォードをつくることが夢見られたのです。

一九四六年四月の式辞で、南原総長はこう述べています。「オックスフォードやケンブリッジにおける学寮生活が大学全体に統合され、教授とともに居住し、我々が将来、本学を中心とする文化地区を設定し、教授、学生を含めて、学寮制度の創設を提案するのもここに理由がある」と。そういう大学都市を焼け跡の東京ならまだつくれる。彼が考えていた地区は、本郷と上野と小石川、御茶ノ水、湯島あたりです。本郷を大学研究地区にし、上野を芸術中枢地区にし、湯島を国際学術交流地区にし、小石川を文化厚生地区にする壮大な大学都市計画を立てていました。湯島がとても重要で、国際交流施設や留学生寮、インターナショナルカレッジ的なものを湯島に設置していく計画を考えていました。当時の東京都知事が極めてネガティヴだったりしてうまくいかないのですけれども、面白い計画だったと思います。

改革に疲弊する大学

さて、その後の大学の歴史を考えますと、戦後占領期の帝国大学からの転換期に生じたいろいろなひずみが、一九六〇年代末の大学紛争の中で露呈してきて、今もって解決はしていないと私は思っています。戦後の大学の問題点が一挙に露呈し、噴出したのは、やはり六〇年代後半の大学紛争でした。慶應が六五年、早稲田が六六年、日大、東大が六八年から六九年にかけ、特に日大、東大の場合には、相当苛烈に大学全体を巻き込んだ紛争になります。これは我々誰もが知っていることです。日大全共闘議長は秋田明大、東大は山本義隆ですが、日大と東大の紛争には相当違いがありました。一言で言えば、日大は自己肯定、東大は自己否定という傾向を持っていたと言われます。

東大の全共闘の紛争はなぜ、自己否定に陥らざるを得なかったのでしょうか。六〇年代末の大学紛争は、権威に対する戦いでした。その権威を象徴していたのが教授会であったり、学長室であったりすると学生からは見えていました。そしてその権威を倒すことに、彼らはチャレンジしたわけです。ところが、東京大学の場合には、ねじれた構造を持っていました。なぜならば、東大生が権威に対する戦いを始めるといったときに、よく考えてみれば、自分たち自身が学問的なエリート、ある種の社会的権威をすでに帯びているわけです。そうすると権威に対する戦いとは、自己に対する戦いといいますか、自己を否定するベクトルを含まざるを得なかった。賢い若者であればあるほど、そのことに気づくわけです。そうすると自分をどうやって否定していくかという話になり、この回路は出口がない、困ったことになります。

もう少し考えてみますと、さらに当時の大学紛争の問題というのは、単に学生が大学とぶつかり、機動隊によって鎮圧されたというストーリーだけで済まされる問題ではありませんでした。東大では、加藤一郎総長代行が誕生してからの記録を見ると、学生側といろいろな回路をつくり、何とか打開策を探している。彼らは、相当学生たちに譲歩しています。それで、とにかく一月までに解決がつけば三月の入試はできると踏んでいた。しかし、このプロセスを一番腹立たしく思っていたのは自民党右派でした。今度は政府の方から、東大に入試をやらせないという力が働いてきます。大学執行部と自民党政権の間でも対立があり、結果的には自民党右派と学生運動が同じ結論に向かっていたとも言えます。

同時にもう一つ重要なことは、当時、大学で起こったことは、ある種モラトリアムの中で起こっていた点です。多くの高校生たちが入試というハードルを越えて大学に入ってきます。そして、やがて就活を経て、社会に出ていく、この入学と就職という壁の間で起こったことです。この壁の間で、学生たちはゲバ棒を持とうが、いかに戦おうが、やがて就活していきます。この壁の間で大学紛争が存在していたという基本構造を再認識しておくべきだと思います。逆に言えば、非常に激しい、暴力を伴う戦いがあったわけですが、この基本構造は、その前もその後も変わっていないのです。

さて、八〇年代、九〇年代以降の話に移ります。今、私たちの大学は苦難を強いられています。それには幾つかの理由があります。九〇年代の制度改革、つまり大綱化、大学院重点化、国立大学法人化等で、いろいろな問題が生じました。大綱化を通じては、教養教育の劣化を経験し、今は一生懸命それを再構築しようとしている。大学院重点化では、大学院生の数がものすごく膨らんでしまいました。修了後の就職先が十分に確保されなかったものですから、大学院に行ってもいい就職口はないことを学部生たちは知ってしまった。そうすると、優秀な学生ほど大学院へ行かなくなり、大学院の方は定員を充足するために合格ラインを下げていった。そうして悪循環に陥り、どんどん質を劣化させています。さらに国立大学法人化により、いわば国立大学の企業化のようなことが起こってきた。

今日の大学教員の実情はといいますと、「研究をちゃんとやってください。どんどんアウトプットを出してください。引用される論文をどんどん発表してください」と言われます。他方で、「教育もちゃんとやってください。学生指導をちゃんとやってください。FDもちゃんとやってください。ハラスメントが起こらないようにしてください。教育者としてちゃんと指導し、審査もきちんとやってください」と言われます。さらに「アドミニもやってください。何とか委員や何とか委員長。何とか補佐……。いっぱいやってください」と。まじめで一生懸命やっている人ほど、こういうものがたくさん降ってくるわけです。

「一人三役やってください。先生は能力があるからできるでしょう」と言われます。それで、先生たちは二極化するわけです。一方は、大学改革を頑張らなくてはといって、本当に倒れてしまう程に頑張るタイプです。もう一方は、私は何もできませんからそっとしておいてください、研究室にとじこもっていくタイプです。このように二極化していくわけです。これが今の大学の現状です。

学生はどうなるかといいますと、多面性の時代を生きています。大変な大学入試を乗り切り、何とか大学に入って、さあ遊ぶぞというわけです。もっとまじめな学生もいると思いますが、でも海外にも行きたい、ネットも面白いしサークルもしたいと、いろいろとやることがありますからどんどん忙しくなります。気がついてみると就職が大変だということになっています。私は学生たちによく「才能とは執念だ！」と言いますが、そうすると学生は大体、聞きます。「執念って何ですか？」と。それは自分で考えるんだよと言っても何かよく分からない。もうそういうコミュニケーションは成立しなくなっています。

誰が大学を救えるのでしょうか。今の大学は、その量的な拡大と少子化、グローバル化の加速度的進行、知識の複雑化とボーダーレス化に直面し、迷走し続けています。つまり大学の危機はいろいろあるわけですが、一体誰が変革の主体になり得るかというと、それをはっきりさせるのが非常に難しいのです。大学の政策は国が主体になり得るかといいますと、基本的には二一世紀は、国民国家の陰が薄くなってくる、衰退していく時代ですから、国の大学政策には限界があります。それから産業界はお金を持っているかもしれませんが、大学についてはかなり無理解で、産業界の偉い方でも、大学のことを結構知っているつもりで、全然分かっていないことが少なくありません。そうすると産業界にも限界がある。

それでは大学自身でしょうか。教授会でしょうか。教授会には大いに問題があり、〈教授会自治＝大学の自由〉ではまったくないのです。むしろ、両者は正反対かもしれません。教授会からは職員は疎外されていますし、学生も疎外されています。ある意味で大学も疎外されているといいますか、必ず部局と大学本部の対立で、なかなか物事が進まないことになっていきます。それでも大学が主体性を発揮するには、大学内でビジョンを共有することがいかに重要か、ということを痛感させられます。

大学のもう一つの誕生とは

大学の未来について、いくつかのビジョンを出しておきます。一つは、「宮本武蔵の教え」。二刀流の教えということです。複雑化した知識社会の中での多元的な普遍性を追求する必要があり、二刀流はその戦略です。同時に、「甲殻類から脊椎動物への進化」、つまり、背骨の通ったボーダーレスな学びが大切です。そして、「人生の通過儀礼からキャリア／ビジョンの転轍機への転轍、つまり学年制キャリアから単位制キャリアへ」。これと表裏をなしますが、「人生で三回大学を出るのが当然の社会へ」です。

ではまず、「甲殻類から脊椎動物へ」から説明していきましょう。甲殻とは何かといいますと、日本の社会全体がそうですけれども、結構、壁に守られています。その壁が甲殻です。甲殻動物というのはカニとかエビですから、殻が堅いわけです。でも中の組織は結構柔らかくて、融通無碍です。それに対して脊椎動物というのは外面が堅くなくて中に骨が通っています。

どちらかというと、日本の社会も大学も、企業も、今まで甲殻動物的でした。つまり外と内の区分、あなたは組織の中の人、あなたはグループの中の人、だけどあなたは外の人という仕分け、ボーダーがはっきりしていて、そのボーダーを超えるのは大変です。だけど中に入ってしまえばみんな仲間のような感じ、村社会的なところがあります。けれどもグローバル化、現代化というのは、この壁が崩れていくプロセスなのです。壁がどんどん崩れていったときに、質を維持するためには骨を通さなくてはならない。その骨は何かといいますと、横骨と縦骨があり、横骨は学部間、大学間の横断性とか国際連携であり、縦骨は高大連携とか、社会連携のことです。これはキャリアパスのことで、学生たちのキャリアパスの軸の中で大学を位置づけ直していくことが必要なのです。

教育プログラムはアメリカならば、メジャー・マイナーとか、ダブルメジャーという仕組みが一般的です。日本の場合、どうしても自分の学部、学科の縦系列で学生を囲い込みます。けれども、本当は、大学の学びはそうではない。それで、私は宮本武蔵主義を提唱するわけです。宮本武蔵をなぜ出すかといいますと、彼が二刀流だったというそれだけです。つまり今の時代は、一本の刀を磨いていくということでは限界がある。三本は、普通の人間では持てませんから難しいですが、二本ならば、ある程度の力があれば持てるのです。たとえば、情報科学を学んでいる学生が、知的財産権についての勉強も法学部でするとか、それから環境科学をやっている学生が、中国の歴史についての勉強を文学部でするとか、そういう有益な組み合わせはいろいろありますね。つまりよい組み合わせがたくさんあり、二つのものを繋ぐことにより、自分なりの個性ある学びをしていくという仕組みに意味があります。

他方、大学というのは入学試験と就活の間に挟まれた期間であるという構造があり、それは変わっていないことが問題です。この構造が変わらない限り、入試の壁を越えて入ってきた人たちにとっては、次の就活というもう一つの壁に向けていくための中間期間としてしか大学を定義できないわけです。そうではない形をつくっていくためには、壁がどんどん壊れていく中で、もっといろいろな人生段階において、大学で真剣に学ぼうとする人々が入るようにしていくことが必要です。

どの人生段階で入るのがいいかには様々ありますが、私は、一八歳、三〇代前半と六〇前後だと思います。なぜそうなのかといいますと、三〇代前半というのは、就職した人たちが一渡りの現場を踏んで、大体自分の仕事が分かります。次は課長になり、部長になりと管理職に道を歩みますか、それとも実はまったく違う道を見つけることにチャレンジしますかという転換期なのです。そのときにもう一回大学に入り直し、何かを学んで違う人生を歩んでいく可能性があっていい。六〇歳前後というのは、もう企業で管理職をやってきた人たちが、そのキャリアは一通り終わって、もうすぐ定年です。そのときに、今は七〇代半ばまで元気です。フルで動けます。フルで動けるときに、余生を送りますか、それとももう一つ、厳しくても何かまったく違う人生にチャレンジしますか。それを考えるのが六〇歳前後です。

そうすると、これらの時期に、多くの人が入り直す先として価値がある、そういう場所に大学を変えていくことができなければなりません。そうした価値がある場所になるためには、通過儀礼的な場所では駄目で、ビジョンやキャリアが変わっていくことを実感できる場所に大変身しなければなりません。

そして、そうなっていくためには、やはり大学の元の原理に戻るしかなく、それはやはりリベラルな知と有用な知のダイナミズムです。これが大学にとって最も重要だと思います。

しかし、二一世紀的な世界で、この関係はどうなるかといいますと、両方大切なことは変わりませんが、関係は変わるわけです。二一世紀において、何が有用な知かはもう見えてきています。環境とか情報、リスク、貧困などのグローバルな課題解決型の知になるでしょう。これに対し、グローバル社会においての新しいグローバルな教養知とは一体何かということが重要な問いだと思います。

この答えは見えていません。つまりリベラルアーツとか、教養、人文、そういう概念そのものが、古代から現代に至るまで、歴史とともに変化してきたのです。そして一九世紀までの、つまり近代国民国家を前提とした教養知とは違う知が求められていると思います。近代国民国家の中での教養知をもう一回繰り返すことに私は賛成できません。そうではなく、近代国民国家とは違うグローバリゼーションがもっと徹底的に進んだ社会の中で、リベラルな知というのは一体何なのかを考えなければなりません。

これこそが、二一世紀を通じて徐々に姿を現していくはずの新しい大学の根本理念です。この理念がなければ、この第三世代の大学は成立しません。つまり、環境やリスク、貧困といった地球的課題の解決のためだけならば、国連の研究機関やそれぞれの目的に特化した専門的教育機関でもその役を果たせるのです。しかし、中世にも近代にも、大学は有用な知とリベラルな知、哲学的な知を結びつけてきました。中世には、キリスト教神学とギリシャ哲学の出会いの中でスコラ哲学が大学の自由を支えたのですし、近代には、やはりデカルトやライプニッツからカントやヘーゲルまでの哲学的な知が専門的な知を下支えしたのです。二一世紀の大学が、ますますグローバルな社会を前提に発展していくのは明らかですから、そこで求められるのは、グローバルな哲学であり、世界文学やグローバル・ヒストリーです。さらに言えば、この地球社会のなかで様々な思考を再定位していくために、ポストコロニアリズムも、社会学や人類学、民俗学も新たな意味を持ってきます。つまり、そのような第三世代の大学では、人文学的な知は、一九世紀的なものとはまったく異なる新たな生命を得ることになるはずなのです。

第8章 大学は国に奉仕しているわけではない

『週刊金曜日』編集部　［二〇一五年］六月一六日に、下村博文・文部科学相が、国立大学の入学・卒業式で「日の丸」掲揚と「君が代」斉唱をするように「要請」しました。大学の自治、思想・良心の自由という点で、大学というのはある種、社会の中で特別の存在かなと思うんです。そこにまでいよいよ踏み込んできたのかと、読者も不安を感じていると思います。

吉見　文科省の正式通達ではありませんね。ただ、下村大臣がそう考えている、というだけでしょう。

文科省からの正式な通達でないなら、そもそも私たちはまともに取り合う必要があるのか、という疑問があります。正式な要請なら一大事ですから、抗議するなり真正面から向き合う必要がありますが、文科省もそこまで愚かではないと私は思います。下村文科相の発言は、この間ずっと、文科省が進めてきた大学政策とは、明らかに逆行しているからです。このところ文科省が進めてきたのは、基本的にはグローバル化への対応。「グローバルに強い大学」をつくる、ということです。下村大臣自身も、「トビタテ！　留学ＪＡＰＡＮ」という官民協働の留学促進キャンペーンを手がけてきました。

三人に一人は留学生、その入学式で「君が代」？

吉見　現実として、東京大学でも留学生の比率はいま二〇％くらい。将来はもっと上がるでしょう。日本のトップユニバーシティでは、三人に一人が留学生という時代が来る。中国からも、韓国からももっと来る。そういう大学の入学式、卒業式で、「君が代」を歌います？　という話なんですね（笑）。日本の国立大学をめざして入学してきた優秀なアジアの子たちが、さあ入学式となって、「君が代」を歌わせられたら、どういう気持ちがしますかね……。批判もありますが、文科省は「グローバル30」[1]や「スーパーグローバル大学」[2]、「リーディング大学院」（博士課程教育リーディングプログラム）などの政策で、日本の学生を一生懸命、海外に出し、海外の優秀な若者を受け入れようとしてきた。この進め方には問題がありますが、方向自体は間違っていない。ただそれと、今回の要請のような「閉じる」方向はまったく逆です。

――安倍首相は、「国立大が税金によって賄われていることに鑑みれば、いわば新教育基本法の方針にのっとって正しく実施されるべきだ」とも言ってます。

吉見　たしかに国立大学は、税金のサポートを受けています。でも、だからといって国に従う、従順な学生を育てることが、大学の果たすべき義務ではまったくない。いま、大学が何を実現しなければならないのか。「グローバルなエクセレンス（優秀なこと、長所）の実現」だと僕は思います。たとえ国や産業界に批判的でも、よりクリエイティブに「知」を創造していく研究者や実践家を育て、「グローバルなエクセレンス」を実現することが、税金に対する義務の果たし方です。もちろんこの場合、「エクセレンス」

の中身が問題になります。誰のための、何のためのエクセレンスなのかということです。はっきりしているのは、それは第一義的には、国家のためのものでも、企業のためのものでもないことです。

　そもそも、大学は何に奉仕するのか。私は、大学は「人類的な価値」に奉仕しているのだと思います。国への奉仕じゃない。大学の歴史の発端からしてそうです。一二、一三世紀のヨーロッパで、キリスト教的な秩序のもとに、大学が生まれる。当時の秩序の中で「普遍的な知とは何か」が問われたからです。そういう価値を担う場や組織が、キリスト教社会にも、近代社会にも必要だった、だから大学が存続してきた。この「普遍的な知」は、人類的なものです。大学がそこに向かい、ある価値を生み出していくことが、間接的に巡り巡って、国民のためにも国のためにもなってきた。こういう構図です。

　人類的な価値とは、今日、グローバルな価値ということになりますから、大学はグローバルな価値と国民社会を媒介していく役割を担います。いわばメディアです。単純に政府や国に従う役割ではない。人類性とか普遍性、グローバル性は、大学にとって根本的なものだと私は思っています。

――たとえば医療やサイエンスは比較的、グローバルな価値として認められやすいと思いますが、そうではない大切なものが、グローバリゼーションの中で淘汰されてしまう懸念もあります。

吉見　それがまさに「人文社会系不要論」とつながる話ですね。こちらは無視していればいいという話ではなく、この問題とどう向き合うか、大学側は真剣に取り組まなければなりません。

人文社会系は「役に立つ」んです

吉見　この通知への常識的な批判は、「いつの時代も人文知は大切。切り捨てるなんて何事だ」というものでしょう。古典、哲学、歴史などは深く時間をかけて探求するもので、物事を多面的に見る目を育てる。「役に立つ」だけが価値じゃない。役に立たなくても価値あるものが世の中にはある、という反論です。ただ、そういう批判は「正しい」けれど、不十分です。それだけでは対抗できないと思う。

私はむしろこう言いたいですね。人文社会系の知は、必ず「役に立つ」んです。ただ工学や医学と何が違うか。工学的な知とは、概して言えば「短く役に立つ」。けれども人文社会的な知は、どちらかというと「長く役に立つ」。学問分野によって、時間のスパンがぜんぜん違うのです。

たとえば工学系の世界で「役に立つ」と考えられているスパンは、五年とか一〇年が多い。でも人文社会系の知では少なくとも二五年、五〇年、場合によっては百年、千年。そのくらいのスパンで、価値のあるもの、役に立つものとは何かを考える。そこを考える「知」が、私たちの社会が存続していくためには、どうしても必要です。

なぜかというと、「価値の軸」は転換するからです。五年で転換しなくても、五〇年の間には必ず、基準となる価値軸が転換します。たとえば高度成長期に、「これが絶対だ」とされた価値と、二〇〇〇年代以降は違いますね。そういう価値の転換は、歴史の中で何度も起きてきたし、これからも必ず起きる。その転換期に、イニシアティブをとれたり、ビジョンを持てたりすることがすごく大切。そこを五〇年、百年、千年の単位で考えるのが文系です。

たとえば、なぜソニーがアップルになれなかったのか。技術力だけなら、可能だったかもしれない。でも、ソニーは「価値の転換ができなかった」のです。彼らはウォークマンで、それまでの家電の機能を純化した。それは技術革新だった。しかし、アイフォンやアイパッドでアップルがやったことは、ある種の価値転換、コミュニケーションの意味を転換し、メディア概念の再定義をしていった。それは文系的、文化的な想像力がないとできなかったと思います。彼らは文系的なものと理系的なものを繋ぐことで、自分たちの価値の軸を転換させ、時代のパイオニアになることができたわけです。

逆に言えば、いまのグローバルなテーマで「理系だけで解決できるもの」なんてほんとにわずかです。本当に問題を解決し、新しいビジョンを開こうとしたら、文系的な知と理系的な知をいかにうまく繋いでいくか。その母体となる組織をいかにつくっていくか。そこがいちばん重要です。生命倫理やグローバルヘルス、感染症などのテーマもそう。サステナビリティや開発、環境保護などの問題も、単に工学的にやればいいという話では決してなくて、そこに人文社会系的な知を組み合わせていって、両方をやれる人を育てていって初めて、可能になる分野が次々と出てきている。本当にグローバルな新しい産業社会に国が対応しようとしているのならば、文系を切り捨てることは自殺行為です。あまりに理系だけでやろうとしてきたから、日本はこんなに行き詰まってしまったのです。

息の長い文と理の連帯が、向かうべき道でしょうね。相対的に「短い有用な知」と、ものすごく「長い有用な知」を組み合わせていくことが必要で、その異なる時間的なスパンの結合のために、文系的な知の価値をみんなが尊重する。理系的な価値に吸収合併されない、五分で理系と拮抗する「強い文系」をつくる。そのことが、今はとても大切です。

ただ、今回の文科省の通知は、言い方に深謀遠慮がないですね。「組織見直し計画を策定し、組織の廃止や社会的要請の高い分野への転換に積極的に取り組む」とある。「社会的要請」と言わずに、むしろ「社会的期待をリードするような分野を積極的に、人文社会学系の学部・大学院も巻き込む形で創出していく」とか、そういう言い方だったら、ここまで強い反発は招かなかったんじゃないかな。

「変われない文系」に苛立っている文科省

吉見　ですので、国旗・国歌を大学入学式に要請する話が馬鹿げているほどには、この人文社会系に対する文科省の通知は、馬鹿げていない面があるというか……国の苛立ちもまったくわからなくもない。実際、国立大学の学部組織は長い間ほとんど変わっていません。東大の場合、最後にできた学部は薬学部で、一九五八年。その前が教育学部で四九年。その後、もう五〇年以上、変わってない。

全国の国立大学を見回しても、学部組織が内側から変わった例は、少ない。つまり、社会の状況がすごく変化しても、大学の組織は全然変わらない。とくに文系が変わらない。なぜか。大学組織が、既得権益を守るための仕組みになっているからです。大学自治とか学部自治と言いますね。それで何が守れているかというと、大学教授の既得権益や学部・学科の既得権益であることが少なくありません。先生たちは「学生の不利益にならないように」と言いますが、実は先生自身の不利益にならないようにという裏の狙いがあることがままある。つまりこれは、大学教授のための自治なのです。

――二〇一四年、国は学長主導の改革を掲げ、国立大学法人法などを改正し、学長の人事権を強化しました。教授会の権限は削られ、教職員による学長選もなくなった。これってまずい状況ではと考えていたのですが。

吉見　そこは評価が難しい。学長の人事権を強化するのは、教員の自治に任せていても、何も変わらないと考えているからです。大学教授はそれぞれの専門の分野に関してはスペシャリストです。しかし別に教育のプロではない。組織のマネージメントのプロでは、ますますない。自分の研究が好きで、その面で創造的な人たちの集まりなんです。それ以上のものを期待してはいけない。大学の先生がなんでもできるなんて幻想ですよ。しかし、学長ならば大学を変えられるのか。そこにもう一つの問題があり、学長の人事権を強化すれば、状況が改善するというわけでもないと思う。

――それでも「変わらない」を変えなければならないのでは？

吉見　至難の業ですね。無理じゃないかな、たぶん（笑）。文科省や大学経営陣は、変える力になるのは「お金」だと考えてきました。変化を生むのは、理念のような上部構造ではなく、下部構造。それはつまり、外部資金のことです。しかし、ビジョンなき外部資金は毒に転化します。

この外部資金の取れ方は、理系と文系でまったく違う。ものすごい格差がある。そこで何が起こるかというと、理系はお金を取るために新しい組織をつくり、組織改革をしていく。理系の先生たちは、外部資金に敏感です。どう組織を変えて新しい体制をつくれば外部資金がとれるかを計算している。

結果的に、理系は既得権益を守りながら組織の形を変えてきた。他方で文系は、そもそもお金が取れませんから、変えるインセンティブがない。どこかでもう諦めていて、ますます身を固くする。壁を厚くし、伝統や自治を守ることに立て籠もる。この状況に文科省は苛立っていると思います。彼らは国を背負っていますから。日本の大学、とくに人文社会系が遅々として変化しないことに苛立っている。これじゃあグローバル化や情報化に対応した若者を全然育てられないじゃないか、という問題意識がある。この問題意識は正しいと思いますよ。それを、「文科省はけしからんことを言ってきている」「文系は守られるべきだ」と、単純にはねのける議論で本当にいいのでしょうか。

僕は「やせ我慢」を美化する気にはなれないですね。むしろ文系こそ、百年先の未来を見据える射程で組織の形を変えながら外部資金も安定的に得る仕組みを作るべきでしょう。現在、それができないでいる文系側にも、大いに問題があると思います。

異なる専攻を繋ぎ学生の潜在力を伸ばす

——では、人文系排除とは違う方向で、大学にできる改革は。

吉見　私は「宮本武蔵主義」ということを言っています。二刀流主義。学生が非常に複雑で流動的な社会に対応する知を身につけていくには、文系でも理系でも、一つの専門だけを深めるのでは明らかに不十分です。日本ではＩＣＵ（国際基督教大学）が最も積極的に改革を進めていますが、「メジャー・マイナー」「ダブルメジャー」といって、学生は異なる二つの分野を専攻する。欧米の大学では、この種の複線的な教育体制は当たり前です。たとえば知的財産権の法学を学んだ学生が、同時にコンピュータサイエンスの工学も学ぶ。農学部で環境科学を学ぶ学生が、同時に中国の歴史を学ぶ。国際政治を学ぶ人間が、宗教学なり心理学なりの分野を学ぶ。文系・理系の垣根を越えて、多様な組み合わせがありうる。

　新しいフロンティアを生む組み合わせが、専門と専門をつないだ先にあると思います。そこを大規模総合大学が組織し、国際的なネットワークとも結んでいけるようになれば、学生の学びははるかに深まる。異質なものをつなぐには、学生はより深く考えなくてはならないですから。

――研究者によって細分化されたものを、より総合的にミックスしていって学生に与える。そういう大学側からのプロデュースが必要になってきている、と。

吉見　そう。教育には複眼的な総合が必要です。同じ現象でも、短い目と長い目、タテの目とヨコの目、歴史的な目と未来的な目で見る。複合的なまなざしを育てなければなりません。研究だけなら深い専門分化もありかもしれないですが、教育と研究はイコールではないのです。

　研究を教育に循環させていくことは必要ですが、そのときには異分野を総合し、統合し、つないでいく作業が組み込まれているべきです。私たちの社会の根深い問題として、大学入試直後にはとても優秀な学生たちのポテンシャルを、大学教育がちゃんと伸ばせていないことがあります。大学の仕組みも彼らを伸ばせてないし、社会の仕組みも彼らの挑戦を抑制してしまう。そういう現状を変えていくのに、大学は何ができるのか。ただ大学を守ればいい、文系を守ればいいという話ではありえません。

　誰のための大学なのか。この問いは、大学自身が自らに向けなければいけない、重大な問いです。本気で学生の将来の人生と人類の未来をつなぐ気なら、今の大学には、単に人文社会系を守るというのではなく、学生がその知的想像力を伸ばし、自分の潜在力を見つけていく仕組みを作るためにすべきことがまだまだあるはずです。

（1）「国際化拠点整備事業（大学の国際化のためのネットワーク形成推進事業）」として国公私立大一三校を採択。
（2）「大学の国際競争力を高めるために重点的に財政支援する」として選定した国公私立大三七校。

第9章　人生で三回大学に入る社会に向けて

大学におけるリカレント教育

『国立大学』編集部　社会学やメディア論の視点から大学のあるべき姿について様々な提言を行っている吉見俊哉教授。リカレント教育について、次のように説明する。

吉見　リカレント教育は生涯学習と混同されることがありますが、生涯学習は文字通り生涯を通じた学びで、太い直線のイメージです。ユネスコのポール・ラングランが初めて提唱した考え方とされ、学ぶ者を主体として学校以外の場での学びを捉え直しています。これは、新しい教養をどう社会全体で形成するかという問いにつながるのだと思います。それに対してリカレント教育は、リカレントが循環という意味ですから、仕事と学びの間でグルグルとらせんを描きながら人生を歩むイメージ。社会政策的な発想がより強い（図1参照）。

——二つの考え方が生まれた一九七〇年前後は、ヨーロッパが不況に入った時代。それまでの主流産業がそのまま伸びられなくなり、新たなマーケット開拓のため、産業構造そのものが変容し始め、重厚長大の

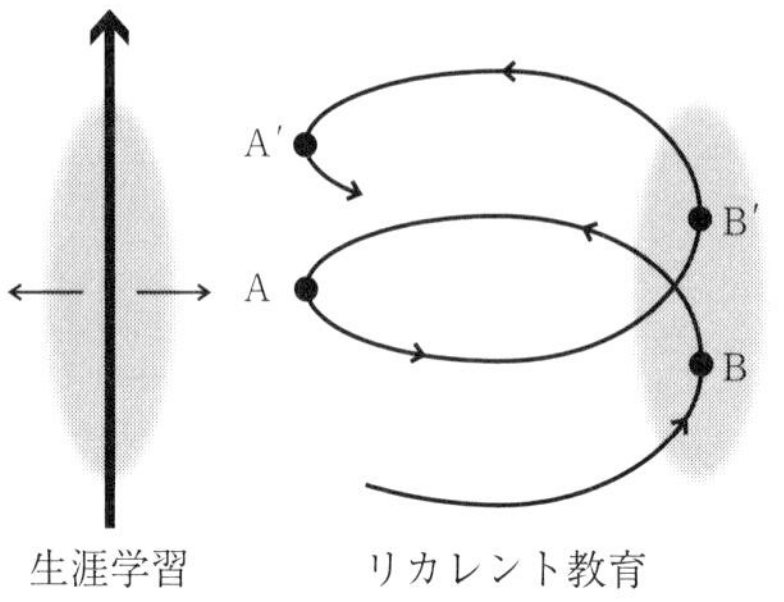

図1　生涯学習とリカレント教育

古い産業に従事していた労働者が大量に失業した。

吉見　古い産業で余った労働力を新たな産業で有効な人材に転換しようとするとき、弱肉強食のアメリカと違い、ヨーロッパでは新しい知識や能力を身に付ける学びを政府がサポートすべきだという考え方がありました。リカレント教育は、産業の構造転換の中で生じた余剰労働力を生産性の高い人材に転換させていくために、大学や中等高等教育の場をキャリアチェンジの中間機関として活用しようという考え方を背景にしているように思います。社会を分断させないための循環の公的な仕組みという面があります。

――一方、停滞しているヨーロッパ、アメリカを尻目に、日本は社会システムを変えることなく、なんとかオイルショックを乗り切り、一九八〇年代まで経済発展を続けた。

吉見　八〇年代、日本経済は表面上はうまくいっていた。それで日本人は、自分たちの社会の仕組みはこれでいいんだと思ってしまった。これが、大きな間違いでした。ヨーロッパ、アメリカを尻目に成長を続けていられたのは、社会の仕組みが良かったからではなく、むしろ戦後、ゼロから出発した日本が、まだキャッチアップ型の発展途上にあったからです。伸びしろがまだあったのです。

――しかし、一九九〇年代半ばを過ぎると日本の経済成長にも限界が訪れる。ヨーロッパが一九七〇年代初頭に経験したのとよく似た状況を、日本もようやく経験することになった。

吉見　九〇年代に、日本でも格差が広がり、失業も増え、経済も頭打ち状態を突破できなくなりました。そこで、産業の根本的な構造転換をせざるを得ない。しかし、誰が新しい産業を担うのか？　少子化で若者は減っていく。技術革新は激しいけれども、もう二度と、新しい大きな労働市場は生まれません。そうすると、既存の労働力の学び直しにより、その構成を変化させていかなければならない。中高年を再び自ら学びたい気持ちにさせ、教育の場に彼らを入れ直し、人材力の再編成を行う仕組みが必要と政府や産業界も考え始めたのです。これが、マクロに見たリカレント教育への関心増大の背景だと思います。

――日本の社会は九〇年代半ば過ぎ頃に初めて、リカレント教育が大切だということを認識したということなのか？

吉見　社会というより政府や産業界でしょうね。ただ、このような意味だけならば、リカレント教育の可能性は限定されたものでしかないのです。政府や産業界が熱心なだけで、社会全体にとっては外在的なものでしかない。しかし、リカレント教育が大切な本当の理由は、別のところにあります。そのことを説明するには、これから数百年の大学と社会の関係の未来を展望する必要があります。

リカレント教育は成熟の時代と表裏

――人生一〇〇年時代構想会議が二〇一七年一二月にまとめた中間報告によると、日本では二〇〇七年に生まれた子どもの半数が一〇七歳より長く生きると推計されている。二二世紀初頭までということだ。その頃、日本社会はどのような姿になっているか。吉見教授は、数百年という長い歴史を俯瞰しながら、人

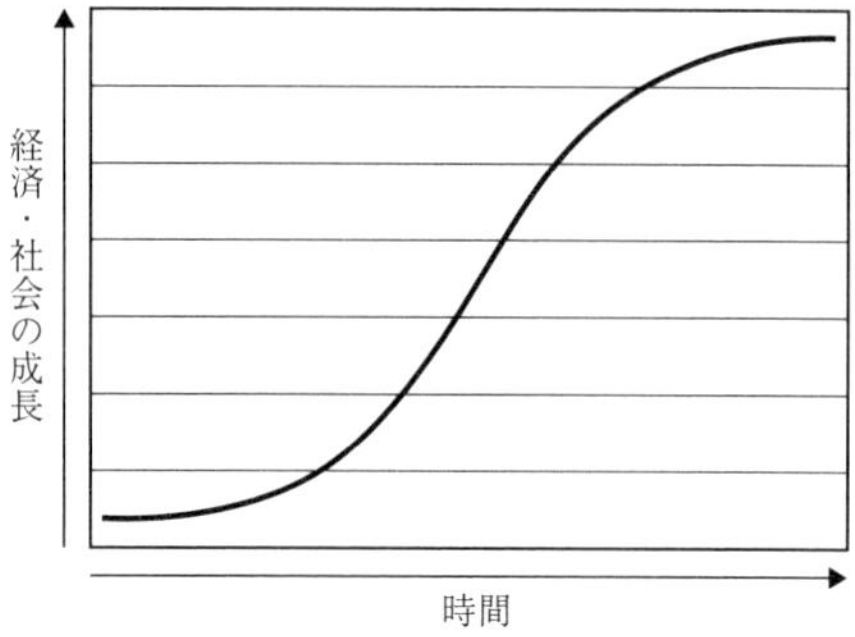

図2　近代のロジスティック曲線

口と経済のS字カーブについて解説する。

吉見　近代国家が目指した経済成長は、人口の増大と表裏をなしていました。例えば一九世紀初頭まではフランスが、後半になるとドイツが、人口増を背景に国力を伸ばします。日本の場合、江戸時代後期に停滞していた人口が明治に入って急増し始めます。そのような成長の時代が、ヨーロッパでは一九七〇年代に最終的に終わるのです。もう近代化が頂点まで達し、飽和点に達したのです。これはイメージ的にはS字カーブの上の平らになった部分です（図2参照）。日本人は、成長の時代が一九九〇年代半ばに本格的に終わったとき、ようやくヨーロッパが七〇年代に何に悩んだか気付き始めます。中国はまだ成長途上なので、今の日本の苦しさを理解できないでしょう。しかし、二一世紀半ばには、中国の成長も終わりますし、アフリカも含め全世界で成長の時代がいずれ終わる。地球社会全体がS字カーブの上まで達し、フロンティアはもう無い飽和の時代に悩み始めるのです。

——世界全体がいずれ成長の終わりを経験するということが、リカレント教育とどう関係するのだろうか?

吉見　リカレント教育は、このS字カーブが右肩上がりの間は補完的なものですね。人口はまだ増加中だし、社会が目指す方向は決まっている。「豊かさ」という単一の価値に向かってみんなが必死ですから、未来の不確かさに悩む必要はないのです。直線的な成長の時代なので、社会も個人も方向転換のために学び直す必要は部分的です。ところがS字カーブが頂点まで達し、もう直線的な発展がありえない。つまり成熟型の社会になってくると、賢く方向転換をしていくことが決定的に重要になってきます。未来がどちらに向かうかわからない不確かさの中で、その都度、主体的な意志をもって未来を選び直していく必要が出てくるのです。そんな時代には、すべての人々にとって学び直しが当たり前になる。

――リカレント教育の必要性が大きくなる中で、大学の役割も変わってくるのだろう。

吉見　ちょっと脱線しますが、この右肩上がりのカーブが始まった頃と、現在を比較すると、両者にいろいろな共通点があることに気付きます。世界史的には近代化と呼ばれるこの過程は、一六世紀までさかのぼることができます。大航海時代で全世界が結ばれ始め、一五世紀半ばの印刷革命で情報が爆発的に増大した時代です。印刷物の普及により、知識を得るのに有名な先生のいる町まで何カ月も旅する必要がなくなりました。その先生の書いた本を買い、どんどん読めばいい。一六世紀は〈知〉へのハードルが劇的に下がった時代です。この情報爆発を一つの要因として、中世的な大学は衰退に向かいます。

――吉見教授は、規模こそ異なるが、これが今のネット社会と状況が似ていると言う。

吉見　印刷は情報爆発をもたらしました。それまで不可能だった多種類の大量の情報を比較・参照できるようになった。これは昨今のビッグデータ解析の登場とよく似ていますね。

――今日のグローバリゼーションやインターネットによる情報爆発は、一六世紀の人口と経済の拡張、知識の爆発に始まる。しかし、違いもあるという。

吉見　一六世紀に始まる大量複製による情報爆発は二〇世紀まで続きます。いわゆる『グーテンベルクの銀河系』がこれです。しかし二一世紀、同じ情報の大量複製による『銀河系』は飽和し、相互性を特徴とするネットの宇宙に転換していきます。宇宙の次元がいわば一つ上がったのですね。するとそこでまた、一六世紀と同じことが起きていく可能性がある。つまり、情報へのアクセスはもちろん、学びのプロセス全体が、大学キャンパスという具体的な場所を必要としなくなってくるかもしれません。実際、出版が大発展する一六、一七世紀にヨーロッパの大学は重要性を失いました。同じようなことが、インターネットが大発展する二一世紀の大学に起きる可能性は十分にあると思います。

——吉見教授は、大学はもっと危機感を持って未来を考えるべきだと警鐘を鳴らす。

人生で三回大学に入る

——日本では、大学が直面している諸問題に対して、一九九〇年代の終わりには様々な改革のメニューが出ていた。一九九二年の生涯学習審議会では、答申の重点課題として、社会人を対象としたリカレント教育の推進が提示されている。「生涯学習の振興のための施策の推進体制等の整備に関する法律」を制定し、「生涯学習審議会」を発足。さらに、二〇〇一年には重点課題として「リカレント教育の推進」を挙げている。そこから二〇年近くを経たにもかかわらず、現在、日本では、学士課程への入学者のうち二五歳以上は二・五％にとどまり、ＯＥＣＤ加盟国の二五カ国中では二四位だ。つまり、リカレント教育が広く普及しているとは言い難い。

吉見教授は、日本の学校教育と大学、社会の制度的な構造の問題を挙げる。

吉見　日本では「大学とは何か」という概念がとても狭いでしょう。一般に大学は、高校、入試、大学、就活、社会人という直線的な人生経路の入試と就活の間にある通過儀礼期間と考えられている。だから、既に終えた通過儀礼をもう一度やる必要性は理解されない。

――それに海外では、社会人が大学で学び直して学位や資格を取れば、より良い給与や職位につながる場合が多いが、日本ではそのような実質的なメリットが見えない。人生一〇〇年時代構想会議の中間報告の中でも、社会人や企業にとってのメリットの「見える化」が課題の一つとされているところだ。

吉見　日本では、修士や博士の学位を得たスペシャリストが外から会社に入ってきても、それだけで評価して給料を上げ、より高い地位を与えようとはならない。まず組織の中に入れて、しばらくもんで、どのくらいやれるかを見て、だんだん地位が上がる。そんな社会では、自分が評価されている組織・部署から離れて、努力して大学で学び直して、学位を持って会社に戻っても、認めてもらえないだろうという不安がある。日本では外部の専門的な立場からの評価より、組織の中での互いの評価を信用しているのですね。これでは、スペシャリストが異なる組織を循環していくリカレント型の社会は育ちません。

――吉見教授は、日本の組織がお互いの人的関係を尊重し、内部での評価を重視する慣行に一定の理由があることは理解しつつも、社会人が大学での学び直しを躊躇する最大の理由もここにあり、結局、社会全体にとってデメリットのほうが大きいと指摘する。

吉見　ある程度働いたら大学や大学院に入り直す、キャリアチェンジの可能性が常に開かれている社会でないと、その社会は硬直化して、フレキシブルな世界に対応できなくなります。

――吉見教授は、大学の概念を見直し、人は人生で三回大学に入るべきと提言している。

吉見　大学に入るタイミングとしては、一回目が一八歳から二〇歳前後、二回目は三〇代、三回目は五〇代後半から六〇代前半。三〇代は大学を出て一〇年ほど働いた時期です。どんな現場でも一〇年やれば、自分はそこで何ができ、将来はどのくらいまでいくか、その職種の中での自分の将来像を持てるようになっている。その段階で、その職種にとどまり続けるのか、キャリアチェンジするのかを判断する。定年間際は、子育てが終わり、引退して過ごすのか、最後まで走りきるのかを決める時期。比較的豊かな層なら、大学にもう一度投資してもいいだろうし、うまくすれば、次のステップへのキャリアチェンジとなる。貧しい層なら、本気でキャリアチェンジに努力する人に、しっかり経済支援する仕組みを整備べきです。大学側は、その人の本気度を厳しく評価する。教養のためではなく、未来への挑戦欲を持って大学に行くのがリカレントだと思います。

――その中で、特に三〇代に対しては、社会全体による支援の必要性を説く。

吉見　三〇代で会社を辞めて大学に入り直すのは一大決心です。一生を懸けた重い選択をした人には社会がサポートする、そんな後押しがあるべきです。個人のリスクは社会のチャンスであることを、私たちは認識すべきですね。とりわけ三〇代は、そのキャリアチェンジが社会全体を活性化するポテンシャルとなり得る世代だから、社会全体が支援すべきです。

教育の根本は授業科目。学科や学年ではない

――吉見教授は、大学は明確な期待を持って入ってくる社会人学生が満足できるような組織化された教育

プログラムを提供する必要があると指摘する。現在の多くの大学の教育プログラムは、高校と同様に学科と学年で区切られ、学年ごとに何を学ぶか決めていく仕組みだ。

吉見　これは、同質的な集団に同型的な知識を与えるには効率的な仕組みだけれども、多様なバックグラウンドを持つ社会人学生には対応していませんね。日本の大学では、教育の基本単位が学科や学年。国際的にはこれはかなり例外的で、むしろ教育の基本単位はそれぞれの科目、それらの科目が組み合わさった学位プログラムです。つまり学生はその外形的なカテゴリー集団への帰属でくくられるのではなく、それぞれが習得しようとしている専門的な学びによって分けられます。大学のあり方でも、メンバーシップ型からジョブ型、プログラム型への転換が必要なのです。

――加えて、日本の大学における各学生の履修科目数の多さも指摘する。

吉見　日本の大学で学生が履修する科目数は、海外の大学の平均の倍以上です。多くの学生が一学期に一〇科目前後を履修しますが、欧米の大学ではせいぜい四科目か五科目。逆に一科目当たりの単位数が日本の倍で、日本よりもずっと重い。日本では科目数が多すぎて、学生の学びはどうしても薄くなるし、教員は一つの科目にそんなに労力をかけてはいられない。教育の質を向上させるには、一つ一つの授業の作り込みがとても重要ですが、こんなに履修科目が多くては、教師も学生も余裕がなくなってしまう。

――ハーバード大学では、シラバス作成の段階から科目の作り込みに膨大な労力をかけ、毎回の授業の内容や、読んでおくべき論文などを全部決めるほか、中間・最終レポートなど、評価の基準も最初にすべて開示する。科目への学生のコミットメントも強いという。

吉見　それだけ一つ一つの科目が重いのです。日本でも、各科目の平均単位数を倍にして、結果的に学生の履修科目数を半減させるのが改革の第一歩でしょうね。教育の根本は授業科目であることを、理念で唱えるだけでなく制度的構造として構築すべきです。その上で、科目間の構造的な関係を可視化して、ニーズに応じたプログラムを学生に選ばせるとよいと思います。その際、一つの専門分野だけに学生を閉じ込めるのではない、かといって何でも自由に選ばせるのでもない、複数の専門分野を有機的に結びつけて学ばせていく仕組みが大切です。アメリカの大学のメジャー・マイナー（主専攻・副専攻）制、あるいはダブルメジャー（二重専攻）制の仕組みですね。

——吉見教授の提案は、欧米の大学の後追いだけではない、その先の日本ならではの可能性にも及んだ。

吉見　一六世紀から一八世紀まで、大学はどんどんその存在感を失っていきました。この時代は出版とアカデミーの時代で、大学の時代ではなかったのです。それを逆転させるのが一九世紀のベルリン大学で、その根本はフンボルト理念のいう研究と教育の一致にありました。しかし、その一九世紀以来の大学が衰退の危機にあるのが現在。ここで決定的に重要なのが、研究と教育の一致に、さらに社会的実践を加えることだと思います。今、日本の多くの大学生たちは、何のために学ぶのか、何をなぜ研究するのかがよくわからなくなっていると思います。世界はこんなに大きく激動しているのにね。だから、大学の教育の現場に創造的な仕方で世界を埋め込み、社会的な実践と研究と教育を一致させるモデルケースをきちんと作る必要があります。これは、欧米の大学も今、サマープログラムなどで盛んに実験していますが、本格的には確立できていません。リカレント教育によって新たに入ってくる社会人学生は、この社会的実践の面では専門家に近いですから非常にプラスです。社会人学生にとっても、自分がなぜ大学に入り直したのか、自分が得意とする社会的実践と、どう研究や教育と結べるかを考えますからプラスでしょう。

――各国立大学でも、すでに様々な取り組みがなされている。例えば、東京大学が推進している「産学協創」もその一つだ。教員、学生、社会人が世代を超え、産学が深く混ざり合って協働する「知の協創の世界拠点」としての環境を整備したいという。

吉見　一八歳人口が減少し、留学生や社会人学生を増やさないと、日本の国立大学も二〇四〇年まで維持できないと言われています。ただ、すべての大学が留学生を呼び込むのは難しいので、リカレント教育で社会人を増やすべきともされています。これらは、現実的な定員問題への対応策ですが、私は本質的なことではないと思っています。必要に迫られていますから、何か対策が立てられるでしょう。でも本当に問題なのは、どこに向けて、どんな対策を練っていくかということです。既存の教育体制を温存させたまま、ただ足し算でリカレント教育や国際化をやっても、長期的には決してうまくいきません。

――もし、社会人の学び直しが浸透して、社会人学生の比率が三割程度になれば、大学全体の雰囲気が変わる可能性があると吉見教授は期待を寄せている。

吉見　一八、一九歳の高校を出たばかりの子たちが圧倒的多数を占める今の構造では、明らかに学生が同質的になってしまいます。なおかつ、外から学び直しで入る社会人は、頑張ろうと思っても、自分は少数派と感じるでしょう。でも、社会人学生が増えれば、高校から入学した学生の認識を変える可能性があります。高校までは年齢、生活などが同質的な集団ですが、大学は異質な人たちが集まる場所です。社会人学生が、高校を卒業して入学した学生にとって社会との接点になり、大学で学ぶことへのモチベーションやキャリア観を変えるかもしれません。社会人学生は、大学の雰囲気を変え、高校から入学した学生の「なぜ大学で学ぶのか？」とか、「社会に出たら、今学んだことがどう役に立つのか？」といった疑問に身をもって答えます。単なる教養のためではなく、「大学で学ぶことが次の人生につながる」ことを理解させる必要があります。社会人学生にとっても、高校を卒業して入学したフレッシュな学生との出会いが、人生観を変える可能性を持っています。

多様性と実践が生み出す新たな〈知〉

――印刷革命によって中世以来の大学が瀕死状態になっていったのが一六世紀。デジタル革命が社会を根本から変えつつある二一世紀、大学は再び旧時代の遺物となるのだろうか。

吉見　大学が単に入試で学生を選別する機関、あるいは専門知識を提供する機関、学位を授与する機関にとどまるなら、そんなことはネットでもやれるとなるでしょう。けれども、新しい〈知〉を生み出すには、様々な異質な人たちが一緒に集まりながら知識を動員して議論し、飲み食いし、現場を経験し、実践しなければならない。そういう場はネット上には作れません。大学とは根本的には、そういう異なる〈知〉の担い手が出会う場所なのです。二一世紀には、様々な社会的な実践の場面で、文系も理系も一緒になって問題発見、問題解決に取り組む必要が増しています。そうした課題型の知を超えて、新しい地球社会の哲学や文化学を構想していく必要もある。これが二一世紀の大学が向かう先です。教授、ＴＡ、社会人学生、二〇代の学生、この四種の多様な構成の人たちが一つの課題にいろいろな知識を動員しながら取り組んでいく。そういうチームワークの場に大学はなり得るし、なるべきだと思います。

――例えば東京大学や岡山大学では、国連で採択されたＳＤＧｓ（持続可能な開発目標）を課題に、地方の現場に行き、社会人学生も一緒に最善策を導き出すプロジェクトがある。

吉見　国立大学は全国都道府県にあるため、地域と密着した社会実践を容易に行えるし、地域からもその役割を期待されているということなのでしょう。この状況は、リカレント教育にも有益でしょうね。

――加えて、日本の大学は複眼的な学びを基盤的体制として整備する必要があると説く。

吉見　学生を一つの学部、学科に閉じ込めて学ばせる時代はもう終わりました。例えば、アメリカの大学のメジャー・マイナー制やダブルメジャー制のように、日本でも工学部で情報工学を学ぶ学生が、同時に法学部で知的財産権を勉強するとしたら、すごく有益な人材が次々に生まれます。国立大学レベルの大学であれば、学生のポテンシャルは、学部を超えた複眼的な学びの仕組みを整えることで上がります。学部や学科の壁に大学は孔を穿ち、分野を超えた知的創造を実現していくべきだと思います。

――吉見教授は、大学や地域を超えた流動性にも将来性があると指摘する。

吉見　地方と東京の間の流動性も、国立大学システムという考え方を取り入れて仕組みを整備していくべきですね。例えば、国立大学の専任教員に採用されたら、三年から五年は自分の大学で仕事をして、次の一年は別の大学での教育に従事する循環を制度化する。その一年は教育以外の責任はすべて免除される。それから住居や生活に伴う諸負担は国がカバーする。ただし、国立大学ではサバティカルがちょっと形骸化していて、私などは今回、ハーバードに行くまで二三年間もサバティカルを取れなかったのですが、確実に三年から五年に一度、先生たちが経済的なマイナスなしに異なる地方の大学で教えていくようになれば、その地方の学生にとっても先生たちにとってもプラスだと思います。

――吉見教授は、『「文系学部廃止」の衝撃』の中で、日本の大学は「甲殻類」から「脊椎動物」に進化しなければならない、ということを主張している。

吉見　近代社会が直線の時代だとすれば、ポスト近代は多重らせん的な時代ですね。社会はもう同じ一方向に進んではいない。複雑化し、流動化し、多方向化していきます。現在の日本の最大の弱点は、この二一世紀世界の多元化に対応できていないことです。これを克服するには、多重で、循環的な教育の充実によってもっと多数の、多様な社会人も当たり前のように大学で学ぶようになっていくこと、複眼的な教育制度の導入によって学生たちが複数の専門を有機的に結びつけて学べるようにすること、ローカルにもグローバルにも流動性を拡大することでそれぞれの大学、学部が自分の大学、学部のことしか考えない状況を終わらせること、それに大学の学びを社会的な課題や実践と結び直していくこと、そのすべてが必要です。そして、これらの多様な課題の結び目が、実は一つ一つの授業科目自体なのです。

――吉見教授は、最後にそう断言した。

第10章 日本の大学の何が問題か

青木　保×吉見俊哉

なぜ東大は「三〇位」なのか

青木　『ロンドン・タイムズ』の「世界大学ランキング」最新版で、東大は三〇位でした。年々ランクが下がっているのですが、この評価をどうみますか？

吉見　一昨年［二〇一〇年］の二二位、昨年の二六位、そして今年の三〇位と落ちつづけていますね。だいたいアジアの大学は軒並み低く、アメリカの州立大学並みの位置に置かれている。しかし、研究により関心のある世界の専門家たちによる評価では、八位にランキングされています。この専門家の評価と統計データによる評価のギャップがどこからくるのかといえば、教育の質と国際化が大きいと思います。

青木　東大の研究者は優秀だけど、学生に対する教育がお粗末だと。

＊青木　保（あおき・たもつ）先生は、大阪大学、東京大学先端科学技術研究センター、政策研究大学院大学などの教授を務め、二〇〇七〜〇九年文化庁長官。対談時は、国立新美術館館長、青山学院大学特任教授。

吉見　ドメスティックで外に対して閉じているという、国際性の要素も大きいでしょうね。外国人教員も学部での留学生も少ないし、東大生が海外に出ることも稀。英語での発信力にも問題がありますから、考えていることの深さや知的能力に比べて、海外メディアや学術誌の引用は少ない。そういった諸々の要因が響いて、ランクが低下しているのではないでしょうか。

私はこういうランキングシステムが公正だとは全然思いません。英米の大学に有利な評価法になっていて、アジアの大学の実力が全般的に過小評価されている。ほかにも問題は山のようにある。ただし、不公正だから無意味だと批判したり無視したりしても状況は変わらない。問題含みであれ存在を認めたうえで、それでは日本の大学には何ができるのかを考える必要があります。

青木　しかし、アジアの大学関係者はこの評価に大変敏感ですよ。『ロンドン・タイムズ』のランキングが、英米型の大学に有利なのは確かですね。そもそも大学が社会のなかでどういう存在であるのかという点からして、そこには根本的な違いがあります。大学は、自国だけでなく様々な国や地域の学生や研究者が集い、専門知識があり教養があり芸術もある一つのコミュニティなんです。そのコミュニティが、地域にも開いている。東大は敷居が高くて、一般の人たちにはなかなか近づきにくい（笑）。

吉見　日本の大学が不幸なのは、東大や京大などの「旧帝大」が、かつての「帝国大学」モデルから完全に脱皮できていないことと、他方で私立大学が、高度成長期はもとより、一八歳人口が減少に向かってからも、経営論理からやみくもな増殖を続けてきたこと。さらに社会が大学入試にばかり夢中になって、大学教育の可能性には無関心でありつづけたこと。これらが大学全体の質の低下を招いてしまいました。

青木　帝国大学は、基本的には「国民国家大学」でした。国民国家の礎を築く人材育成が主たる目的だったわけです。それで成功もした。ところが、二一世紀には、もう国民国家内人材育成では通用しない。グローバルな形での発展を模索していかなければならないのに、まだ一九世紀を引きずっている。

吉見　そのとおりです。歴史を概観してみると、一二〜一三世紀に中世ヨーロッパで誕生した大学は、一六世紀に始まる近代の胎動のなかで、知的生産の中心から退き、いったん死を迎えます。それが一九世紀に入って、フンボルトのベルリン大学を嚆矢に華々しい復活を遂げるのですね。その背景にあったのは国民国家の勃興でした。ところが二一世紀初頭以降、世界で起こっているのが、ご指摘のような国民国家自身の退潮です。拠って立つ基盤が揺らいでいるのに、それにしがみついていても、大学の未来は開けないと私も思います。でも、次がなかなか見えてこないのも事実ですが。

専門学校では駄目か

青木　今のお話も踏まえて言うと、二一世紀に組織としての大学という器がはたして必要なのだろうかと。よい例ではないけどＩＴ革命によって、吉見教授の授業を自宅で受けることも可能になりました。

吉見　確かに、知識を仕入れるだけならば、わざわざ授業に出なくてもインターネットで検索すれば済む時代になりました。裏を返せば、知識を囲い込んで、それを単に伝授する装置としての大学の意味はなくなったのです。しかし、まったく不要な存在になったのか？　私は、それでも大学が必要な理由を指摘したいと思います。

それは、知識はエレメント（要素）ではないということです。知識は単独で存在するものではなく、別の知識とどのように結びつき、全体としてどんな構造体になっているのかというところにこそ、肝の部分があると思うのです。今の情報メディアは、そうした全体構造を習得しなくても必要な情報に行きつけてしまう。だから最後まで知の体系、システムを習得できないところに最大の問題があります。

例えば、天動説から地動説への転回というコペルニクス革命において、認識されていた個々のデータはほとんど変わりませんでした。しかし革命は、事実のつなぎ方を変えたのです。そうした知の体系間のダイナミズムを理解することが重要で、それを学ばせるのが、まさに大学の役割だと思います。

青木　知識と情報を区別する必要がありますね。今の学生は、溢れるほどの情報を持っている。でも、それをクオリティの高い知識に変換させるのは、ブリコラージュ的な大学での精練が必要だ。できれば の話ですが（笑）。

ただあえて言えば、おっしゃるような知識の構造も含めて、学生を教育するのは大学でなければいけないのか、と。高校を卒業して大学に入るというシステムで本当にいいのでしょうか？　例えば塾的な教育の場のほうが効率的ではないか。天才的な小学生を発掘したら、専門の高等教育機関に入れて積極的なチャンスを与えることはできないのか。いずれにせよ、二一世紀の今、何も大学に高等研究・教育を集約しないでもいいではないかという批判は、当然あるはずです。

吉見　たしかに、今、大学は死の瀬戸際なのかもしれません。さきほど、一六世紀に大学は一度死んだと言いました。その時と二一世紀の状況は、似ています。一六世紀に大学の知が空洞化したのは、一五世紀後半にグーテンベルクが印刷技術を発明したことも一因でした。突然、大量の書物が出回りはじめたことで、知識形成の基盤が一変したのです。知識を得て、構造化するためには、それまでは大学の先生のところに出向いて、直接習うしかありませんでした。ですから中世のヨーロッパでは、学生たちが知識を求めて都市から都市へ旅をした。それが印刷本の普及により、本を集めれば足りることになりました。知識を得る基本的な場が、大学ではなくなっていきます。事実、デカルトやホッブズからロックやヒューム、ルソーなどまで、一七～一八世紀の大学者たちは、いずれも大学教授ではなく、ほとんどが著述家です。

こうして大学が時代遅れになっていったとき、高等研究はどうするのだという問題が起こりました。そこで英仏の王室は、専門学校やアカデミーをつくった。その結果、基礎的な知は出版、高等研究はアカデミーや専門学校でやり、大学は単なる紳士養成所になってしまいました。同じように、二一世紀の大学も、単なる修士・博士養成所になってしまう危険性がある（笑）。

青木　紳士・淑女養成所は必要だと思うけど（笑）。今またＩＴ革命で、溢れる情報のなかから、どうやって本当に価値のある情報と知識を見つけるかという話になっている。

吉見　かつての印刷革命からぐるっと一周して、もう一つ次のフェーズに行くような、情報爆発が起きているわけですね。前回の情報爆発と並行して大学は一度死にました。では、また死ぬのでしょうか？　私自身は、それでも大学を殺してはならないと思います。

霞が関より官僚的な大学組織

青木　では次の問題に移ると、大学というところは本当に組織としてなっていないですね。文化庁に二年余務めてわかったのは、官僚組織より大学組織のほうがよほど官僚的だということです（笑）。とにかく、出される文書の数が半端ではない、次から次へいろんな委員会に出席を求められる、事務手続きは煩雑極まりない。中央官庁でもとっくに簡略化したような手続きの類を、いまだにやっている。

吉見　まったく同感です。東大は特にひどい。私もその渦中にいますので、痛いほどわかります（笑）。

青木　「タテ割り行政」が批判されるけど、大学のタテ割りはもっと有害です。「学部の自治」を錦の御旗に、一般の人には想像がつかないほど学部間に深い溝が刻まれているのですね。学問研究そのものは同じ文系の政治学と経済学だとかいうだけではなく、文系と理系の間でも、けっこう学際的なことをやっているにもかかわらず、何かを決めるとなると学部がすべてになってしまう。大学としての大方針を決めようとして学部長会議などを開いても、みんなが学部の利益優先だから、改革的で斬新なことは何も決まらない。

　さらに問題なのは、学生がいろいろなことを勉強したくて大学に入っても、基本的に他学部のカリキュラムを選択することができないことです。大学こそが学生の多面的に学ぶ意欲を削いでいると言われても仕方ない状況です。一、二年次には学部の壁を全部取り払って自由に授業を選択させ、そこで学んだことをもとに専攻を選ばせるというようなシステムが、私は望ましいと思うのだけど。

吉見　タテ割りの弊害は、この一〇〜二〇年、よりひどくなっていると思います。背景には、一九九〇年代以降の「大学改革」、大学設置基準の大綱化に伴う教養部の解体、大学院重点化、国立大学の法人化という、三つの政策的な要因があります。規制緩和を進めたはずが、むしろ内部的には規制が強化された。

　この過程で大きかったのは、日本経済が収縮し、一八歳人口も減少するなど、大学を支えるパイが小さくなっていったことですね。右肩上がりの時代には、みなさんけっこう鷹揚で、おもしろいこと、脱領域的なことをやってみようという雰囲気がありました。ところが環境が厳しくなってくると、それぞれが自分の縄張りを守ろうとし、学生も教師もどんどん実利ばかりを意識しはじめた。関心が組織の内側に向かい、壁を厚くして現状を維持することに汲々とするようになりました。自由化、市場原理導入により進んだのは、皮肉にもタテ割りの固定化、いっそうの強化だったのではないでしょうか。

「教養」軽視のツケ

青木　今のお話のなかで、教養部の解体という指摘がありました。ここで問題としたいのは、まさにその点です。全学が等しく受けられるような教養の授業が、日本の大学から消えつつあります。そうなると、その大学に特有の文化が育たなくなるんですね。これはけっこう重大な問題だと私は思っています。

そもそも大学改革云々以前に、日本の大学は教養教育を軽視していました。クオリティの高い教養科目を、本当のオーソリティが教えるといった状況にはなっていなかったんですね。大学に入って初めて受けた授業で今までになかった新しい世界が開けた、なんていう感動を与えることもできない。でも大学とは、本来そういう場でなくてはいけないはずです。

吉見　まさに根幹のお話だと思います。一八世紀末、カントは、大学の根本は、専門知と哲学、あるいはリベラルアーツの対抗的複合であるということを言いました。今でも正鵠を射ていると私は思います。リベラルアーツとは、神学、法学、医学という専門知のほかに大学に設けられた、文法学、論理学、天文学、音楽などの「自由七科」のこと。中世からの大学で、学生たちは専門と同時にこれらを学んだわけです。

さきほどの第一の問題、つまりなぜ大学が必要かという問いかけの答えの一つはここにあるわけで、要するに専門知をより早く効率的に叩き込むだけだったら、大学はいらない。専門学校で十分なんですよ。大学の価値は、やはり基盤のリベラルな知の上にあるのであって、このリベラルな知の空間を二一世紀、いかに創造的にアップグレードするかが重要ですね。

青木　数年前、ＭＩＴ（マサチューセッツ工科大学）の大学院に留学した息子を持つ親御さんと話す機会があったのですが、どんな専攻にも芸術科目が必修で、子どもが参っていると言うんですよ。ピアノやデッサンをやらされるのだと。でもそれは、学問の発明や発見には、クリエイティブな力をつけることが重要だ、それには芸術系の実作訓練をさせるのがよいという、ＭＩＴの研究戦略なんですね。アジアでもそういうことに気づきはじめた大学はあって、例えばシンガポール国立大学は音楽をはじめとする芸術系の学部を新設し、劇場や美術館まで備えています。東京大学には映画批評家の総長もいたのに劇場一つない。藝大ではない総合大学に芸術系センターがあって、何らかの形で学生がその息吹に具体的に触れられる環境が必要だと思うのですが。

吉見　私が大学で学んだ一九七〇年代ぐらいまでは、サークルとか部活動とか学生運動だとかの「課外授業」が活発でした。一般教養的なところをそういった学業以外の活動が担っていた面は、確かにあったと思うのです。私自身、演劇に没頭して、教室よりも駒場小劇場で仲間と稽古している時間のほうが長かったくらいなんですが、そのことが後の人生にどれほど肥やしになったことか。残念ながら、今は学内外にそういった文化的余裕がなくなってしまった。そうである以上、おっしゃるような芸術、文化のコモンズのようなものを、学内に意識的につくっていく必要がありますね。

青木　現実には、専門知識と教養の融合によって文化による人間的な成長を図るといった機能が、日本の大学からどんどん失われている。融合どころか、さきほどの話のようにむしろタテ割りを強化して、知識を分割する方向に進んでいます。

吉見　それは、大学の自己否定以外の何ものでもないと思うのです。

青木　ところが、そういう認識を持つ大学も教師も本当に少ない。それがまた悩ましいところですね。

日本の大学は「一年制」

吉見　由々しき事態は、学生の間にも広がっています。東大では、毎年「学生生活実態調査」という意識調査を実施するのですが、最近顕著な傾向は、学生たちの東大の教育に対する満足度がどんどん上がっていることです。

青木　上がっているの？　授業で新しい世界が開けたというような感動もないのに（笑）。

吉見　「あなたは、どうしても東大に入りたいと思いましたか？」という問いに、「はい」と答える学生の割合も上がっている。ところが、「何を勉強したいか、決まっていましたか？」には、「いいえ」が増えているんです。要するに、受験競争に勝ち抜いて、東大に入ったことそれ自体で満足。

青木　東大ならいいなんて、実に貧しいなあ（笑）。教育の中身は問わない。それは確かに由々しき事態ですね。

吉見　競争はそれで終わりではなくて、専門を決める三年次にどの学科に入れるか、さらにはどの企業に就職できるかをめぐり、同じ競争が繰り返されることになります。競争に勝ったという自己満足を得ることが大学生活の意味ではなくて、「何を学んだのか」がはるかに重要なのに、もったいない。

ただ学生にとってみれば、無理のない面もあります。今の大学は、「何を学んだのか」を軸にキャリアパスを描ける仕組みになっていません。本来ならば、大学は何を学ばせたいのか、その結果どんな将来が開けるのか、別の選択をしたらどうなのか、という可能性を指し示してあげないといけない。

青木　まったく同感です。と同時に、それを困難にしている外的要因にも目を向ける必要がありますね。今のお話にも出た「就活」（就職活動）の問題です。日本経団連は「三年次の一二月から解禁」と言っていますけれど、本来「四年次の一二月から」が筋でしょう。しかも現実には、そのルールさえ有名無実で、一般的に見て学生は三年生になったとたんにそわそわしはじめて、夏ごろにはリクルートスーツを着て大学に現れる（笑）。そんなこんなで、三年次の教育はほとんど実質的な実体をなさない。就職先が決まった四年生はもう大学での学習に関心がない。これなら四年制は要らない、二年制で十分じゃないかという話です。

吉見　ちょっと誇張しすぎかもしれませんが、日本の大学は実質「一年制」なのですね。受験勉強の反動で、一年次は遊ぶ。二年生になって何かを勉強しようという気持ちになるものの、三年生になるとご指摘のような状態です。受験競争と「就活」競争の狭間で、ちょっとだけ勉強する。

青木　企業の〝青田買い〟が一番問題なのだけど、それに「応じて」いる大学も情けない。もっと大学独自の空間と時間をちゃんとつくって、学生を入れた以上は四年間きっちり教育し、専門知識のほかに外国語は二カ国語ぐらいペラペラといった人材に育て上げたうえで社会に出します、というくらいでないと、四年制の意味はないですよ。

吉見　理想は「入り口管理」ではなく、「出口管理」。入試で厳選して「九割卒業」させるのではなく、大学の要求するレベルに達していない者は卒業させない仕組みですね。ただそれも、日本の現状では実現は難しい。それならば、最低限の「質保証」はすべきだと思います。まさに我々自身の問題ですが、成績のつけ方が甘い（笑）。学生も、当然「優しい」先生のところに集まります。成績の標準化がまったくできていないのは、やはり問題です。

利点の多い「九月入学」

青木　大学をめぐる話題と言えば、入学の時期を四月から九月に移動させようという議論が始まっています。米英をはじめとする「国際標準」に合わせることで留学生の交換などを促進し、大学の国際化に結びつけるのが目的というのですが、私はそれ以外にもメリットがあると思っているのです。例えば、さきほど話題に上った「就活」。九月入学ならば卒業は六月頃だから、新入社員の入社は九月にしてもらい、その間の数カ月で就職を決める。採用する側も四年間の教育の成果をじっくりと吟味して決める。こういうスタイルが、がんばれば確立できるかもしれない。いわゆる「ギャップイヤー」をうまく位置づけられる可能性もある。

吉見　ご承知のように濱田純一総長のイニシアティブで、東大は現在、なるべく早い時期に九月入学に完全移行させる方向で、具体的な検討に入っています。

青木　それは新入生全員ですか？

吉見　そうです。これは東大のことだけを考えて、秋入学を実行しようとしているのではありません。日本の大学、教育、社会全体の利益に鑑みて、率先してやるべきだということですね。東大は、今の国民国家に閉じられたシステムのなかでは頂点に立っています。グローバルな競争に放り込まれることが、必ずしも得かどうかはわかりません。しかし、いつかは決断せざるをえなくなる。ならば、他から強制されるのを待つのではなく、自分たちから手を上げるべきだということです。

青木　現実には東大が実行すれば、日本の大学全体がいずれ変わると思います。本来、東大はもっとあらゆる面での改革モデルを示さなければならないはずです。

吉見　おっしゃるように、ギャップイヤーは使いようで大きなメリットを生むでしょうね。ただ、これには反対意見もありますね。実現すれば、大学入学前と卒業後に半年ずつの「隙間」ができます。この「隙間」をうまく生かし、高校と大学、大学と企業の接続の仕方を、新たに組み立て直すという構想ですね。少なくとも、今の四月入学のままで、一五週のセメスター制で学期を運営すれば、学生はどうやっても夏に海外のプログラムに参加することができません。日本の大学はますますガラパゴス化します。

青木　様々な面で、脱皮の契機になる可能性は秘めていますね。

吉見　さらに言えば、一九四九年の新制大学発足以来、日本は頑なに教育を「六・三・三・四制」に一元化し、それを堅持してきました。大学に関しては学部四年、修士課程二年、博士課程三年。これを機に、果たしてそういう硬直化したシステムのままでいいのか、中等教育も含めて最もいい教育とは何かという視点から、制度全体を見直してみるべきではないでしょうか。

「複線化」を目指せ

青木　「九月入学」には起爆剤の役割を期待するとして、真の大学改革を軌道に乗せるためには、やはり戦略が必要です。ずっと話題になっているタテ割り組織ですが、再構築に向けた妙案はありますか？

吉見　私は、あの強固なタテ割りを壊すのは無理だと思います。どんなに理想を語っても、守りを固めた組織には届かない。だから、とりあえずそこをドラスティックにいじるのはやめて、大学教育の「複線化」を目指すべきだと思います。つまり、一つの専門だけではなくて、もう一つ別の分野をできるだけ学ばせるようにするのです。そもそもこれだけ社会が流動化し、知のあり方も目まぐるしく変化しているなかで、昔ながらの単線的な枠組みだけで対応できるわけがありません。例えば、一〇の学部があるとします。二つを学ぶようにすれば、順列組み合わせで、四五とおりの選択肢が生まれる。一つの専門だけを履修するのに比べ、それだけ学びの可能性が広がる。総合大学ならそれができます。

青木　「ユニバーシティ」の強みですね。でも、現状では全然それを生かそうとしていない。

吉見　また東大の話で恐縮ですが、私たちは今、教育の仕組みのなかに「縦糸と横糸」を通す試みをしています。横糸からお話しすると、信じがたいことに、東大は学部ごとに始業時間が八時半だったり八時四〇分だったり、バラバラ。授業も九〇分あり一〇〇分あり。これではあんまりだということで、ようやく二〇一二年度から、時間割が統一されることになりました。何を今ごろ、という感じでしょうが。

他方、縦糸で大切なのは、入学から卒業までの学びの軌跡を連続化し、未来に向けてもっと見通しのよいものにすることです。単に就職のためではなく、「大学で何を学んだのか」を軸に、学生たちが自分の人生ヴィジョンを描ける仕組みをつくるべきだと思います。

事務の問題もありますね。これがまた強固なタテ割りで、セクション間の自由な連携が難しい。

青木　大学の事務局は、非常に曖昧な存在なんですね。学生や研究者はその大学に入りたくて来るわけですが、これまでの一般的な事務職員はそうしたモチベーションはあまりない。大学の事務にとってどんな知識が必要で何をやるべきなのか、それは実際曖昧です。やっぱり教職員一同で大学をもり立てようとしないと、内容の充実も発展も望めませんし、組織としても破綻する。

吉見　ただ、法人化以降、大学採用を増やしたので、若いいい人材が出てきました。彼らをきちんと育てる仕組みをどうつくるかが、今後、ますます大切です。

日本の有利さを生かせ

青木　けっきょく最初の話に戻ってしまうのですが、明治には近代日本をつくるための人間を、戦後は復興、経済成長を担うような人材を育成するという、大学の使命がありました。しかし、今は目的も使命も明確ではなくなっています。加えて、欧米の大学はギリシャ、ローマの伝統やキリスト教の伝統といった文化と知識の存立基盤がはっきりしているのに対して、日本の大学は拠って立つ知識の伝統も曖昧です。だから教養といっても、具体的にどんな科目を持ってきたらいいのかも、実はよくわからない。

私見を述べさせてもらえば、例えばアジアの文化伝統、『古事記』以来の日本文化、儒教や仏教、イスラームなどの宗教思想、それに近代アジアの思想などについても教養として教える。国際環境が変わって、今やアジアが世界のGDPの四割以上を占めるというのに、日本の大学生は中国やアジアのことをほとんど知りません。いや日本のことすら知識として与えられていない。

吉見　今求められる教養、リベラルアーツが何かは、二〇世紀後半からずっと課題の「古くて新しい問い」だと思うのです。一九四九年に東大教養学部ができたとき、当時の南原繁総長は教養学部の最重要の使命は「古典的教養を教えること」ではないとの趣旨の式辞を述べました。念頭にあったのは、理系と文系のインタラクション、すなわち急速な進歩を遂げる科学技術と、文化的知をつなぐことでした。「文理の対話」こそ東大の一般教養と考えるその基本テーゼは、科学技術がますます高度化、先端化する現代においても、やはり変わらず正しいと思います。

それから、おっしゃるようにアジアを学ぶことは重要です。単に知識として取り入れるだけではなくて、いずれは米国に対抗できる高度な知的基盤を東アジアにつくっていくような構想を持たないと、日本の大学は門戸開放した途端に空洞化してしまうかもしれません。アジアとの協働を実現するためには、日本のトップレベルの若者たちが、中国や韓国のトップレベルといっしょに何かをやろうというマインドを持つ必要があります。英語力をつけ、心をアジアに向かって開くようになれば、それは可能なはずです。

青木　日本の大学には、アジアとの同時代感覚が、あまりにもなさすぎましたからね。決して批判ばかりするわけでもありませんが、欧米ばかりに目が行って、近隣の人々が何を考えているのかにほとんど関心を払ってきませんでした。しかし、繰り返しになりますが、環境は変わって、今やアジアに出て行かないと商売にならない。「アメリカで通用しないと世界で役に立たない」のではなく、「アジアで通用すれば、どこでも通用する」時代なんですよ。そういう認識を、ぜひ持ってもらいたいですね。

さんざん悪口めいたことを言いましたけれど、日本の大学は、アジアのなかでは有利なポジションにあります。安定的なステータスを維持しているし、何よりも言論の自由、研究の自由が保障されている。実は、アジアのなかでは例外的な存在でもあるのです。私自身は日本の大学で育てられたことを誇りにも思っています。制度は決して良いとは思いませんが、大学で教えを受けた三人の先生は世界の他のどこにもいないすばらしい方でした。感謝しています。

吉見　東大の大学院情報学環では、一五年ほど前から、ソウル大学と学生たちのワークショップをやっています。ソウル大の学生たちは、東大の学生が何を考え、どんな勉強をしているのかに、とても興味を持つんですね。ただ、「まだ興味を持ってくれている」と言ったほうが正確かもしれません。

青木　毎年アジア各地の大学へ行くとアジアの大学がめきめき力をつけてきたことを肌で感じます。そのうち野心的で優秀な日本の高校生が「東大と北京大学に行くのと、どちらが自分の将来に多くのチャンスを与えてくれるだろう」と考えるようになるかもしれない。

吉見　それこそ本当の国際競争で、悪いことではありません。日本の学生に選ばれなくなって初めて、日本の大学は慌てるのではないでしょうか。研究のレベルが高いだけでは駄目で、新しさと深さを内包したしっかりした教育システムの構築が不可欠なのだと。

青木　相互乗入で、日本もアジアの学生も選択肢が増える。お互いを理解するためにもいいことですね。

吉見　そのとき、日本の大学の強さとは何か、欧米の大学にはできないけれども日本とアジアからなら提供できるものは何なのかが、あぶり出されてくるはずです。

第11章

文系学部解体—大学の未来

室井　尚×吉見俊哉

役に立つ／立たない

室井　吉見さんは今年［二〇一六年］の二月、『「文系学部廃止」の衝撃』（集英社新書）を刊行されました。五年前の二〇一一年には、『大学とは何か』（岩波新書）という大学論も出されています。今日は『「文系学部廃止」の衝撃』について、前著にも絡めて、お話をうかがいたいと思います。昨年『文系学部解体』（角川新書）を刊行して、この手の本としては評判になり四刷までいきました。ただ、大学問題については、社会がそれほど関心を持っているとは思えない。また大学の中にいる人たちが、自らの考えを外に向けて発信したり議論したりする場も、ほとんどない状態です。だから大学で一緒に働いている仲間の先生方や職員の人たち、それから何よりも、当事者である学生とも問題を共有したかった。そんな思いもあって、

＊室井　尚（むろい・ひさし）先生は、対談時横浜国立大学教育人間科学部・都市イノベーション研究院教授。著書『文系学部解体』（KADOKAWA、二〇一五）が本対談の契機のひとつとなった。

学内で連続討議を開こうと思ったわけです。

文系学部が抱える問題については、吉見さんと僕の本が同時期に刊行されたことによって、以前よりも社会的な関心は広がっていると思います。一見するとふたつの本は、対立するような中身を含んでいます。一番大きな違いは、僕は、文系の学問は、いわゆる「役に立つ」ものではないけれど価値がある、これを潰しちゃいけないと主張している。それに対して吉見さんは、文系の学問は「役に立つ」ということを強調されていて、そこから議論をはじめなければいけないとおっしゃっています。これが見かけ上の対立であり、ふたりの主張が、本当に喧嘩をしなきゃいけないような対立であるのかどうか。ここが今日の討議で明らかになると思います。では、文科省による大学政策の現状について、それから来るべき新しい文系のあり方について、吉見さんの本に合わせて議論していくことにします。

吉見　室井さんの教え子、横浜国立大学大学院修士課程二年の野口直樹君がWEBで、「三〇秒でわかる『「文系学部廃止」の衝撃』?」というコラムを書いてくれています。素晴らしい要約で、感動しました。タイトルを最初見た時は、「三〇秒でわかってたまるか」と思ったんですが(笑)、次の三つの要約を読んで納得しました。〈(一)二〇一五年に話題を呼んだ「文系学部廃止」はマスコミが誇大に解釈した論だが、廃止も検討に入れた文系学部の縮小は以前から「ミッションの再定義」として存在、(二)吉見先生のスタンス→文系学部は既存の価値を見直すという意味で「役に立つ」、(三)じゃあ文系学部を復活させるためのアイデアは?→一・文理問わず専門科目二つ履修する「宮本武蔵の二刀流戦略」二・一八歳、三〇代前半、六〇歳前の三回大学に入る〉。私が本で書いたことは、大体この三点に尽きます。しかし今日の議論のために、野口君がまとめてくれた要約を、私の言葉で敷衍しておきたいと思います。

室井さんと私の本では、ほぼ認識が同じ点と、ちょっと違う点と両方ありますので、そこを最初に確認しておきます。まずメディアの報道に対する認識はかなり一致している。室井さんの本から引用します。「メディアの人たちは問題の本質をまったく把握しておらず、表層的な対立構造に単純化して、単に政府の政策に反対して憤っている大学教授の声が欲しいだけだったからである。電話やメールで話した担当者たちは、だれもこの数十年間の大学改革の歴史やここに至る改革についての知識をまったく持っておらず、またそれらに関心すらも持っていなかった」（六―七頁）。こう言って、室井さんは怒っている。この怒りは、私も共有していますし、メディアの認識についての評価には違いはあまりないと思います。

二番目。「私以外の総合芸術課程の授業科目は、従来の教員養成課程の美術教育、音楽教育の教員が科目を担当していた。……九五年前後、横浜国立大学の教育学部では教員就職率がさらに下がり、全国でもワースト三に入るようになってきていた。一方で、新課程の教養系の人気がどんどん上がっており、これを放置することができないという気運が学内的にも高まった」（三七―三九頁）。その結果、新しい課程を、横浜国大では作ることになった。要するに、国語や算数、理科といった五科目の教員養成系の外側に置かれていた、芸術系・創造系の課程を逆転させる形で新課程を作っていく。これによって新課程自身が力をつけていった。だからこそ、そちらの方向をもっと伸ばしていけばいいと、私も思います。

三番目ですが、次のような感覚も室井さんと私は共有しています。引用します。「国家権力が押し付ける『目標』を六年で達成することにのみ各大学を追い込む独立法人化以降の大学政策は、全体主義的以外の何ものでもなく、実際に国立大学はそれ以来すっかり『ソビエト化』されてしまっている」（六八頁）。つまりネオリベ的政策で大学を市場化したはずなのに、実際はソビエト化だった。この矛盾について、室井さんは怒っている。市場化がいいとは全然思いませんが、市場化するならちゃんと市場化しろという思いは、私も持っています。市場化したと思ったら、実は大学がどんどんソビエト化・官僚主義体制化されてしまった。ここは非常におかしい。その感覚を共有しています。

では、室井さんと考えが違う点はどこか。ふたつあるのではないか。ひとつは「文理融合」と言われているものの現状と可能性についての評価。ここは少し違うと思います。それから「役に立つ」という言葉の解釈が少し違う。私は現在、東京大学情報学環の教員ですから、その立場から申し上げます。室井さんの本の中で、次のように書かれています。「東京大学の『情報学環』をはじめとして、各地で『文理融合型』の学部や大学院も無数に作られたが、これらもまったくうまく行っていない。全部、文科省やあるいは政界などのテコ入れで作られたものだが、どこもかしこも破綻している」（七四―七五頁）。当事者として申し上げますが、この情報学環に対する評価は、私は違うと思います。これが第一です。「文理融合」とひと口に言っても、失敗したところと成功したところ、あるいは可能性を残しているところと、いろいろあります。それを一括りにして評価することはできないと、私は思っています。

もうひとつ。「役に立つ」という言葉の理解について。室井さんはこう書かれている。「私はここで、『いや、人文科学は役に立つのだ』という話をしたいわけではない。……（文科省は）最初から『どうせ、そんなことを勉強しても現実には役に立たないでしょう』と思っているからであって、それに対して『いや、こんなに役に立ちます』といくら正攻法で行ったところで無駄なのである」（一〇七―一〇八頁）。私は、無駄ではないと思っています。正攻法で「人文科学は役に立つ」と言っていくべきだという立場です。

人文社会系の学問の根本

吉見　以上、室井さんと私のあいだにある、考え方の共通点と違いを整理しました。ここからはもう少し、私が申し上げたいポイントについて、詳しくお話ししていきたいと思います。メディアの報道に関しては、室井さんと私はほぼ同じ認識を持っていると、最初に申し上げました。文系学部廃止・縮小について、去年の夏、いろいろな報道がありました。次第に報道がエスカレートしていったのですが、なぜエスカレートしていったのか。「人文系学部VS国家」あるいは「人文系学部VS産業界」といった構図をマスコミは強調したいがために、文科省が突然とんでもない政策を打ち出したという図式で報道が過激化していったと思います。このメディア報道に乗せられて、経団連まで文科省批判を始める一幕もあった。

しかし、問題の通知の話は、去年はじめて出たのではない。まったく同じ内容が、一年前の八月四日にも出ています。あの時は、世の中からなんの反応もなかった。それが去年大騒ぎになったのは、安保関連法案が国会で強行採決され、新国立競技場が問題になり、下村文科大臣の「日の丸・君が代」発言（大学の入学式において、日の丸掲揚と君が代斉唱を求めるもの）もあり、マスコミは文科省批判のネタを手ぐすねをひいて探していた。そういう流れの中で、文系学部に関する通知が再びなされ、マスコミは大喜びで飛びついたわけです。しかし、二〇〇〇年代初頭、国立大学法人化の頃から、同じ話はずっと出ている。この十数年の流れの中で廃止・縮小問題を考えなければ、何も見えないのです。

国立大学法人化後の大学の変化について申し上げておくと、すでに数値的にもはっきり出ています。人文系の教員数は、私立大学では七〜八％増えている。逆に国立大学では、一〇％以上減っている。大学再編の中で文系の中心が国立大学から私立に徐々に移っている。

私が本で書いたことを、もう少し話します。十数年にわたって出されてきた大学改革の政策は、主に理系中心に考えられたものだった。特に資金力やイノベーション力、グローバル対応といったテーマで、大学改革が理系を中心に進められてきました。この二〇年近いスパンで見ないと、現在の問題はまったく見えてこない。ここも室井さんと共有している認識だと思います。

その上で、私が本の中で一貫して強調しているのは、こういうことです。そもそも国家の政策云々以前に、私たち自身の中に、「理系は役に立つけれど、文系は役に立たない」という通念があるんじゃないか。だから去年、社会が文科省を叩いた時も、「そこまではっきり言うな」という形で叩いた。でも本当は、子どもを持つ両親が、自分の子どもが理系にいくか文系にいくかという選択を迫られたら、理系の方が就職にも有利だし、役に立つんだからと、子どもに向かって言ってしまうのではないか。そういう通念を、我々自身が持っていると、私は考えています。それが一番の問題です。しかも、そういう状況を変えていくための処方箋、あるいは未来のビジョンを、文科省もマスコミも大学自体も示していないのではないか。これが私の問題提起です。

私が一番言いたいのは、「文系は絶対に役に立つ」ということです。このことを考える上では、寺脇研さんと広田照幸さんの議論が参考になります（『週刊金曜日』二〇一五年八月二一日号）。寺脇さんはこう言っています。「私自身、はっきり断言しますよ。『私が大学で教えている漫画論や映画論なんて、何の役にも立っていません』と。『経済効果』なんていうのも、『関係ありません』って。同じことを、全国の大学の先生が言うべきです」。それに対して広田さんが応えています。「大学が『経済』の道具ではない、というのはまったくその通りですよ。私が言いたいのは、人文・社会系に『経済効果』を求めるのはおかしいが、短期的には別として、長期的には、そうした『効果』はちゃんとあるんだと」。

私は、広田さんの立場に近い。長いスパンで見れば、人文社会科学はちゃんと効果があるし、そのことを示すべきである。それは、決して国家や産業のために役に立つという意味ではない。歴史的に見ると、中世の大学で一番役に立つと考えられていたのは神学です。医学よりも法学よりも、何よりも神学が役に立つと考えられていた。神様のために役に立つことが、もっとも大事だと思われていたからです。役に立つということは、人類のためとか、地球社会のためとか、いろいろな次元がある。そこを人文社会科学は捨てるべきではない、理系だけに任せるべきではないと、私は思っています。

そもそも役に立つとはどういうことなのか。私なりに考えると、ふたつあります。ひとつは手段的有用性で、ある目的に対する手段として役に立つことです。これが多くの人が普通に考えている「役に立つ」の意味だと思います。たとえば東京から大阪までもっとも早くいくにはどうするか。地球から月にもっとも安全にいくためにはどうするか。その目的を達成するために役立つ技術が開発された。

しかしもうひとつ、目的や価値を創出する、価値創造的な役立ちというものがあります。第一の意味、つまり手段的有用性は、その目的が価値を失ってしまったら、途端に役に立たなくなる。一九六〇年代の日本を考えてみればいい。「より速く、より大量に、より効率的に」ものを生産する。そのことを追求して、日本社会は高度成長を成し遂げた。それが社会にとっての価値だと、多くの人が思っていたわけです。でも二〇一〇年代の今、それが第一の価値だとは、私たちは思っていない。世の中でこれが一番の価値だと信じている目標なんて、三〇年、五〇年という単位で見ると、必ず変わるものなんです。

それならば、そうした価値をどう変えていけるのか、その変化を先導していける知が必要です。そこで文系の学問が不可欠になってくるわけです。人文社会系の学問は、三〇年、五〇年という長いスパンで物事を考える学問であり、文化的・社会的に異なる様々な価値観が、お互いを理解していくことがいかに可能か、そのことをずっと考えてきた。複数の価値と価値とのあいだにある違いや、ある価値からまた別の価値への変化を、人文社会系の学問はずっと分析してきた。

理系の学問は、どちらかと言うと、目的がはっきりしていることが多いのではないかと、私は思います。しかし、手段的な有用性だけでは、未来の価値を作り出すことはできない。長いスパンで役に立つ文系の知は、価値の転換をリードしたり、価値の転換そのものについて考えていく。現在私たちが当たり前だと思っている目的を疑ってかかり、自明な価値観を相対化し、内側から突き崩していく。そのような知が必要だと、私は思います。新しい価値や新しい社会を作っていくため、長い射程で文系の知は必要なのだと思います。そのことを我々は強調すべきです。実際、こんなことは人文社会科学系の学問にとって当たり前のことで、そもそも一九世紀からそうやって人文社会科学は成立してきたのです。

哲学という知

吉見　しかし、元々は、文系理系の区別なんてなかったんですね。たとえば中世のリベラルアーツは、自由七科といって、文法学・論理学・修辞学・代数学・幾何学・天文学・音楽から成り立っていました。このうち、文法学と論理学と修辞学はやや文系に近いけれども、代数学と幾何学と天文学は、今日で言うと理系です。音楽は芸術系ですね。全部含めてリベラルアーツです。だからリベラルアーツが文系ということはない。この概念がやがて哲学の概念になっていきますから、哲学者のライプニッツやデカルトは数学者でもあった。哲学という知は、文系理系の両方にまたがっていたわけです。

「文系」という区分が明確に出てくるのは、産業革命以後のことです。社会の大きな変化の中で、人文社会科学は、自然科学と違うアイデンティティを確立していった。というのは、産業革命以後、自然科学の爆発的な発展があり、理工学系分野のボリュームが非常に大きくなっていく。その時に、人文社会科学のアイデンティティは何かを、いろんな人が考えはじめる。そこで価値の問題が出て来たんですね。典型的なのは、マックス・ウェーバーです。価値というものは、単に目的手段連関の中で出て来るのではない。ウェーバー的に言えば、目的合理的な行為と価値合理的な行為は違う。ウェーバーが『プロテスタンティズムの倫理と資本主義の精神』の中で言っているのは、次のようなことです。元々プロテスタントの人たちは、神への奉仕、つまり価値合理的な行為として禁欲をした。けれども結果的に、資本主義という巨大な目的合理的なシステムを生み出した。それが目的手段連関でどんどん回るようになり、近代社会は価値を空洞化していく傾向を持つようになった。

しかし、それでも人文社会科学は、価値とは何かを考えつづけていく。二〇世紀を通じて人文社会科学は、いろんな流れがあったけれども、一貫して文化や価値、言葉、そういう目的と手段の連関だけには留まらない問題を考えつづけてきたのです。このことを今、もう一度思い起こさなければならない。ですから、単に学問内在的に意味があるというだけではなく、新しい価値や目的を創造するために、人文社会科学が不可欠なんだと、私は思っています。

最後に、今後大学はどのような方向に向かっていくべきなのか、私なりの考えを二点ほど言っておきます。ポイントはこうです。比喩的に言えば、大学は「甲殻類から脊椎動物に進化すべき」です。カニやエビといった甲殻類は、殻で囲まれている。大学の場合も同様で、殻に囲まれている。入学試験がすごく大変で、大学に入る時の壁がある。学部と学部の壁も厚く、それを越えることが難しい。この殻（壁）を維持しつづけることが、しばしば自己目的化している。単純に取り除いてしまったら、自分たちは「ナメクジ」になってしまうと、みなさん怖れるのです。塩をかけられたら終わりです。そこで、ナメクジウオになろうというのが、私の考えです。ナメクジウオは人類の祖先とも言われるもので、原始的な脊索動物のひとつです。これが進化すると脊椎動物になり、人間になっていく。ナメクジウオがナメクジと何が違うのかと言うと、頭から尾まで「脊索」という背骨のような組織が通っていることです。そのことを大学に当てはめてみると、どうなるか。大学の殻が今後壊れて、いろいろな壁が取り払われた時に、神経を通す必要があります。大学の縦と横に神経系を通し、組織がぐしゃぐしゃになるのを防いでいく。いずれ壁が壊れた時に、縦の軸と横の軸をどうやって通していくか。これがとても大切な課題です。

その課題を考える時に出て来るのが、ひとつは宮本武蔵の「二刀流」です。もうひとつが、「人生で三回大学に入る」ことですね。前者は、ふたつの専門をやる。その組み合わせで大学の学びを考えていく。これが「二刀流」ということです。たとえばコンピューターサイエンスと法学の知的財産法を一緒に学ぶのでもいいし、環境科学と中国の歴史でもいい。あるいは医療系と哲学とか、ふたつを専門に取れる仕組みを、大学の中に入れていくべきだと思います。

また、今の普通の仕組みでは、高校卒業後大学に入学し、就活があって社会人になる。いわば高校と社会のあいだの、ある種の通過儀礼として大学があるわけです。しかし大学は、そうした通過儀礼的な装置じゃなくて、人生やキャリアの転換期において重要な役割を果たしていく。その仕組みを作っていくことが大切です。つまり三〇代前半、会社に就職して一〇年ぐらい経つと、その現場で、自分にできることが大体わかってくる。そのまま会社に残って、係長から課長、部長になるのか、それとも違う分野に転換するのか。このことを決める時期が、三〇代前半だと思います。そこでもう一回大学に入り直す。三回目は定年後、六〇歳前後に再度入学する。今の時代、七五～八〇歳になっても、皆さん元気ですよね。そうすると、定年後一五年、二〇年、別の人生が待っている。その時に、この十数年を老後と考えるのではなく、もう一回、本気で何かに向かってみる。もう一つの人生に全力で向かっていく転換期として、大学は機能できるということです。以上で、ひとまず私の話を終わります。

人文系の学問は、役に立つか立たないか

室井　本を書いている時には、まさか東大の元情報学環長を迎えて、こうやって対話するとは思っていませんから、僕が書いたことは、情報学環を守ってきた吉見さんにとっては、大変腹立たしいことだったと思います。すみませんでした。ただ、言い訳をするつもりはありませんが、個別に情報学環を批判するのが目的ではなくて、単に文理融合で学科を作ればいいという方針に腹が立っていたんですね。横浜国大にも環境情報研究院や都市イノベーション学府があって、これは文理融合で作られたものです。内部にいる

とよくわかりますが、なかなか難しい問題を抱えている。もちろん文系だけで集まれば組織がうまくいくかというと、必ずしもそうではない。しかし理系と組めば文系も役に立つことができるみたいな図式の中で、文理融合を作らされるのはよくないと、僕は思うんですね。

吉見　それは同感です。文理融合で作ってうまくいく時もあれば、いかない時もある。室井さんがおっしゃったように、文系と文系で、ふたつの組織が合併したとしても同じことです。それぞれなかなか難しい。市町村合併や会社の合併だって、成功する時もあれば、失敗する時もある。大学の組織の合併にしても、カルチャーの違うものが一緒になって、いつもうまくいくとは限らない。文と文でも文理でも、組織を繋ぐ時の繋ぎ目をどう作るか、設計の難しさはあると思います。それから合併の場合、ボリュームが極端に違うふたつの学科では駄目なんですよね。情報学環は、理系と文系の教員の数がほとんど同じという構造を、人工的に作った上での合併でした。

室井　学生定員はどうですか。

吉見　文系の方が多いです。文理の教員の数がほぼ同じだと、文系の先生のほうがよくしゃべる傾向がありますよね。だからそれを加算して、「理系六：文系四」の比率ならば、ある程度、バランスがとれる。「理系八：文系二」になってしまうと、文理融合は難しいですね。

室井　名古屋大学や横浜国大の場合がそうですが、文理融合の学部を作ると、一般的には理系の人のほうが多くなりますよね。

吉見　人数が少し多いぐらいならいいと思いますが、バランスは重要だと思いますね。

室井　話題を次に進めますが、これが今日の討議のメインのテーマになると思います。なかなか厄介な話語でどんな言葉を想定されますか。

で、人文系の学問は「役に立つか・立たないか」という問題です。「役に立つ」という時、吉見さんは英語でどんな言葉を想定されますか。

吉見　ユースフルだと狭すぎますよね。プラクティカル、エフェクティブ、ヘルプフル、プロダクティブ、クリエイティブ、バリュアブル、でもやっぱりユースフルという含意は残りますね。

室井　そうした語彙を、みんな含んでいる感じですかね。「役に立つ」ということで僕の考えを言っておくと、一般の人たちが「理系は役に立つけれど、文系は役に立たない」と言う。そっちの方が、民衆の知恵的で正しいんじゃないかと思っているんです。自分の本にも書きましたが、僕は文学部を受験して、親に相当嫌みを言われました。「文学なんていうものは虚学である。実学は世の中の役に立つけれど、文学はまったく役に立たない」と、盛んに言われた。父親が理系だったからだと思いますが、自分でもそうかなとは思っていたんですよ。

吉見　「虚学・実学」「文系・理系」という分け方とは別に、リベラルアーツ系の基礎的学問がありますよね。実学と基礎学、この区別がある。

室井　経済学や経営学は実学だと思われている。

吉見　人文社会系でも、経営学や法学は実学に近い。すべてが役に立たないと、世の中の人が思っているのではない。だけど理系だって、生物学とか生態学とか、あるいは基礎物理学とか、必ずしもすぐに効果を生むわけではない。天文学にしても、すぐに効果は生まないかもしれないけれど、何百年とかすごく長いスパンで考えれば、大きな意味を持つ。文系の学問だって、哲学や歴史学にしろ、とても長いスパンを考えれば、やっぱり必ず役に立つはずです。

室井　吉見さんは社会学者で、理論社会学、メディア社会学、都市社会学を専門とされています。どちらかと言うと、学際的な社会学です。ただ一般的に社会学者は、社会に対して発言するのが自分たちの役割だと思っているところがあるし、そう考えれば「役に立つ」と言いやすい領域なのかなと思います。僕は美学・芸術学が専門だから、「役に立たない学問ですね」と言われれば、「そうですね」と応えることが多いわけです。

吉見　室井さんがやってらっしゃる芸術学は、私の発想では、さっき言った価値創造そのものに関わる学問だと思いますね。アートや芸術という、まさしく新しい価値を創造する学問知だから、役に立たないはずがない。絶対に、室井さんは役に立っているのです。

室井　バフチンやバタイユであれば、社会学者がアイデアを出すのに役立っているかもしれません。でも彼ら自身のやっていることが、実際に役に立つかどうか。そこは若干疑問があります。また、これはよく例に出されることですが、たとえばインド哲学の研究をしても仕方ないじゃないかとか、チベット語の研究なんてしなくていいんじゃないか、美術史にしても、世界で五人ぐらいしか専門家がいない、メソポタピア美術をやっている人がいる。そうした研究をしていること自体は、豊かな感じがしますよ。でも、なかなか役に立たない気がするんですよね。

吉見　そうかな。私は、時間軸の問題だと思いますよ。三年、五年で結果を出せるものと、三〇年、五〇年、一〇〇年で結果を出せるものとの違いがある。

室井　言わんとしていることはわかるんですよ。もちろん「役に立つ」と外に向けて言っていくことが、戦略的に有利かもしれない。でも、どうなのかなという思いもあって、三〇〇年とか千年先は、誰も生きていないから、証明することができない。

役に立たないが、価値がある

吉見　文系理系の学問をめぐってなされている、昨今の議論で思うことがあります。なぜ人文社会系が今の社会でマージナライズされるのか。この問題は、資本主義の現在と密接に関係がある。つまり、資本主義の回転サイクルがどんどん速くなっているから、それに合わせて、結果も早く出せと言われる。そういうスパイラルに、我々自身が組み込まれてしまっているわけですね。

室井　結果を早く出す、それが一般に言われている「役に立つ」ということですよね。

吉見　「役に立つ」という観念のスパンが短くなっているんですよ。だけどどんどん短くなれば、本当は長期的には役に立たない。三年、五年では役に立つかもしれないけれど、この先三〇年、四〇年、五〇年経ったらどうなのか。長い時間の中で、価値観は絶対に変わっていく。日本の企業を見ていると、そのことがよくわかる。価値観の変化を先取りできなかった。それで、やがて力を失っていった。

室井　財務省の官僚にしてみれば、バランスの問題だと考えていると思うんですね。たとえば、さっきの話で言えば、バビロニアの遺跡を発掘するためには、膨大な予算が必要になる。そんなことよりも、すぐに結果が出る領域に予算を回した方がいい。必ずそういう話になるわけです。だから僕の場合、「役に立たないけれど、価値がある」という言い方をしているんですよ。人生の中には、役に立たないものもたくさんある。だからと言って、すべてが無意味ではない。そこに価値はあると思うんですね。もうひとつ、僕が自分の本で書いたのは、人文学は「文脈的な知」であるということです。何か失敗があった時に、そこでも役に立つことが言えるかもしれない。そういう意味で、人文学は存在している。西部邁さんが昔、「知識人の役割は、村はずれに住む狂人のようなものである」ということを言っていましたよね。世の中がうまく回っている時は、みんな見向きもしないけれども、本当に困った時に、村はずれにいって相談する。そうすると、ちょっと意外な知恵を出してくれる。人文学は、それに近いイメージだと思うんです。

吉見　私自身は、やはり三年、五年で結果を出せ、それが役に立つことなんだという価値観自体が間違っていること、もっと長いスパンで物事を考える社会にしなければならないということを、強く主張していく必要があると思っています。

室井　おっしゃる通りだと思いますが、「一〇〇年後に役に立つというエビデンスを示しなさい」と言われたらどうしますか。今はエビデンスを出さないと、誰も話を聞いてくれない風潮が強くあるでしょ。

吉見　その時には逆に「エビデンスとは何ですか」と問い返します。歴史的に見ても、これほど短期で結果を出し、すぐに役に立つことを追求している時代はない。他方、大学は役に立たなくてもいいと思っていた社会も、歴史的にないと思います。大学が中世に発展した時、それは神様のために役に立つと思われていたから、「自由の府」としての地位を確保できた。大学人の戦略としても、学問の自由を確立するのだと叫ぶだけでは、大学という組織は確立できなかったと思います。そうではなくて、これは神の真理を追究するために役に立つ組織だから必要だと言う、そういう言説戦略を取っていたと思います。

室井　そのことは『大学とは何か』にも、書かれていましたよね。あの本はすごく勉強になって、僕の本でもいくつか引用しています。たとえばユニバーシティ（ウニベルシタス）の語源についても触れられていて、「大学は学問的普遍性とか学知の宇宙とかの場所なのでユニバーシティと呼ばれている」という一般的な理解は間違いだと指摘されている。そうではなくて、ウニベルシタスというのは、共同体とか組合という意味である。つまり教員と学生のあいだで作られる組合が大学の起源であると書かれている。本当にそうだと思うんですよ。だから僕も、大学の中で、今回のようなイベントをしたかった。

吉見　たとえばこの空間で、どんな議論をしたって、警察が入って来ることはない。中世であれば、領主が余計なちょっかいを出してこない。そうやって自由な議論が許されたのは、学生や教員が力を持っていたからではない。ローマ法王によって、自分たちは特権的に自由を認められている。それは神に奉仕する仕事だからである。あるいは神聖ローマ帝国皇帝によって、特権的に認められている学問の自由がある。そういうロジックが中世の大学にはあったのですね。

室井　そこが若干微妙なところで、自由な共同体なんだけれども、その自由が権威によって支えられていた自由だったわけですよね。それは一九世紀になって創立されたベルリン大学も同じことで、国民国家の成長・拡大に寄与するものであるから、学問の自由が認められていた。

未来のために、役に立つと言いつづける

吉見　その通りです。大学の自由は、そうした超越的な権威による保証から完全に自由になることはできないと思います。例えば、ベルリン大学ができた時には、文化というものが重視された。そして文化を学ぶ、あるいは発見する学として人文学が発展する。人文学が追究した文化が、国民国家を正当化するため

のものとして役に立つと考えられていたから、人文学は保護された。そのことを抜きにして人文学の発展はありえなかったのも事実です。

室井　カントの理想としてあった、他の学問の基礎となるべき下級学としての哲学部。その理想が、必ずしもうまく機能していなかったわけですよね。僕も本を書いている過程でわかったことがあって、日本の帝国大学も、法文学部は別として、単体で文学部（文科）を持っているのは、東京帝大と京都帝大のふたつしかなかった。ほとんどの大学が、海外の大学に合わせるぐらいの形でしか、文系の学部は作らなかった。私学の方が、大正時代の大学令で、文系の学問を学ぶ学部を一般的に持つようになった。文科省が今しようとしている改革は、あの段階に国立大学を戻すことなんじゃないか。

吉見　ただ、そこで敗北主義にならないためには、人文系の学問は、未来のために「めちゃくちゃ役に立つ」と言いつづけることしかないと、私は思うんです。この主張が本当に正しいかどうかは、実は誰にもわからないかもしれないのですが、私はそのことは、決定論的に考えないことにしています。

室井　話題をまた変えますが、最初に「甲殻類から脊椎動物へ」という話をされましたよね。比喩が伝わりにくい感じがしたので、補足しておうかがいします。甲殻類であるカニやエビは、ガチガチの殻に囲まれている。つまり大学がタコツボ化しているという話ですよね。それが学際性とか国際性とか、開かれたものになっていく時に出て来るのが、なぜ脊椎動物なんですか。

吉見　内部の組織をそのままにして、単に殻を取り除いて、外に開いて、大学を学際的・国際的にしましょうとすると、ナメクジになってしまうわけです。質の劣化ですね。

室井　なぜナメクジが悪くて、ナメクジウオはいいのか。ナメクジウオというのは、吉見さんも言われたけれど、脊椎動物の起源として考えられている。京都大学にいた篠原資明さんが以前、「軟体構築論」ということを主張されていて、タコみたいに生きるのが美しいと言っていました。タコでは駄目ですか。いろんなところに入っていけるし、フレキシブルでいいと、僕は思うんですよ。

吉見　タコやナメクジでいいという立場もあり得るかもしれませんが、私はそうは思わないのです。やはりナメクジウオのほうがいい。芯が通っていて、構造化されているほうがいいと、私は思います。なんでもありで、どんな科目を取ってもいいということではない。そこには一定の決まりがある。そういう中で、専門を組み合わせることの可能性を追求したいと思います。

室井　それは文系と理系両方で専門を取れるということですか。

吉見　文系と理系でもいいし、文系と文系でもいい。理系と理系でもいいんです。文理融合じゃなきゃいけないとは思いません。

室井　これは自分の生き方に関わることですが、専門に閉じこもるのが好きじゃないんですよ。もちろん専門を否定はしない。狭い専門をずっと掘り下げる人もいなくちゃいけないと思うけれども、どちらかというとアマチュアリズムが、僕は好きなんですね。プロって不自由でしょ。長いことやっていると、それなりにプロになってしまうんですが、あまり専門には拘りたくない。すべて知ったかぶりで、広く浅くというのが好きなので、「ダブルメジャー」とか言われると、そんなのなくてもいいんじゃないのと、つい言いたくなるんですよ。

吉見　そうだとすると、純粋に教養課程ですよね。学部がなくていいということになる。

室井　それは大学の組織の話ではなくて、知識のあり方についてです。

吉見　ただ、この問題は、どうしても大学の組織のあり方とくっついて考えざるを得ない。ふたつの専門を持つというのも、大学のカリキュラムに関わることですから。

室井　それは大学院教育のことを考えてのことですか。あるいは一八歳、一九歳の学部レベルの学生を考えてのことですか。

吉見　両方です。現在だと大学入学後、一年生から二年生の途中までは、いろいろな教養科目を取って、三年生ぐらいから専門を選べるようになりますよね。

室井　東大だと駒場と本郷で分かれていますから、三年生から専門に進むわけですよね。国立の新制大学では、大綱化以降、二年生ぐらいから専門分化するようになっていますね。一年生が教養中心で、二年生から専門に分かれる。ただ理系の先生に聞くと、理系の学問は累進制だから、一年生から順番に積み重ねていかないと、専門の知識には到達しないと、よく言われますね。一年生だって、余計なことをしている暇はないと。

吉見　みんなそうおっしゃって、私の意見は受け入れられないんです。でも私は、そのようには考えていない。理系だって、ふたつ専門があってもいい。かなり累進性が強い分野であれば、それをメジャーにして、もうひとつマイナー専攻をしましょうという話です。ダブルメジャーまではいかないかもしれないけれど、ひとつの専門だけしかやらないよりは、ずっといい。たとえば工学系の累進性の高い学問をやりながら、もう一方で哲学をやるとか、別の分野をやることによって、学び方は大分違ってくる、ずっと深くなると私は思います。

室井　イメージはわかるし、実際にヨーロッパの大学で、それに近いことをやっているところがありますよね。でも僕だったら、メジャーというか、マイナーを五つとか六つ取りたい。

吉見　室井さんみたいな人は、五つ六つ取ってもいい。制度を超越する天才がいていい。でも普通の多くの学生は、累進制がある学問も取って、もう一つぐらいに数をおさえておいた方がいいと思いますね。

室井　吉見さんと意見が違うのは、ダブルメジャー制を制度化するということに関してで、僕は少し抵抗感があるんだな。

吉見　可能性を制度として開いていかないと、マスの部分は救われないと思うのです。つまり、現状では、理系の学生が研究室に入る時に、エフォート率一〇〇%が求められる。その研究室の授業と研究にすべてを捧げなければならない。この研究室に対する学生のエフォート率を、七〇%くらいに下げるよう、私は提案しています。そして残りの三〇%を違う分野の専門に割かせる。その時に、主で所属している研究室との調整が必要となる。この調整のメカニズムを大学が作っていく。それによって、ふたつの専門を学びたいと思っている人が不利にならないシステムを作る。むしろふたつのことを学ぶことによって、タコツボ化した専門の視野や価値が相対化されるはずです。ひとつのことを信じ込んで、それだけに特化するのではなく、もうひとつ違う領域を学ぶことによって、今やっていることを疑ってみたり、ちょっと違う視点から考える目を、学生たちが持てるような仕組みを作っていく。そういう大学に変えていくことが、私はこれからの大学には必ず必要だと考えています。

室井　吉見さんは、大学をどう変えていくかという視点で考えられていて、話はよくわかるんですよ。僕の考えでは、単純に教養教育をもう一回まともに立て直すだけで、大分違ってくると思っているんです。僕は教養教育科目を教えるのが好きで、理工や経済・経営の学生たちが受けにくると嬉しいんですよ。ここは吉見さんと意見の一致するところであって、異質な視点や、違うかたちの知に触れるべきだと思っているからです。彼らは実際、そういう授業をほとんど取っていないから、二割ぐらいの学生が僕の話を面白がってくれる。それは教師にとって喜びでもある。理工系の学生たちが、全然専門が違う僕の授業を、目を輝かせて聞いてくれるわけだから、幸せなことです。だけど現実としては、教養教育は必修数も減らされているし、一般的には学生もそんなに意欲を持っていないから、楽勝科目ぐらいしか取らない。教養教育自体、今や破綻している。それをもう一回立て直せないかなと、僕は思っているんですね。

吉見　人文系の大学改革の方法に関して、私と室井さんとでは、見解はちょっと違うけれど、行こうとしている目的地点は同じだと思いますね。つまり今の話は、室井さんが哲学を教えている教室に、文系で哲学を学ぶ学生もいれば、理工学部でエンジニアリングをやっている学生もいるということですよね。そうすると理工学部の学生からすれば、二刀流なんですよ。おそらく哲学に対して、文系の人とは違う見方をしていると思います。結果として室井さんの授業に入れ込んで、哲学に深入りしていったとしたら、実質的には二刀流をやっていることになる。

室井　今回の連続討議シリーズの副題が「大学の未来」であって、そちらの話に繋げると、未来の大学というのは、二刀流という形で、ふたつの専攻を持てるように作られるべきだと、吉見さんは考えているわけですよね。

吉見　そうです。本人が興味を持てば、ふたつの専門を組み合わせて、学んでいける仕組みを整備すべきだと思います。もちろん、ひとつの専門しか学びたくなければ、それでもいい。ただ、ふたつの専門を、ごく当たり前に選択できる仕組みにするべきだということです。

室井　「ふたつ選択できる」としたら、学生は進んで取るんだろうか。さっき吉見さんも言っていましたが、理系の人たちは、実験室に泊まり込んで観測データを取ったり、研究室がすべてというカルチャーですよね。とても他の授業を取る余裕なんてないんじゃないか。

吉見　でも、そのカルチャーがタコツボを増殖させていく。だからそれを変えないと履修のパターンを変化させるのは難しいでしょうね。

室井　話は少し戻りますが、今は、アメリカ型の大学とヨーロッパ型の大学、特にベルリン大学的な大学があって、世界の大学も様々ですよね。

吉見　今は、ヨーロッパも含めて全世界的に、アメリカ型になってきていると思います。ヨーロッパ型（フンボルト型）の大学というのは、一九世紀のはじめ、国民国家を前提に、ベルリン大学で作られた仕組みです。一九世紀に、大学が復活してくる時に、フンボルトは研究と教育の一致を目指したわけです。大学が単に教育する場として機能するのではなく、学生と教師が一緒に研究することによって、新たな知を生み出していく場所となる。逆に言えば、それまでの大学は、知識を伝授するだけの場所になっていたから駄目になった。そうではなく、ゼミや実験室を通して、知識を生んでいく場所にする。これはひとつの革新だった。それでベルリン大学型の大学が、世界中に広がっていったわけです。

では、アメリカはどうだったのか。ずっとカレッジでやっていたこともあり、ベルリン型大学に到底かなわなかった。そうした状況を変えるために、アメリカは何をやったのか。カレッジにはカレッジの良さがある。リベラルアーツ教育が徹底しており、それはそのまま残しておく。そしてカレッジの上にグラジュエートスクールを作り、そこで修士号や博士号を出していく。このアメリカ型の二層モデルが、今や世界を制覇しています。

そうした欧米の大学に対して、戦前の帝国大学は、基本的にドイツモデルだった。学生を少数精鋭で取り、研究と教育を一緒にやっていく。ただ、ドイツ型の大学には教養教育がありませんから、高度な教養教育の仕組みとして旧制高校を発達させた。ここで「旧制高校＋帝国大学」という仕組みができあがる。そして戦後になり、GHQの占領政策の中で、その旧制高校を潰して、大学に教養部や教養学部を作った。日本の大学の中に、人工的にアメリカ型の仕組みを入れた。こうした経緯があります。結果的に、日本の場合、学部後期課程にドイツ型を残し、前期課程ではアメリカ型のカレッジの制度を入れていった。

さらに、戦後の日本の大学ではアメリカ型の大学院教育をやることになりますが、戦前の帝国大学はすでに大学院みたいなもので、その制度も残る。つまり、屋上屋を重ねるような形になった。これでは複雑過ぎて、大学とは何かよくわからない。ここまで来てしまったら、私はもう学部ははっきりカレッジ化し、大学院はグラジュエートスクール化していく方がすっきりすると思いますね。

室井　そうはしたくないけれど、そうせざるを得ないと。

吉見　そうです。それが、ベストかどうかはわかりません。しかし、これだけ学部と大学院がぐしゃぐしゃになっている状況では、その構造を整理するために、学部はリベラルアーツ教育を重視する方向に変えた方がいい。カレッジとしての位置づけを明確にし、期間を三年にしてもいい。その後の大学院はグラジュエートスクールにして二層構造に分けた方がすっきりする、問題点がだいぶ整理されると思います。

室井　ただ僕は、アメリカ型に近づけることによって、本当に良くなるとも思えないんですよ。

吉見　他に解があるなら教えて欲しいですね。本当にそれが最善だとは私も思ってはいませんが、しかし今の日本の大学の混乱は、ドイツ型とアメリカ型、異なる制度が、どこかの温泉旅館のように建て増し、建て増しで継ぎ足されてきたことに原因がある。ですから、大学の再定義はやはり必要だと思います。

室井　しかも、文科省の方針では、職業専門大学まで作るという話ですよね。

吉見　だから余計に話がややこしい。もしも大学が専門学校化するのであれば、同時にカレッジをきちんと確立するべきじゃないか。アメリカ型のカレッジ、リベラルアーツ教育の価値をもう一回きちんと見直すべきだと、私は思いますね。

室井　さっきも言ったけれど、僕もリベラルアーツをなんとか立て直したいと、個人的には強く思っています。ここからは、会場からの意見を聞いていきたいと思います。

（フロア）　大学の価値を考える中で、役に立つか、役に立たないかを直接的に問わなくてもいい社会が一番望ましいと思っています。ただ、そうした話は、お金を握っている側には通じないのではないか。どれだけ大学にお金を落とすべきか。投下した資金が有効に使われるとは限らない。その時に、大学の側も、どこにどれだけお金を費やすべきかという観点で答えを考えていく必要があるのではないでしょうか。

吉見　室井さんからすると、私のことが、大学の管理者に見えるかもしれない。しかし私は、大学は構造改革・組織改革をすべきだと思っています。今のままでいいとは思えません。そうした人間が、国家とどうやって対等に渡り合っていくことができるか。彼らと渡り合いながら、ある価値を持つ大学の仕組みを作っていく。そうした取り組みが必要です。資金配分となると、視点がさらに上位になりますね。国の予算をどう配分するべきかという視点になりますが、私の視点は、それとは違います。文系学部・人文社会系は役に立つと言いつづける。そのことによって内部も変えていく。資金配分についても、今の配分がいいとは思いません。それを変えていく方向に国にも産業界にも働きかけ続けることが必要だと、私も思っています。

室井　どういう視点からものを見るかによって違うわけですよね。年間予算が決まっている中で、教育や大学にどれだけのお金をかけるべきかを決める立場の人はいる。財務省がそうです。大学には、そこで決まった予算が上から降って来る。運営費交付金はこれだけですとか、言う通りにしないと減額しますよという形で、通達されるわけです。その中で、我々はベストのことを考える。たとえば人件費を削減しなければならないことだってある。結局、お金がないことが前提としてあり、だから国立大学は無駄遣いはやめろという話なんですが、それならば、いっそのこと旧制の帝国大学に戻して、地方の新制大学なんて全部潰して職業学校にすればいいと思いますよ。文学部なんて全部私学にやらせればいい。もちろん私学だって大変なんです。受験生が減っているし、定員数を減らしたら授業料収入がなくなりますからね。文科省は一方で、私学が潰れないように考えているわけです。だけど、我々の立場で、そのようなことについて、どうすべきだと言ったってしょうがない。教員は、場合によっては大学の組織運営に関わらないといけない。これだけのお金で何とかしろと言われれば、その範囲でしなければいけない。寄付金を集めろとか、企業にお金を貰えとか言われれば、そうしなきゃいけない。立場によって、考えるべきことは違うのであって、結局どこかを削らなければいけなくなった時に、どこを削るかを決めるのは我々ではない。我々は削られないように頑張って、ベストなことをしているんだけれど、僕が怒っているのは、うちなんて優良な学科で、受験生が少ないわけでもないのに、潰されてしまうということなんですよ。市場原理とか競争しろとか散々言ってきたんだから、その意味では、潰される理由がないんですね。

（フロア）　アメリカのシステムがいいと押し付けるつもりはないんですが、僕はアメリカのカレッジで育ってきて、文系の価値を考える際に、常に出てくるのが、民主主義に必要であるという話です。たとえばギリシャ哲学がなくては、今の民主主義はなかった。あるいは憲法は市民と国家の契約書であり、それを読み、解釈し、深読みする。それも大学で人文学を学ぶことによって可能になる。そうやって大学と民主主義を繋げて考えることが、文系を守るためのひとつの手段になりませんか。

吉見　今の国家が、本当に民主主義が大切だと思っているのならば、それでうまくいくかもしれませんが、そう思っていないかもしれない。だから我々は、絶望的な戦いをしているような気もします。おっしゃることには、まったく同感ですよ。これが大学は役に立つと言いつづけている理由にもなりますけれども、民主主義に限らず、大学は普遍的な価値に奉仕するのです。普遍的な価値、これはひとつとは限りません。キリスト教の世界だったら、それはイエス・キリストになる。神です。民主主義というのも、近代が作り出した、ある普遍的な価値です。でも、別の視点からだと、普遍的価値には、地球社会の持続性ということもあるでしょう。あるいは、もっとポストコロニアルというか、先住民たちの権利ということもある。そうした価値の普遍性に目を開かせることが、大学の役割だと思います。

室井　言い方を変えれば、僕らは啓蒙的なんですよ。啓蒙の理念をまだ信じている。ヒューマニティーズって、そういうことですよね。人権や自由もそうだし、人間の生き方の理想を求めるところがある。そうした理想が、なかなか通じなくなってきている気はしますね。

吉見　大学である以上、それを捨てるべきではないと、私も室井さんも思っています。文系理系の話以前に、これがユニバーシティの根幹にある理念です。ただ今の政府や、日本の社会に対して、そういう話が通じるのか。いささか疑問です。それを言うよりは、長い目で見れば役に立つという話をしつづける。そのような戦略を取るという選択を、私はしているわけです。

普遍的な価値に奉仕する

（フロア）　「長い目で見て役に立つ」という場合、それは単位の話で、日本人一億二七〇〇万人にとって役に立つという話なのか。そうではなく、百人に役に立つ学問があってもいいんじゃないかと思うんですね。そのことをきちんと示していく回路を作っていかないと、人文学部を根付かせていくことはできないのではないでしょうか。

吉見　具体的には、どういうことを考えていますか。たとえば地域単位で考えてみると、沖縄の大学には沖縄の大学の特色があると思うんですね。民俗学的なものと結びついていく方向だってあるのではないか。

室井　たとえば地域に貢献する地域デザイン科学部などが、そういう方向で作られている。行政と手を結んで、地域に貢献する。でも実際には、そこでは短期的な貢献が求められているのが実情ですよ。

吉見　地域の伝統を掘り起こすということですね。それも役に立つということの一面だと思います。ただ、それだけで強い学問や学部になるかどうか、不確かな面もありますね。

（フロア）　吉見さんがおっしゃっている戦略は、何処に向けたものなのかお聞かせください。政府、官僚、企業、あるいは民衆に向けた話なのでしょうか。

吉見　それは全部が含まれます。最初に申し上げたように、昨年［二〇一五年］文系学部廃止の問題が議論になりました。確かに文科省が十数年来やってきた大学政策には様々な問題点があります。しかしそのもっと根底に、やっぱり文系は役に立たない、役に立つのは理系だよねという社会的通念があるのではないかと、私は考えている。その通念は必ずしも正しくない。だから、違う考え方をしようと呼びかけているわけです。では、そうした通念を持っている人はだれか。産業界のビジネスマンかもしれないし、役人かもしれない。しかしそれ以上に、もっと身近にいる、皆さんのお父さんお母さんが持っているかもしれない。そういう人たちに対して、文系は役に立つと言っていくことに意味がある。さっき室井さんが「啓蒙の理念をまだ信じている」と言われたけれど、おっしゃる通りだと思います。啓蒙を引きずらざるを得ない現代の大学人としては、それをやらなくて、どうするんですか。

室井　吉見さんは、僕のように人格的に破綻していない人なので（笑）、是非中教審の委員になっていただいて、まともな大学改革をやって欲しいですね。僕も吉見さんの意見にまったく反対していません。「役に立つ」という言葉が通じるのならばいい。でもそれで通じるかは若干疑問であって、結局は役に立ちそうな領域だけ残して、哲学や芸術は省かれてしまうんじゃないかと危惧しているわけです。

吉見　すごく悲観的になっていますね（笑）。室井さんは自分で、役に立たないと言って卑下しているけれど、本当は、室井さんのやられていることは、人類のために、すごく役に立っていると思いますよ。

（フロア）　文系対理系という対立軸が、そもそもおかしいと、私は思っています。理系も役に立たないんじゃないかと、個人的には考えるからです。たとえば工学系の研究室でも、実際に就職する時に、ライセンスとしては使えるけれども、ほとんどの人は会社に入って、大学の研究と同じ分野のことはやっていない。特にカレッジのレベルであれば、理系も文系も、間接的にしか役に立たないと思います。それなのに、理系は役に立つと考えていることに危うさを感じるんですね。言っていることと実態のあいだには、乖離があるのではないでしょうか。

吉見　だからこそ、室井さんと私とで二通りの選択をしている。室井さんのように、「役に立つ」なんて関係ないんだという戦略もあると思います。私はそういう選択をしていない。世の中で考えられている「役に立つ」という概念が狭すぎで、その概念を変えなくてはいけないという立場を、私は取っている。戦略としてはうまくいかないかもしれませんが、うまくいけば波及力があると思います。「何かに役に立つ」という考えそのものが、一部の理系にとっては予算取りのためのフィクションかもしれない。しかし、フィクションでもそう考える、その考えの元にある概念自体を変えていく。フィクションを拒絶するのではなく、フィクションを身にまとって、状況を変えていくのが演劇的かなと思いますね。

室井　今発言してくれたのは、僕らが立ち上げた横浜国立大学のマルチメディア文化課程の一期生で、その後東大の情報学環の大学院にいった教え子です。彼がよく言うんですね。「先生たちは文理融合に失敗したかもしれませんが、僕たちはうまく文理融合していますよ」と。結局我々にとって大事なことは、自分が育てた学生が社会に出て活躍してくれることです。そうなれば自分たちがやって来た教育が無駄ではなかったと言える。

吉見　日本の大学にものすごく欠けているのは、学生からの視点なんですよね。どうも教員の視点から大学を見がちになる。もっと学生の視点から大学を見なくてはいけない。

室井　毎年の就職率だけで統計を取って、その先、卒業生がどうなっていったのかを全然見ていない。そのことも問題だと思いますね。

吉見　学生が大学でどう変わったのか、どういう道をたどっていったのか。そこで大学がどういう役割を果たしているのか。そこから世界を見なければいけないと、私も思います。

終章

大学という理念

近代の臨界と自由の結界

一　「産業」の時代と「大学の理念」――危機I

「リベラル」と「奴隷的」

「大学の理念」という書名の本は、これまで何度か出されている。その最も古いバージョンは、一八五二年、ジョン・ヘンリー・ニューマンがアイルランドのダブリンでカトリックの新しい大学を創立しようとしていたときに行った講演をまとめた著書であろう。大学論の古典とされるこの本でニューマンは、大学が教える知識の根本が、何らかの目的のために役に立つ手段的な知ではなく、それ自体として価値のある「自己目的としての知＝リベラル（自由）な知」にあることを強調した。

この場合、「リベラルな」という語は、「奴隷的な（サーヴァイル）」の反対語として使われている。ニューマンは、「奴隷的」とは「精神がほとんど、あるいは全くといっていいほど関与」しない状態であり、「リベラルな」とは「精神、理性、内省の働き」が生む状態なのだとする。この対照は、「肉体的」と「精神的」という二項対立に必ずしも対応しない。つまり、肉体の働きにもリベラルなものがあり、精神の働きにもそうでないものがある。前者の例として、彼は開業医や（古代の）オリンピック選手に触れ、後者の例として職業的な専門家に触れる。つまり、知性が「職業的でしかないものは、いかに高度に知性的であっても、……簡単にリベラルと呼ぶことはできない」。そうではなく、「それ自体の要求に基づき、結果に左右されず、補足を一切期待せず、いかなる目的によっても（いわば）鼓吹されず、技術に吸収されるのを拒む」知性こそがリベラルなのである（『大学で何を学ぶか』大修館書店、一九八三年、一七頁）。

大学は、このような意味での「リベラルな」知性を育む場所であるというのが、ニューマンの主張であった。だから、大学の使命は、「『学識』とか『知識の習得』ではなく、むしろ『知識』に基づいて働く『思想』ないしは『理性』、言い換えれば、『哲学』と呼ばれ得るもの」を身に付けさせることにある。彼はさらに、「寄宿舎も個別指導教官の監督もなく、広範囲にわたる学科試験に合格したものにはすべて学位を授与するようないわゆる『大学』と、オックスフォード大学が過去六〇年もの間そうであったように、教授もいなければ試験も全くなく、ただ多くの学生たちを三、四年集めておいて、やがて送り出すような『大学』、この二つの方法のうちどちらが知性の訓練により適しているかと問われ」たら、後者の「何もしない『大学』を選ぶことに何のためらいも感じません」とまで言い切っていた（同書、七四頁）。

いうまでもなく、現代日本の大学の大半は前者である。後者のような「大学」を、文部科学省も様々なメディアも大学の理想型とは評価しないだろう。しかし、ニューマンの大学理念からすれば、現代日本ならば高く評価されるかもしれない前者の完璧な大学よりも、後者のような大学のほうがはるかに望ましいのだ。なぜならば、後者の大学こそが「リベラルな知」の場として息づくのであり、前者の大学は、そこで学ばれる知をいささか「奴隷的な」ものに手段化してしまっているのである。

ニューマンはさらに、こうして大学で教えられる「リベラルな知」は、個々の学問分野がその一部であるような「一つの統一体」でなければならないと考えていた。実際、大学には「専門の学問に熱意を燃やす、ライバル同士の学者たちが、親密な交わりによって、また知的平和を求めて、各自の研究主題の主張と関係を調整するように招き寄せられている」。このような、異なる専門や立場をあえて学内で徹底的に共存させることにより、学生たちは「知識の大いなる輪郭を、知識の基本原則を、知識の各部門の規模を、その光と影を、その重要な個所とそうでない個所とを理解するのですが、こうしたものは別の方法では理解できないものなのです。学生の教育が『リベラル』と呼ばれる理由はここにあります」(同書、七頁)。つまり、時には拮抗し、時には分散する専門知を全体として理解する力、「多くの事柄を同時に一つの統一体として眺める力、それらの事柄を普遍的体系の中でそれぞれ然るべき場所に位置づける力、それぞれの価値を理解し、相互の依存関係を決定する力、そのような力こそが精神の真の拡大」(同書、六一頁)なのであり、大学の使命は、このような精神の拡大を学生たちにもたらすことにあるのである。

功利主義と平等主義への抵抗

ニューマンが大学は「リベラルな知」の場であることを強調した背景は、同時代の英国で勢力を伸ばしていた功利主義的大学観に対する反発があった。功利主義は、経済や政治の分野での「自由主義」と結びついており、そうした立場からの大学批判の先鞭は、一九世紀初頭に『エジンバラ・レビュー』のオックスフォード大学批判によってつけられた。彼らが批判したのは、同大学の教育の根幹をなしていた古典教育で、ギリシャ語やラテン語から出発して古典を読むというスタイルは、大学の根幹が知的洗練よりも財務基盤の確からしさに置かれる時代にはもう通用しないとされた。オックスフォード大学は、科学の発展やヨーロッパ大陸での哲学や文学の動向に鈍感で、その教育は学生の同調性や視野狭窄、偏狭主義を助長し、異質な他者と出会い、知的に非協調を貫く力を弱めている。そうしたイングランドの名門に対し、スコットランドの大学は、より開放的で、多様で、民主的で、現代に役に立つ知を目指しており、オックスフォードが重視する教養教育よりも、むしろ研究と職業教育に力点を置いている。

これはまるで二一世紀初頭の現在の大学批判のようだが、こうした論議が英国でなされていたのは、今から二〇〇年前、一九世紀初頭のことである。ちなみに一九世紀の英国において、古典重視のイングランドの大学、オックスフォードやケンブリッジに対し、より実用重視のスコットランドの大学、エジンバラやグラスゴーの対照は明瞭で、だからこそ明治政府のエリートたちは、そのグラスゴー大学の実用重視の教育体制を明治日本に導入し、近代日本の工学教育の根幹を形作っていったのである。

他方、同じイングランドの中においても、オックスフォードやケンブリッジのような中世からの名門私学と、ジェレミー・ベンサムの功利主義と大学大衆化の思想を背景に一八三六年に設立され、やがてチャールズ・ダーウィンの進化論を生んでいくロンドン大学の大学理念は著しく対立していた。ニューマンが擁護したのは、あくまで選ばれた紳士子弟の間での「自由の知」であったが、ロンドン大学が標榜したのは、ジェンダー、階級、宗教の差なく有能な若者を受け入れ、有用な教育を施していくことだった。

当時、ロンドン大学は、職業教育を含む多様な開講科目やチューターリングよりも講義を中心とした授業、全寮制にこだわらない学生生活、試験による学位認定、学生自治会の活動など、今では私たちがアメリカ型大学のスタイルと考えているものの多くを実験していた。ニューマンは、このような新しい大学のありかたに厳しい視線を向けていたわけだが、しかし後者のモデルは、その後のアメリカの州立大学などにも広がっていったと同時に、イギリスではオープン・ユニバーシティにつながる系譜ともなっていく。つまりここにも、日本で言えば旧制高校的な教養教育の理念と、戦後に南原繁らが目指した一般教養教育や、その後の労働者教育や市民大学につながる理念との対立によく似た対立がすでにあったわけだ。

さらに言えば、ニューマンが擁護したのは、あくまで中世キリスト教世界の中での教師と学生の協同組合としての大学の「自由の知」であって、同時代にベルリン大学を中心に勃興していたフンボルト型の大学の「自由の知」でもなかったことにも注意しておこう。後者が提起したのは、「研究する学生」という新しい学生像である。西欧では、大学＝ユニバーシティはそもそも理念的に教師と学生の共同体だったが、フンボルト以前には、その学生は「学ぶ者」ではあっても「研究する者」ではなかった。フンボルトはこの学生の役割を転換したのであり、それはたしかに大学史における革命的な価値転換であった。しかし同時に、ここで危機に瀕するのが、リベラルアーツ的な知の全体性である。そして、このリベラルアーツの全体性へのこだわりから、アメリカの大学は、学部教育はカレッジとしてなされるべきことを最後まで捨てず、フンボルト的革新をむしろグラデュエートスクールにおいて徹底させたのである。

国家と教会からの自由という困難

ニューマンはもともとオックスフォード大学のエリート学生であり、若くして同大学オリエル・カレッジのフェローに選ばれて神学を教える教授となった。二〇代の頃から英国国教会の司祭としても活躍しており、一八三〇年代から同大学を拠点に展開したオックスフォード運動、すなわち国教会に対するイギリス国家の干渉と自由主義の浸透に反対する運動の思想的リーダーとなった。やがて四〇年代、彼はこの考え方を徹底させていった先で、ついに国教会からカトリックに改宗してしまう。当然、この改宗は、ニューマンの人生に大きな結果をもたらすことになる。この時代のイギリスには、まだ宗教改革以来の反カトリック的な空気が残っており、それが産業革命で隆盛に向かうナショナリズムと一体をなしていた。ニューマンが公式に改宗を選択したことは、そのような国民世論と、「保守」の立場から鋭く対峙することを選択したことを意味する。彼はオックスフォード大の教授職を辞し、カトリックの司祭となる。アイルランドにカトリック大学を創設するというのはその半ば必然的な帰結であった。ところがニューマンは、その新設大学の初代学長となるも、後ろ盾となるはずだった枢機卿との対立から数年で学長辞任に追い込まれている。国家の支配から離れたつもりが、他方には教会の支配があり、そのどちらの支配からも独立することを標榜した彼の「大学の理念」は、現実的な基盤を見つけられなかったのである。

しかし、数百年のスパンで眺め返すなら、ニューマンの「大学の理念」は、同時代のイングランドのナショナリズムやスコットランドからの功利主義の侵攻はもとより、一九世紀を通じてドイツから全世界に広がったフンボルト型の「第二世代の大学」の理念をも超えて、「大学＝ユニバーシティ」の根幹にある急所の問いを衝いていた。そもそも彼の大学概念は、オックスフォード大学の風土の中から生まれたものであったが、そのオックスフォードが同時代に囚われていた地平を超える展望を示してもいたのである。それは要するに、「リベラルな知」を理念の核とする大学は、産業革命がもたらした諸々の価値転換、有用性や効率性の規準を超える知的展望をもたらすものでなければならないということだ。

この産業革命以降の有用性重視の思想と対峙し、貴族的高潔さにとどまる覚悟において、ニューマンの大学論は、同時代にやはりオックスフォード大学が生んでいたマシュー・アーノルドの文化論と似ていたようにも思える。アーノルドのほうがニューマンよりも一世代若く、彼は学生時代にニューマンの講義に出席していた。カルチュラル・スタディーズの端緒について何度か解説したように、アーノルドが一八六九年に出版した『教養と無秩序』は、やがてレイモンド・ウィリアムズの『文化と社会』以降のカルチュラル・スタディーズの諸研究が批判的に乗り越えていった古典である。同じように、産業革命の進行に伴う英国社会の効用主義と鋭く対峙し、なお「リベラルな知」の場としての大学の価値を説いたニューマンの大学論を、未来の大学論が乗り越えるべき古典として位置づけておくことができるであろう。

二　「大衆」の時代と「大学の理念」——危機Ⅱ

「大衆の叛逆」と「大学の使命」

さて、ニューマンの「大学の理念」が、「研究と教育の一致」を主軸的原理として広がっていったフンボルト型大学に対する、中世的な大学が主軸としていたリベラルアーツ教育の全体性を擁護する立場からの初期の批判であったとするならば、おそらくその最後の反響は、第一次世界大戦の破滅を経て、さらなる大戦への靴音が聞こえてくる中で、一九三〇年にスペインの地からオルテガ・イ・ガセットによって示された。『大学の使命』と題されたその本は、オルテガ自身が序文で述べるように、彼がマドリード大学学生連盟の依頼を受けてした講演に手を加えたもので、著名な『大衆の叛逆』とまったく同時期に出されている。つまり、『大衆の叛逆』に示された大衆論がメインストーリーだとすると、この大学論は、同じ問いのサブストーリーだった。両書を通じ、オルテガは、同時代の大学が製造している「専門家」の「野蛮」を告発した。彼らは「以前よりもいっそう博識であるが、同時にいっそう無教養」なのである。

近代の果てに生じたこの「予期せざる野蛮性」の責任は、主に「一九世紀のうぬぼれ多き諸大学、すべての国の諸大学に帰せられる」とオルテガは指摘した（『大学の使命』玉川大学出版部、一九九六年、二四頁）。一九世紀以降の産業社会に適合した大学が生み出すようになった、この「野蛮」としての専門家たちの支配は、ついに悲惨な結末をもたらすことになる。というのも、「一つの事柄の知識は非常に豊富であるが、その他の事柄についてはまるで何も知らないという人間が、いかに愚かであり、いかに獣的であり、いかに侵略的であるか、その驚くべき情景を、まざまざとみせつけられるに至ったのは、二〇世紀に入ってからであった」とオルテガは続ける（同書、二八―二九頁）。「情景」とは、いうまでもなく第一次世界大戦のそれだが、しかしオルテガは、同じ「野蛮」によるさらなる悲惨が、ユダヤ人の大量虐殺と原爆投下による大量虐殺によってもうすぐ現実化することをまだ知らない。それでもすでに、近代の大学においてリベラルアーツ教育が弱体化し、専門的研究や職業教育ばかりが肥大化した結果、大学にあるべき均衡が失われ、オルテガによれば、「ヨーロッパ人は粉々に砕かれてしまった」のである。

この粉々に砕けてしまった「ヨーロッパ人」を、いかに再構築していくのか、その「使命」がヨーロッパの大学にはあるとオルテガは考えていた。二〇世紀初頭のヨーロッパが取り組まなければならない重大な課題は、「散らばる小片から、引き裂かれた四肢から、生きた統一体・ヨーロッパ的人間を再構成」することである。そのために何よりも達成されなければならないのは、「あらゆる個人が、あるいは――ユートピアに陥らないようにいえば――多くの個人が、各人それぞれ完全に、そうした（ヨーロッパ人としての）全人になるということである。だがこの課題は、大学が遂行するのでなければ、いったい誰がなしうるであろうか」（同書、二九頁）。これが、オルテガが考えるヨーロッパの大学の使命である。

だが、スペインの大学で第一次世界大戦後、十数年間にわたりなされてきた大学改革は、「その最善のものも、『大学は何のために存在するのか、何のためにそこにあり、そこにあらねばならないのか』という問いを真正面から提起せずして、逃げ口をつくり、最も安易な、最も非生産的なことをやってきた」のが実態である（同書、一三頁）。多くの大学で、より先進的と考えられたドイツの大学制度が見かけだけ取り入れられていった。しかし、そのように理念なきまま他国の先進的な制度を移植しても、それは土台をいじらずに地上の建物に修正を加えているだけの話で、大学という「建物をどのように変更し、修理し、改良するにしても、前もって、その建物の使命の問題を明瞭に、決定的に、かつ誠実に検討することから取りかかるのでなければ、善意ある努力も無駄となる」に違いないのである（同書、一三頁）。

粉々になったヨーロッパ人を再構築するという大学の使命は、大学人に中世の大学の理念に立ち戻ることを要求する。オルテガによれば、今日の大学における「一般教養」では、その用語自体がすでに「不条理、俗物性、その不真面目さを暴露している」。ここでの「一般」は、しばしば「専門」に対する語として理解され、「一般」は、「専門」の外部を意味することとなる。しかし、中世西欧の大学で教えられていたリベラルアーツは、「専門」の外にあったのではない。リベラルアーツは「けっして精神の修飾品でも、品性の訓練でもなかった。そうではなくて、当時の人間が所有していたところの、世界と人類に関する諸理念の体系であった」。こうしてオルテガは、次のような「文化＝教養」の定義に至る。

「生は混沌であり、密林であり、紛糾である。人間はその中で迷う。しかし人間の精神は、この難破、喪失の思いに対抗して、密林の中に『通路』を、『道』を見出そうと努力する。すなわち、宇宙に関する明瞭にして確固たる理念を、事物と世界の本質に関する積極的な確信を見出そうと努力する。その諸理念の総体、ないし体系こそが、言葉の真の意味における教養（文化）である」（同書、二三頁）

以上のようなオルテガの大学論の西欧中心主義やエリート主義を批判するのは容易いだろう。だが、ポイントはそこにあるのではない。一九世紀から二〇世紀まで、ますます浸透していく手段的な有用性重視の考え方が、大学を産業社会に適応させていこうとしてきたのに対し、ニューマンからオルテガまでの大学論が一貫して提起したのは、大学はそもそもそのような産業社会、その基盤たる国民国家や資本主義をも超える価値を創造していくべき場であるとの確信だった。そのような確信が、ボロボロになりかけている大学が最後に賭すべき掛け金となる。大学の危機は、二〇世紀末に始まったのではない。それはもちろん一七、一八世紀にも起きていたのだが、帝国主義的に拡張する国民国家を基盤にフンボルト型の大学が大発展を遂げていた一九世紀から、すでに危機は増殖し、「大学の理念」を蝕んでもいたのだ。

廃墟の中の「大学の理念」

そしてもちろん、オルテガがこの大学論を書いた両世界大戦期は、大学の危機を超えて、社会全体が文字通りの危機の渦中にあった時代であった。その危機の結末は、第一次世界大戦でも、第二次世界大戦でも、大量の破壊と殺戮、人間的理性とは正反対のカタストローフとなり、これはヨーロッパと東アジアでとりわけ残酷な様相を呈した。破滅の主役は、加害者という意味でも、被害者という意味でも、とりわけドイツと日本であったが、この危機の結末としての破滅の最中にあって、日本で「大学の理念」を問うた代表が、序章で述べたように南原繁であったとするならば、ドイツで同じ問いを発していた代表は、カール・ヤスパースである。ハイデルベルク大学で長く教鞭をとり、ナチスによる収容所送りを危うく逃れたこの哲学者にとって、ファシズムの時代から冷戦の時代への、強制収容所の残虐から核戦争の残虐への連続性の中で、大学の理念は可能性として語られるものでなければならなかった。

ニューマンの『大学の理念』と同じように、その後、何度も大学論の文脈で論じられていくヤスパースの『大学の理念』は、一九四六年、ドイツの国土が焼け野原となった中で書かれた『大学の理念』（第二版）である。このヤスパースの著書は、一九二三年に初版が出ているから、ヤスパースは第一次世界大戦後と第二次世界大戦後という二つの破滅の直後に同じ題名の大学論を書いていたことになる。ドイツの場合、そもそもフンボルト型の「第二世代」の大学の理念自体が、ナポレオンによるドイツの制圧という屈辱的な危機の時代に構想されていったものだった。後述するハンス・ゲオルグ・ガダマーの言葉を借りるなら、「プロシア国家のきわめて悲惨な、暗い屈辱の中で、民族の力と文化意識を革新し、大学の自由を形成しようと企てていた時代は、実際危機的な状況」だったのである。つまり、ドイツにおいて「大学の理念」は、ニューマン以降の大学論が直面していたような産業化の中での「リベラルな知」の危機というよりも、文字通り破滅的な敗戦の中での国家そのものの危機であった。その意味で、ドイツの大学の理念と危機の時代の関係は、同様の国家的危機に直面していた一九四五年の日本におけるそれに近い。

だから、一九四五年五月、つまりベルリン陥落直後にハイデルベルクで書かれたこの第二版の序文の次のような語り出しは、独りナチス支配下のドイツで迫害された大学人だけでなく、全体主義的な体制のなかで大学の「道義的破壊」がいかに進んでいくかを経験したすべての人の心を打つものだった。

「私たちの大学の未来は、もし大学にまだチャンスが残されているのだとすれば、大学の根源的精神を再び蘇生させることにこそかかっているのであります。半世紀この方、こうした精神は、次第に衰退の一途をたどり、ついには最も深刻な崩壊を見るまでに至りました。（ナチ政権下の）十二年というものは、大学の道義的破壊を推し進めました。今こそ、教授陣も学生たちもこぞって自らの行為への熟慮を迫られる瞬間なのであります。全てのものが揺らいでしまっているところでこそ、私たちがどこに立ち、また私たちが何を求めるのかを、私たちは、私たちの立場から知ろうと欲するのであります」（『大学の理念』理想社、一九九九年、三頁）

ヤスパースがここで「私たち」と言っているのは、当面はドイツの大学教師と学生から成る共同体、つまりはユニバーシティとしての大学を指す。この「理念としての大学」は、「真理を獲得する使命だけを担う人々が、教師と学生として会合することが出来る」場所であり、そのことにより大学は、「社会と国家がその時代の最も聡明な意識を展開させることが出来る」のである。そしてヤスパースは、この大学を成り立たせるのは、教養（リベラルな学び）と研究、専門職教育の三本柱の統一性でなければならないと強調した。大学という理念において、これら三つは「分離されない統一体なのです。一つの目的は、別の目的から引き離されることは許されません。それは、大学の精神的実体を否定すること、また同時に自分自身を矮小化することになってしまいます。全ての三つの目的は、生きた全体の一契機なのです。こうした目的を孤立化させることに、精神性の死滅が始まるわけです」と彼は論じた（同書、六八頁）。

たとえば、先端的な研究所を大学から引き離し、そこに大規模な研究費を投入すれば、「専門化された研究は、その驚嘆すべき成果を瞬時に出すこともあります。特に、自然科学においては。しかし、研究の意味と創造的な歩みは、それが認識活動の全体において、その生き生きとした関係を養い育てる時にのみ維持され得る」（同書、七三頁）。つまり、教育と研究の統合は「大学の高い、捨て去ってはならない原則」なのであって、純粋な研究施設は、結局は「大学の接ぎ木に止まる」のである。

他方、専門職の教育にしても、その「最高の訓練とは、完成した知識を習得することではなく、むしろ学問的な思考へと諸器官を発展させる」営みにおいてこそ可能である。つまり、人は専門知識や技能以前に、「問うことの方法を練習しなければならないのであり、専門に応じて、どこかで、究極の根拠にまで達しなければならない」のだ（同書、七四頁）。専門職教育から先端的研究までを貫いて、大学の知は「一つの全体への関係の中に成り立つ」。だから、そもそも大学の使命とは、個々ばらばらな分野の研究や専門的な職業教育を単に並存させておくのではなく、それらの根幹をなす自由（リベラル）な知や学びとそれらを結びつけ、統合し、全体のなかで部分の諸関連を位置づけ直すことにこそあるのである。

さらにヤスパースの大学論は、こうした統合的な知の場としての大学が、半ば必然的に内包していく危険にも自覚的だった。産業革命や大衆化、そして全体主義は、いわば大学の外から大学に押し寄せてきた危機である。しかし大学は、その組織の内部にも自らを沈滞させ、その本末を転倒させる危機を内包していく。というのも、「一度現存したものは、簡単には変更され得ないものです。例えば、個々の専門の境界設定は、慣習によって固定されています。卓越した研究者が、既存の専門区分によればまったくポストを見出すことがなく、その結果講座の配置にあっては、彼よりも劣った研究者が、その業績においては伝統的な基準に適っているという理由で採用される」ということがしばしば起こる（同書、一一〇頁）。

それだけではない。大学の諸組織は、「競争と嫉妬という反精神的な利害の無意識の連帯性」によって自らを貶めていく。それぞれの分野の教授たちは、知的権威の既存秩序を凌駕していくかもしれない人間には警戒的になり、そこそこに有能な人、つまり「同じような精神のもち前の人」を選びがちである。若手研究者たちも、そのような同調圧力に適応し、与えられるかもしれない座席を「座り込んでまで得ようとする」のだ。その結果、「自立的な才能に代わって弟子根性に適った不適当な選抜によって、また自分自身の精神的業績によって専門家のサークルの中で成果と承認を獲得しようとする冒険に代わって、官吏路線を敷くという不適当な選抜によって、大学は、低下への道を歩むことになる」（同書、一一二頁）。

三　「技術」の時代と「大学の理念」――危機Ⅲ

再論されるニューマン

さて、ニューマンの『大学の理念』から約一四〇年後の一九九二年、ヤースロフ・ペリカンによっても『大学の理念――再検討』（邦訳は『大学とは何か』法政大学出版局、一九九六年）が書かれている。両書のタイトルが同じだったのは意図的で、ペリカンの意図は、ニューマンの古典の意思を忠実に受け継ぎ、それから一世紀半の歴史の変化を経てこれに応答することであった。つまり、ペリカンもニューマンと同様、「リベラルな知」こそが大学の根幹であるという立場に立ちながら、一九世紀後半から二〇世紀末までに生じた技術革新主導型の社会と大学がどのように向き合うべきかを再考しようとしたのである。

ペリカンがニューマンから引き継いだ最も重要なポイントは、大学改革を「制度」（財務や組織運営、学事暦やカリキュラム、設置・審査基準など）の問題としてだけ考えることには限界があり、同時に大学はあくまで「理念」の問題として追求されなければならないという点だった。一世紀半を経ても、今なお「大学の理念」は大学を成り立たせる根本的な問いであり続けているのだ。このようなことは、ヨーロッパでは大学とほぼ同じ頃、つまり中世盛期に誕生したと考えられる企業（株式会社は一七世紀初頭、オランダの東インド会社から）の場合には生じない。企業の目的は利益であり、明快である。しかし、大学が大学として存在するそもそもの理由は、企業ほどには明快ではなく、そしてこの目的をめぐる問いは、その大学が大いなる変質を遂げた一九世紀以降、今に至るまで切実なものであり続けている。

そして、ニューマンの時代と同様、一世紀半後においても大学が直面し続ける最大の困難は、功利主義の影響力拡大にあった。前述のようにニューマンは、大学で教えるべきことの中核は、何らかの目的のために役に立つ手段としての知識でも、また何らかの職業に役に立つ技能でもなく、それ自体として価値のある「自由（リベラル）の知」でなければならないと考えていた。大学の高尚さはここから来るのであり、この精神を失えば、大学は下劣なものとなる。この問題についての私自身の立場は、『「文系学部廃止」の衝撃』（集英社新書、二〇一六年）ですでに詳論したので、ここでは再論しない。いずれにせよ、一九世紀半ば、ニューマンの時代からすでに、「大学においても、有用性という観点から正当化できないような伝統的学問分野は、カリキュラムから排除しようという功利主義の動き」が盛んになっていた。

実際、ニューマンの時代から、大学批判は野次馬的なジャーナリズムの得意とするところで、それらは大学を、「バザーや家具陳列場のようなもので、そこでは、ありとあらゆる品物がたがいに独立した出店に売り物として山のように積まれ」、しかもそれらは「季節ごとにいろいろ変わる、たがいに知らないあらゆる職業や階層の人たちが、そこに自由に集まってくる」知識のマーケットだと批判していた（ニューマンによる一九五二年の講演、引用はペリカン著、八七頁）。ニューマンはこれに対し、大学を名門一族の住む大邸宅に喩えたという。一方は、デパートメントストア（百貨店）が隆盛する大衆消費社会のなかで大学を捉え、他方は貴族主義的な大家族の紐帯の比喩で大学を捉えていた。すでにしてニューマンには、ある種の保守主義的な時代錯誤があったのだが、こうした大学の「理念」と社会の「現実」との距離は、一世紀半のうちに限りなく大きなものとなっていった。ペリカンをしてあえて今、ニューマンを再考しなければならないという気持ちにさせたのは、この距離の目も眩むほどの大きさであった。

だからこそペリカンは、ニューマンから一世紀半で、「機械技術や科学技術によって、大地を征服せよという昔の命令は、創世記やアリストテレスやヨハネ黙示録に示唆されている以上に徹底的に実行」されたことに読者の注意を向ける。ニューマンは、この機械文明の圧倒的な支配に、「大学の基礎科学や応用科学専攻のエリートが、どれほど大いなる指導権を発揮するか」ということを見通してはいなかった。

「ヨハネ黙示録に登場する『地上の野獣たち』はかつては敵でしたが、いまは犠牲者というか犠牲者仲間と言っていい。いま、創世記の命令にしたがって『征服』されなければならないのは、地球の未来を脅かす力の方です。その力はほとんどは人間が作動したものであり、いくぶんかは大学も共同責任をもっているわけですが、大学の未来は、ひとえに地球の未来を回復することにかかっているということは、ぜひともここで指摘しておかなくてはなりませ

ん」(同書、二三〇頁)

黙示録の解釈は私の手には負えないが、少なくともこの文脈で「野獣たち」とされているのは、自然の外的な脅威である。洪水や干ばつ、急激な寒冷化、それに疫病は、かつては人間社会にはどうすることもできない外部からの襲来だった。しかし、今日では気候変動も感染症パンデミックも、様々な次元で産業化やグローバル化が地球環境にもたらしていった変化の結果である。私たちはまさに人新世(アントロポセン)のリスク社会を生きているのであって、そうした歴史の創出に、大学はこれまでも、今も、大いに手を貸してきた。だから未来の大学の最大の責務は、この結果に対して責任を取ることなのだ。

一九世紀半ばのニューマンと同様、二〇世紀末のペリカンは、「大学の理念」が危機に瀕する歴史的状況のなかで、なおこの「理念」にこだわる姿勢を堅持した。彼らはいずれも、「危機」だからこそ「理念」にこだわる必要があると考えていたのであり、約一世紀半を隔て、この二つの時代は異なるタイプの歴史的危機に直面していたと言うことができる。とはいえ、ペリカンがニューマンを引き継いで強調した「リベラルな知」と危機の時代の「大学の理念」の関係は必ずしも明瞭ではない。むしろこの点に関しては、同じ二〇世紀末の危機の時代に、ペリカンとは少し異なる立場から書かれていったいくつかの大学論に注目していくほうがいいだろう。今日、「大学の理念」は、もはや誰にとっても自明な存在ではなくなり、グローバル資本主義やアカデミック・キャピタリズムの渦中で混迷は深まっているのである。

再論されるヤスパース

さて、「大学の理念」と題される最近のもう一冊は、ペリカンの本と同じ頃、ガダマーやユルゲン・ハバーマスが「大学の理念」と題して書いた論考をまとめたものである。この本は、もともとヤスパースによって半世紀前に書かれた前述の『大学の理念』に対する応答だった。つまり、図式的に言うならば、ペリカンの『大学の理念』はニューマンの『大学の理念』への応答であり、ガダマーらの『大学の理念』はヤスパースの『大学の理念』への応答であり、前者の背景にあるのが中世都市を基盤とした第一世代の大学でのリベラルアーツの理念であり、後者の背景にあるのが国民国家を基盤とする第二世代の大学でのフンボルト的理念であった。しかしながら、ガダマーらの視点に立つならば、中世からの連続性が顕著なイングランドの大学からのフンボルト型大学への懐疑は、必ずしも公平なものではない。留意されるべきは、「フンボルト自身は、大学を教養の理念に基礎づけたとき、教授の教育業績や学問研究の成果をそれほど眼中においていなかった」ことである。彼の大学理念は、「職業学校としての大学の方向づけに反対し、したがって専門家への反対を意味していた」。つまりそれは、「あらゆる有用性からの離反を表して」いたのである（ガダマー他『大学の理念』玉川大学出版部、一九九三年、九頁）。もし、このガダマーの主張が正しいのなら、フンボルトとニューマンは同じ地平に立っていたことになる。

ガダマーが論じたところでは、今日の大学に危機をもたらした最大の要因は、大学の拡大そのもの、つまり大学数と学生定員の爆発的拡大である。その結果、大学には三重の疎外が生じることとなった。第一に、大学の爆発は、社会における大学教員や大学生の地位と、その教師と学生の共同体としての大学の立場を難しいものとした。大学教師も大学生も、もはや選ばれた者ではなくなり、単なる一つの職業、単なる一つのライフステージとなった。第二の疎外は、学問相互の疎外であり、大学内の研究教育システムの専門分化によって知の統一性が失われた。「今日の大学はまったく専門化しすぎている。……研究者自身も専門化された知識に圧迫されている状態である。それによって自分の能力の限界に閉じこめられ、教授することにも大きな影響を及ぼしている」とガダマーは論じた。第三に、今日では学生たちの間で「理念の中の生」が失われてしまった。今ではもう、「大学生」であることは、「職業のための準備」をしているということ以上を意味しない。大学からのこの理念の蒸発は、大学から「自由」が蒸発してしまったことも意味する。大学は今でも、高度に発達した産業社会の中で「慎ましく自由な場を空けてもらっている」かのようにも見える。しかし、重要なのは、そのような「制約された仕方の自由な行動の余地」にとどまるものではなく、「人間の可能性としての理論の自由空間」がいかに開かれているかである。

ガダマーは、これ以上の展開を同書ではしていないが、ヤスパースの「大学の理念」の限界により率直な問いを投げかけたのはハバーマスである。彼は、現代の大学が「理念」の共有によって「貫かれ、支えられなければならないという前提は、もはや非現実的」ではないかと問う。社会学的知見からすれば、「高度に分化した社会の機能的に細分化された分割制度が沈積している組織体の現実は、（「理念」というものとは）まったく別の前提に基づく」と考えられてきた。すでに大学は理念的な存在などではなく、高度に分化したシステムの一部である。だから現代社会においては、大学を含めた「いかなる組織ももはやいかなる理念も具現できない。組織を理念に義務づけようとする人は、その実効性のある活動範囲を、成員によって相互主観的に分けられた、生活圏の比較的狭い地平に限定せざるを得ない」（同書、一四七頁）。

ハバーマスはこのように、彼らしからぬとも思える口調でシステム論者の側に立ち、「ヤスパースのように大学の理念を声高に叫び、次第に弱々しくなる声で今尚叫び続けているすべての大学改革者」が帯びる保守性を指摘する。そうした保守性を免れようとするならば、私たちは、大学が「加速度的に細分化している学問体系の内部で機能的にも分化していく途次において、私たちがかつて大学の理念と呼んでいたものを空っぽの莢として捨ててしまわなければならない」のか、とハバーマスは問うていく。

実に困難な問いである。現代における大学の危機を前にして、再び「大学の理念」を掲げるだけでは何ら問題の解決にはならない。大学が大いに「ユニバーサル化」し、専門分化した中で、なお「大学とは何か」を思考するのに、私たちはヤスパースの「大学の理念」をそのまま引き継ぐわけにはいかないのだ。むしろハバーマスは、一九世紀初頭のドイツにおける「大学の理念」が、単に大学内部というよりも、より大きな歴史的文脈のなかで語られていたことに注意を促している。というのも、そこでは「大学に対して内に向かって無制限の自由という外面的形態を保証することが、国家そのものの利益につながる」と考えられていた。なぜならば、「大学の理念」は、その自由と精神性、国民的文化の追求において、単に学問内というよりも、国家全体の理念性を象徴する位置にあったのである。

こうした位置を大学が国民国家の中に確保したことにより、とりわけドイツの大学では、大学の「非政治性」や職業訓練的な教育からの距離、大学内の学問秩序の中での哲学の中心性が際立った特徴となっていった。この哲学を中枢とする一九世紀ドイツの大学における知の編制は、「教育と研究の一致」というフンボルト原理を、「大学の知」と「社会の啓蒙」の統一という地平にまで拡張していくことを可能にした。つまり、一九世紀ドイツでは、「大学の理念」は、限りなく「啓蒙の理念」と表裏をなしていたのである。「フンボルトにとっては、より高度の学問研究施設は、全体的な教育制度の頂点というだけでなく国民の道徳文化の頂点でもあった」（同書、一六〇―一六一頁）。

「大学の理念」はすでに失われている？

ハバーマスは、この「大学の理念」と「啓蒙の理念」を結ぶ社会的基盤は、そもそも幻想だったか、そうではなかったとしても二〇世紀を通じて崩壊していったと考えている。それはまず、社会の専門分化が進み、ますます大学はそうした専門的な能力を養成するための機関とみなされるようになっていった。第二に、もともとは哲学の母胎から生まれた経験科学が「科学」としての方法論を発達させ、かつての形而上学的な世界解釈の統合性を崩壊させていった。アダム・スミスやカール・マルクスは経済学者である以前に哲学者であったが、今日ではほとんどの経済学者は哲学者ではないし、またそうなろうともしていない。第三に、大学の知は「産業社会の重要な生産力に昇格した」。この変化はとりわけ理系分野に顕著であり、「自然科学は技術的に利用できる知識の生産のために世界像の機能を失ってしまった」。大学は、理念的な存在としてよりも、先端的な知を「科学的」に生産し、またそのような生産を行う能力を身に付けさせる機関として、新しい階層秩序再生産の役割を担わされていったのだ。産業社会の複雑化に伴って全世界に普及していったのは、このような大学であって、大学の理念では決してなかった。

ところが、ハバーマスによれば、このようにして「大学の理念」がその社会的基盤を失っていけばいくほど、「ますます大学の理念は事実に反して主張されねばならなかったが、やがて社会的に高い信望を持った職業身分のイデオロギーにまで堕してしまった」。そうした先で、「一九四五年以後フンボルト理念を抱く伝統主義者たちはきわめて防御的であり、熟考された改革の試みを遅滞させ、五〇年代後半に設立された学術審議会の実利主義者と折合いをつけることになった。もはや避けられなくなった大学の量的な増加は、変わらないままの構造の中での拡充として実践された」（同書、一六二―一六三頁）。二〇世紀を通じて、「大学の理念」は、その社会的現実味を失いながら大学の現状を正当化する保守的イデオロギーとして機能してきたし、これは一九五〇年代から六〇年代にかけての大学拡張期に著しかった。

まさにその先で、ヨーロッパでも日本でも、大学は「紛争」へと向かっていったのである。全体として見れば、ヨーロッパの大学での「紛争」は、日本でのそれよりもはるかに深く「大学の理念」の限界を考えていたようにも見えるが、しかしハバーマスの結論は厳しいものである。一九六〇年代、学生活動家たちが新しい「大学の理念」として樹立を目指したのは、「きわめて模範的に考えられた、直接参加による自治という形の政治的な行動可能性」であったが、結局、「大学の理念の批判的な習得に基づいているあの目標のイメージは実現されなかったことは断言できる」とハバーマスは言う。フンボルトやニューマン、ヤスパースの「大学の理念」が、総じて保守的イデオロギーとして断罪されるようになった状況の先で、これらを乗り越える「大学の理念」は、ついに到来しなかったのだ。

その先の大学に、何があるのか――。もはや、大学は理念的な存在ではあり得ないことが証明されてしまったのだから、そのような幻想はきれいさっぱり忘れ去ろう。今では、大学が「かつて自らについて持っていたあの捨て難くなった理念なしでも済ますことができることを私たちは自白せざるを得ない」かのようだ。社会システム論的に考えるなら、社会の下位システムが相互に同調し、円滑に運営されていくためには、いかなる統合的な規範も必要なわけではない。大学は「理念」ではなく、あくまで「機能」なのだと割り切ることも、妙な保守主義に陥らないようにするための次善の方法かもしれない。

ハバーマスはしかし、「このまったく方法論的な仮決定を私は性急すぎると思っている」と述べる。大学が、社会システムの中の機能としては、もはや理念など必要としないとしても、それはなお彼のいう生活世界の中に根づいた存在でもあり続けている。ここでハバーマスは、彼の社会学的思考としてよく知られた「システム」と「生活世界」に関する議論を導入し、大学を生活世界の中の存在として位置づけていく。大学の学びは依然として、生活世界の再生産機能との内面的な関係の中にある。つまり大学という場は、「職業準備教育を越えて学問的な思考方法の習練、すなわち、事実と規範に対する仮説的な考え方の習練によって、一般的な社会化現象への貢献を果たしている」。そのような生活世界の中での大学の役割を再定位していくために、「大学の理念」の脱構築は、なお残された課題なのである。

以上のように、「大学の理念」は、一九世紀半ばのニューマンから二〇世紀末のガダマーやハバーマスに至るまで、数々の論者によって語られ続けてきた問いである。そして、これらの問いがなされた時期を見ると、そのいずれもが時代の危機の中で発せられてきたことがわかる。そもそもフンボルトらの新しい大学の理念を掲げたベルリン大学創設は、ナポレオン戦争の中でのドイツ占領、国家喪失の危機に端を発していた。一九世紀半ば、産業社会と功利主義の拡大を前に、ニューマンは改めて「大学の理念」を問うた。彼は、社会が「効用」で支配されていくことに抗し、「リベラル」の価値を訴えたのである。

やがて二〇世紀、大学が技術開発と大衆社会の要求に応えていかなくてはならなくなる中で、大学の理念の根拠はますます怪しくなっていく。二つの世界大戦という未曽有の危機の中で、オルテガとヤスパースは異なる仕方で「大学の理念」という問いの困難さに逢着した。一九六〇年代以降、大学紛争が結局は根本的な変化を大学にもたらせないまま雲散霧消し、やがて新自由主義の潮流の中で、一九世紀半ばとは異なる仕方で大学は功利主義的な渦の中にのみ込まれていく。この近代の変質期に、ニューマンからヤスパースまでの「大学の理念」が再検討されていったのは、まったく不思議なことではない。

そして、一八世紀末のナポレオン戦争と二〇世紀前半の二つの世界大戦が、文字通りの破壊と殺戮の危機であったのに対し、一九世紀半ばの大学の危機とは、水面下で進行する社会の根底的な変容に対応した「大学の理念」の危機であった。そして二〇世紀末、すでに使い古され、ぼろぼろになった「大学の理念」は、ほとんど破産宣告をされながらもなお問われ続けている。なぜならば危機は、今やより広く、深い仕方で、私たちの生活世界の根底を覆いつつあるように思われるからだ。

四　〈近代〉の臨界という危機を超える方法

危機の現在的位相

危機には実際、様々な広がりと長さ、深さがあり、それを捉える視座にも異なる次元がある。たとえば、この終章を書いている二〇二〇年春、世界は新型コロナウィルスの感染拡大でパンデミックに陥り、日々とてつもない勢いで感染者と死者が膨れ上がっている。この危機は、文字通り世界史的な危機であり、その影響の広がりと深さは、二〇〇一年の米国同時多発テロ事件をも、また二〇〇八年のリーマンショックをも超える甚大なものとなり、これらによって歴史の未来はすでに変わり始めている。長さの点で、これがあと数カ月の危機なのか、一年になるのか、それとも数年になるのかは、まだ誰にもわからない。それでも、すでにはっきりしているのは、これは人類が経験した最初のパンデミックではないことだ。

二〇二〇年の危機は、第一次世界大戦末期、一九一八年から一年以上続いた「スペイン風邪」、インフルエンザによるパンデミックの反復でもある。このときには、世界中で五億人が感染し、数千万人の命が奪われた。さらに言えば、二〇二〇年の危機は、しばしば一四世紀から一五世紀にかけての世界が経験したペストのパンデミックとも対比される。あのときには当時の世界人口の五分の一以上、約一億人が命を奪われたと言われている。このときにもイタリアやスペイン、フランスでの死者が甚大だったことや、これに対する防御策で都市や村の封鎖が採られたことなど、六〇〇年の歳月を隔てながらも反復されていることが目立つ。そしてペストのパンデミックは中世から近世への、一九一八年のパンデミックは第一次世界大戦後の世界への転換点となったのと同様、二〇二〇年のパンデミック後の世界が問われてくる。

だが、歴史は反復と同時に持続でもある。二〇二〇年の世界は、一四世紀の世界とは無論、一九一八年の世界とも同じではない。二〇二〇年に、過去に何度か人類が経験したパンデミックと重ねられるような危機が生じたのは偶然ではないし、この危機を生じさせ、条件づける根本状況が、一九九〇年代から加速度的に広がったグローバル化にあることは衆目の一致するところだ。実際、グローバル化と呼応するかのように、一九九七年に香港で鳥インフルエンザが流行の兆しを見せ、二〇〇五年にはこれが東南アジアで猛威をふるう。これに先立つ〇二年から〇三年にかけて、ＳＡＲＳコロナウィルス感染症が中国広東省から東南アジアにかけて流行し、一三年から一五年にかけてはＭＡＲＳコロナウィルス感染症が中東と韓国で流行していた。二〇二〇年への徴候は二〇〇〇年代初頭からあったわけで、これらは一般に「新興感染症」として括られてきた。グローバル化は、ヒト、モノ、情報の加速度的で大規模で広範囲の移動や接触が恒常化していく過程である。この過程では、人の交流の拡大に伴い、新しい考え方と共に新しい脅威も劇的なスピードと広がりで伝播していく。二〇二〇年のパンデミックは、感染症の人類史の中の事件であるのと同様に、グローバル化が世界を覆っていく二〇世紀末以降の現代史の中の事件でもある。

グローバル化はしかし、さらに大きく考えるならば、一八世紀末以降の近代化が行き着いた臨界面で起きていることでもある。一八世紀末以降の西欧社会での産業資本主義の拡大は、英仏を中心とする帝国主義が世界を制覇し、その世界システムに広大な植民地を組み込んでいく過程と表裏だった。この地球規模の植民地化を通じ、〈近代〉はいくつもの危機を経ながらも、次第に標準化された制度として地球を覆っていく。そして両世界大戦以降、自壊したヨーロッパや日本の帝国主義から多くの植民地が独立していくことにより、すでに世界は多極的な状況に近づいていた。交通・通信システムの急激な発展により、一六世紀の世界システムとは異なる次元でグローバルな秩序が誕生しつつあったのである。

その潜勢力が、一挙に顕在化していくのは一九七〇年代以降、旧植民地が産業的にも離陸し、次第に豊かになっていく中産階級を基盤に軍事独裁政権が倒されて民主化が進んでいく時代の中でのことだった。この流れは、東西冷戦が終わる一九九〇年代以降、さらに決定的なものになる。したがって、同時多発テロやリーマンショックから新型コロナウィルスのパンデミックまで、二一世紀初頭に起きている諸変化を、一八世紀末からの世界史的過程の中に厳密に位置づけていく作業が必要である。

〈近代〉の臨界とは何か

そして、この一九九〇年代以降の状況は、近代化の単なる延長ではなくその臨界である。〈近代〉は、九〇年代までに臨界点に達し、不可逆的に変質し始めている。このことを明瞭に示しているのは人口構造の変化と市場の飽和であろう。近代化の過程において、人口はどこでも多産多死から多産少死を経て少産少死に至る。この多産少死の段階で、それぞれの社会は人口爆発を経験し、これが大量の安価な産業労働力の供給基盤となる。しかし近代化が達成され、女性の地位がある程度まで向上していくと、少子化への傾向が強まり、しばしば出生率は二・〇を大きく下回るようになる。その間、衛生環境の向上で平均寿命は伸びていくから、高齢化が深刻な社会問題となる。以上が近代化に伴う平均的な人口構造の変化で、日本でも九〇年代以降になると少子高齢化が止まらなくなっていった。人口面での近代化の臨界とは、大量の若く安価な労働力を基盤にした経済成長が不可能になり、豊かさが緩やかに崩れていくなかで社会全体が老いていく、少ない若者と圧倒的に多い老人から成る社会がどんどん広がっていくことを示す。

こうした日本の人口構造の変容は、二一世紀世界の未来について重要な示唆を含んでいる。今日、世界の総人口は七〇億人余りだが、人口増加率は一九六五～七〇年に年二％だったのが、二〇〇〇～〇五年には年一・二％となり、さらに二〇四五年～五〇年では年〇・四％に低下すると試算されている。つまり、世界の人口は、二一世紀の後半に近づくほどあまり増えなくなっていく。それどころか、世界人口は二二世紀に向けて漸減していくかもしれない。二一世紀から二二世紀に向かう世界は収縮する世界であって、拡張する世界ではない。二〇二〇年春、コロナ・パンデミックによって世界が瞬間的に経験しているような収縮が、二一世紀末までには緩やかに恒常化していき、全世界のＧＤＰも停滞から減少へと転じ、環境破壊も相対的には縮小していく可能性がある。これをチャンスと考えるか、リスクと考えるかは意見が分かれるが、いずれにせよ〈近代〉という時代はいつか終わるのである。

他方、社会の豊かさがある水準を超えると、市場も飽和していく。労働力単価が上昇し、より安価な製品がまだ人件費の安い発展途上国から入ってくるから、旧来の産業は国際競争力を失う。産業はマーケティングで需要を喚起し、革新的な技術によって新しい市場を創造しようとするが、いつもうまくいくわけではない。同じ方向での切磋琢磨をいくらやっていても、道は開けないのだ。なぜならば、そうした誰しもが思いつく方向ならば、まだ人件費が安い途上国のほうが明らかに有利だからだ。こうしてかつて日本はアメリカを追い上げたのであり、同じことが韓国や中国と日本との間でも起きた。効率化や高品質化では「先進国」は「途上国」に勝てない。このあまりに自明な限界を、日本企業の多くは真剣に考え抜かないまま八〇年代のバブル経済に浮かれ、二〇〇〇年代以降は世界の中で衰退していった。いかなる小細工を駆使しようとも、市場そのものが同じジャンルである限り、社会全体が豊かになるなかで、そのジャンルの市場の需要は飽和する。この限界に欧米は七〇年代に直面し、八〇年代以降、社会構造を大きく変化させていったのだが、日本がこの問題に深刻に直面するのは、九〇年代以降のことだ。

資本主義がこの臨界を越えるために選択したのは、資本主義そのもののヴァーチャル化であった。いうまでもなく、一九九〇年代は、インターネットが一部の人々のカウンターカルチャーからむしろ資本主義を駆動する巨大な力に変身していった決定的なモメントである。地球はネットを介して同時性の場へと変容し、仮想の情報空間がグローバル資本主義の新たなプラットフォームとなった。当然、このプラットフォームは最先端の金融資本主義と結びついて拡大し、それまでの境界線を一気に突破して地球上を巨万の資本が高速で駆けめぐる時代がやってきた。その兆候は、すでに七〇年代、世界経済が変動相場制に移行したあたりから現れてはいた。実物経済には必ず限界があり、テレビや家電製品から自家用車まで、どんなヒット商品でも需要がある程度飽和してしまえば、後は買い替え需要でしか利益を出せなくなる。しかし、限りなく高速で回転させていくことができるネット上の電子マネーは、その規模や回転速度を大きくすればするほど実物経済よりずっと大きな利得を得ることができるようになる。自由かつ高速に流動するヴァーチャルな金融商品で、マネーフローの動きが景気自体の振れ幅を大きくさせ、その方向性さえも変えてしまう、そんな電子的な金融経済の時代が一九九〇年代からアメリカ主導で始まった。

その結果、世界はその富をヴァーチャルに膨張させながら、巨大な富が一気に崩壊するリスクを恒常的に抱え込むようになった。莫大な利益が短期的に得られるチャンスが広がったが、その反面で富が短期に失われるリスクも拡大した。二一世紀の資本主義は「カジノ化」しつつあり、グローバルな電子空間の中で「マネー＝資本」の増殖が際限なく拡大し、この巨大で高速のマネーフローが相対的に縮小したマネーストックの安定性を吹き飛ばしてしまうのだ。リーマンショックはその典型だったが、これは一見、一九二九年の大恐慌と似ているようでも、実はまったく異なる位相での出来事である。大恐慌は資本主義の構造的矛盾の帰結であり、その後の歴史をニューディールやファシズムに向かわせた。つまりそれは自由主義的資本主義の巨大な崩壊だった。他方、リーマンショックの契機となったサブプライムローンは、未来における住宅の値上がりを前提に組まれていた。つまりそこでは、未来までも取り込んだヴァーチャルに無限の金融空間が出現していたわけで、これはそもそも虚構であった。この虚構の破綻は、今日のグローバル資本主義が構造的に抱え込むリスクで、破綻はこれからも繰り返されていくことになる。

こうして人口面でも市場面でも、一九九〇年代以降の日本と世界は、それぞれ近代化の臨界を経験している。さらに同様の臨界は、開発の問題でも指摘できる。実際、この次元での臨界が指摘され始めたのはかなり古く、一九七〇年代のローマクラブによる「成長の限界」宣言からである。その後、国連を中心に

CO_2排出量削減に向けた取り組みは進み、技術的・産業的にも化石燃料依存型の社会からの脱却は緩やかに進んできた。したがって、臨界を乗り越える努力は様々になされてきたのだが、それでも地球の気候変動は速いスピードで進み、二一世紀後半までを視野に入れるなら、国際協調を前提に進むCO_2削減の努力は、地球の平均気温が危険な閾値を超えて上昇していくのを止めることができない可能性が小さくない。二一世紀半ば以降の地球は、干ばつ、豪雨、洪水、ハリケーンや台風の強大化、異常気象、熱波、寒波、高温地帯の拡大といった未曾有のリスクにさらされ続けることになる。

五　未来の大学はいかなる価値創造をするのか

資本主義のスピードダウン

以上のいずれにおいても明白なのは、近代の臨界で生じている諸問題は、近代化が何らかの理由によって失敗したり、阻害されたりしたことから生じたのではなく、近代化が貫徹され、それどころか過剰になることで生じてきたことである。人口構造の決定的な変化、すなわち止まらない少子高齢化は、近代化の貫徹によって社会が多産多死から少産少死に変容していった帰結である。戦争や疫病などによって近代化が頓挫してしまったときは、社会はむしろ多死状態を経て多産状態に戻り、ある年齢層の大量の死後、それより若い年齢層の人口が大幅に膨らむこともある。市場の飽和にしても、一定以上の購買力が社会全体に行き渡ることの中で生じるわけだから、経済の発展が飽和の条件となる。そして気候変動も、開発が多くの富を生む循環のなかで森林が伐採され、都市が増殖していったからこそ起きたことなのだ。したがって、社会が老い、モノが売れなくなり、気候変動が深刻化したのは、それだけ〈近代〉が世界のあらゆる場所で普遍化していった結果なのだ。こうして戦争や疫病、恐慌や革命を乗り越えてきた〈近代〉は、それ自体の完成によって、自らの臨界を露わにし、自己崩壊の兆しを見せ始めるのである。

こうしたわけだから、近代の臨界がもたらす危機は、近代化をより徹底されることによっては解決できない。それはもちろん、単なる効率化や技術革新、ベンチャー的なプロジェクトや見せかけの政治主導では乗り越えられないだけでなく、さらに努力を重ねて近代化が推し進めてきた方向をいくら高度化し、精密化し、省力化しても、近代そのものの臨界を越えることはできないのである。この危機は、技術や政治、経済の仕組みを改良することではとても対応できない深さからもたらされているものなのだ。もし、この臨界的危機を突破しようとするならば、小手先の対応ではなく、そもそもの価値体系、つまり私たちが当たり前のように受け入れている文化秩序の根底的見直し、再創造が必要になってくる。

〈近代〉とは、資本主義が地球上のあらゆる社会を呑み込んで拡大していった過程であり、その根本を貫いてきたのはスピードである。近代化の波に直面した社会は、どこでもその社会の構成員の生活をスピードアップすることを迫られる。学校の時間割が時計と共に導入され、鉄道や自動車によって人々はそれらがなかった時代よりも速いスピードで異なる地域間を移動し始める。そしてこの生活のスピードアップは、交通機関が路面電車から新幹線のような超高速鉄道、そして旅客機へ、馬車道から高速道路へ、郵便から電話、そしてインターネットへ、さらには5Gや超高速大容量の通信システムへというように止まるところがない。文字通り、二一世紀半ばまでには地球の高速化は臨界に達する。世界のあらゆる場所が瞬時に媒介され、あらゆるルーティン作業はＡＩが最速の方法でこなす。人々は生き残るために、そのような高速化した産業システムに必死でキャッチアップし続けなければならなくなるのである。

このスピードの臨界が、実は近代の臨界の中でも最も重要な臨界である。少子高齢化、市場の飽和、気候変動――すでに論じたいずれの困難も、この社会の高速化とは背反する傾向を示す。高齢化した社会とは、もっとゆっくり動くことを強いられる社会であり、市場が飽和すれば、人々は必ずしも新商品を必死で買い求める必要もなくなる。そして、まさに二〇二〇年春、コロナ・パンデミックによって世界の都市が数カ月、突然静止するという異常事態が生じる中で、工業化に邁進する発展途上国では大気は清浄化されているという。もし、地球上のすべての産業が突然静止すれば、深刻化してきたCO_2削減問題は解決する。ただそれでは、人々の生活そのものが成り立たなくなる。パンデミックの渦中にあって、台湾やドイツが比較的上手な政策対応を実施し、世界の中心たるニューヨークが最悪とも言える被害を受け、日本は産業の停止と継続の間で矛盾だらけの動きとなっている現状は、大きくはこの資本主義の過剰なスピードを、急ブレーキにならない仕方でいかに制御するかという問いへの答えの縮小版である。

二一世紀地球社会の哲学を創造する

ここでは、明らかに技術革新に頼るだけではない、価値の基軸そのものの転換が必要なのだ。私は、これまでの大学をめぐる著作において、「文理複眼」の教育の重要性を訴えてきた。二〇一五年に日本国内の世論を騒がせた「文系学部廃止」論争では、文系の知が、人々が自明と思っている価値の体系を、それとは異なる価値との対話を通じて内在的に批判する力を育むという意味で、長期的な視座から「役に立つ」ことを主張した。中世以来、大学の知は、目的に対して有用な知と、そのような目的そのものを探究し、時にはそれを問い返す自由な知との二元性を維持し続けてきた。中世の大学では、前者は神学と法学と医学であり、後者はリベラルアーツであった。このリベラルアーツは近世には「哲学」に転化し、したがってその「哲学」は必ずしも「文系」ではなく、「数学」も含んだ知であった。一九世紀以降、資本主義的産業化の大波が学問の世界も大きく変え、「理系＝有用な知」という新しい知の編制が組み上がっていく。これに対して一九世紀末、人文社会科学がその知の正当性を根拠づけるために主張したのは、意味や価値についての学という立場であった。社会は機能や効率、技術に導かれて変化しているだけではなく、より根底的には、価値や意味についての集団的思考を内在させている。この問題にアプローチするには人文社会科学的な知が必須であり、大学はこの種の知の醸成を担うべきであるとされたのである。

本書の立場も、こうした考え方の延長線上にある。しかし、二一世紀初頭において価値や意味の問題を問うことは、一九世紀末に国民国家体制と、その下でのフンボルト型の大学概念を所与の前提とできたような状況でこの問題を問うたのとは根本的に異なる。すなわち、国民社会を前提とした価値の転換や創造ではなく、地球社会という認識地平の中での価値の転換や創造の基盤が必要なのだ。すでに二一世紀の地球社会が目指す目標としては、国連に先導された「SDGs（持続可能な開発目標）」が世界各地の大学に浸透しつつある。そこで掲げられている一七の目標には、技術革新やエネルギー、リサイクル、海洋資源、気候変動、生態系、公衆衛生といった理系よりの目標も、貧困や教育、ジェンダー、社会的平等、平和構築といった文系よりの目標も含まれる。ポイントは、これらが文系、理系という仕方では区別できないこと、地球社会の持続可能性のためには、そのどちらもが必要不可欠であることである。

しかし、これらの項目がよく練られたものであるにしても、その根底に横たわる哲学や歴史観、価値の基軸は、いまだ明らかではない。「持続可能（Sustainable）」な「開発（Development）」目標という言葉には、持続可能性と開発という二つのモメントが含まれる。いわば「近代」と「ポスト近代」の適正なバランスが問われているわけで、その根本的な思想を、誰かが構築していかなければならない。

ここに、二一世紀の大学にしか果たすことができない使命がある。その使命を一言で要約するなら、地球人を創造すること、これである。歴史をスローダウンさせながら、社会を崩壊させるのではなく、近代が達成したいくつもの価値をサステイナブルに保持し続けること。様々な成長の限界と飽和の中で、グローバル資本主義はますますその破綻のリスクとショックを露呈させていくことになるだろう。繰り返すが、それは近代の挫折ではなくて臨界である。だからこの臨界面で、近代の飽和を突き抜けていく価値や思想を紡ぎ出していくには、近代的な知を精緻化するのでも、それを外から批判するのでもなく、それを内破していく営みが不可欠である。「SDGs」に示される、比較的目的が明確な手段的理性を超えて、その目的自体の価値を問い、創造していく広義に哲学的な知は、決してすでにある目的の一つひとつを詳細に吟味することによってではなく、むしろ近代が育み、集積してきた知の総体を内在的に批判することを通して初めて可能になる。大学は、このような未来への知の営みにとって最良の場所である。

二一世紀初頭の世界は危機の中にあり、大学も危機の中にある。これらの危機の現在形は、「大学の理念」が問われた過去二〇〇年のいかなる危機の時代とも異なる性格のものだ。一九世紀初頭、ナポレオン戦争の中でドイツ再興を目指して大学の新しい理念が構想されたとき、国民国家も産業社会も勃興期にあった。市民革命は産業革命と両輪をなし、「大学の理念」と表裏をなす「啓蒙の理念」は、非ヨーロッパ世界を次々に植民地化して大拡張期にあった文明の中心近くで高邁な理想として掲げられたのだ。そして一九世紀半ばの大学で、「リベラルな知」が危機に瀕したときも、大学を囲い込む産業社会の価値が動揺したわけではなかった。資本主義はフロンティアを呑み込みながら発展を続け、それがやがて二つの世界大戦に至る。そして、二つの世界大戦という破滅を経ても、産業社会は国家の支援を受けながら拡大を続けた。大学教育の大衆化、ユニバーサル化は、そうした拡大を下支えするものとして期待されてきた。つまり、一八世紀末から二〇世紀末まで、人類は約二〇〇年に及ぶ大拡張期を経験してきたのである。アフリカ大陸までを視野に入れれば、この拡張期は二一世紀後半まで続くだろう。

ところがまったく新しい事態として、二一世紀初頭までに欧米や東アジアではこの拡張が飽和し、これ以上の拡張は不可能か、あるいは破滅的であることが明白になりつつある。この変容の中で私たちが迎えつつある危機は、もはや成長する力と力がぶつかり合うことで生じる危機ではなく、そうした力自体が内部崩壊を始める危機である。ここに生じているのは、功利的な価値の拡張によりリベラルな価値が周縁化されるという以上に、功利的な価値そのものが危機を増殖させていく事態なのだ。資本主義はなお利潤を求めて回転速度を速めるが、ほぼ限界に達しつつあり、むしろその速度、とてつもない規模のグローバリゼーションがもたらすリスクが拡大している。そうして次第に、同じ方向に成長を追求することが、飽和した環境ではますます危険になっていくのである。だから、求められているのは歴史の機軸の転換なのだが、この転換を導く知性は、国民国家を支えたナショナリズムからも、産業社会を支える技術的知性からも、二〇世紀に力を増していった経営学的なマネジメントの知からも出てくることはない。

新たに創造されるべき地球人の知性とは、地球社会の未来を哲学的な深みにおいて構想することで、近代の臨界点で増殖するリスクを回避するリベラルな知性である。そのリベラル＝自由とは、ニューマン的な中世の大学の自由とも、フンボルト的な近代の大学の自由とも、根本的に異なるものなのだ。

拡張と収縮のせめぎあいの中で

このような価値軸の大規模な転換は、歴史の中で何度か起きてきたことでもある。たとえば、今日の世界が直面している限界は、大航海時代後の世界が一七世紀初頭に経験した限界によく似ている。どちらの時代も、歴史の転換点で矛盾するモメントが葛藤を続けていた。一方で、一七世紀初頭の世界は、新大陸の発見によってフロンティアが拡大し、ヨーロッパが爆発的に膨張していった一六世紀の世界を継承していた。そもそもペスト大流行で一四世紀後半から一五世紀初頭にかけて激減したヨーロッパの人口は、パンデミックからの回復後、一五世紀半ばからは増加に転じる。一四世紀のペスト大流行のもともとの原因は、モンゴル帝国の大拡張でユーラシア全土である種のグローバル化が進んだことにあったとも言われており、人類史は一貫して長期の拡張と収縮を繰り返してきたのかもしれない。そしてこの一五世紀後半からの人口の膨張圧力が、冒険者たちを新しい航海路の発見へと駆り立てる力となったのである。

他方、一七世紀初頭は、一六世紀の拡張波が環境条件による限界に突き当たって反転し、洋の東西で人口も経済も停滞期に向かい始めた時代でもあった。この瞬間、世界はほぼ同時的に、グローバリゼーションの時代から領域的閉鎖の時代へと転換したのであり、こうして日本では鎖国が行われ、徳川幕藩体制の強化が進み、中国では明代から清代への転換があり、ヨーロッパではジェノバやベネチアのような都市が歴史の主役から降り、むしろフランスやイングランドで領域国家形成と国内秩序の再編が進んだ。

同様の開放と閉鎖、拡張と収縮、分散化と集中化のせめぎ合いは、二一世紀初頭にも生じている。一方で、二一世紀初頭の世界は、新たなフロンティアであるグローバルなヴァーチャル空間へと拡張を続けている。この拡張がアメリカに先導されてきたことも、オランダの覇権によって貿易中心の一六世紀から一七世紀への連続的な展開があったことを連想させる。オランダの東インド会社は一六〇二年に設立されているが、グーグルの設立は一九九八年、フェイスブックは二〇〇四年である。一七世紀、スペイン国家の略奪的グローバリズムの後でオランダの企業的グローバリズムが台頭したように、二一世紀には、東西冷戦体制が終わるなかでGAFAによる企業的グローバリズムが世界を席巻している。しかし同じ二一世紀初頭、社会の持続的成長が困難になり、貧富の格差が拡大し、社会全体から安定感が失われていく中で、一七世紀の世界と同様、それぞれが保守的な欲望に囚われて壁を高くしていく傾向も強まってきた。ブレクジット（Brexit）やトランプ米大統領の誕生がその象徴であることは言うまでもない。

重要なことは、これらの傾向的な相似そのものではない。ポイントは、一六世紀が新大陸発見と大航海時代を契機とする一六世紀的拡張が終わっていった時代であったのと同様、おそらく二一世紀は、一九、二〇世紀を通じた産業革命の先での拡張が終わっていく時代になる。この位相の構造的な対応が、様々な相似的な事象を生じさせているのである。そしてこのポスト大航海時代であった一七、一八世紀のヨーロッパでは、デカルト、パスカル、スピノザ、ホッブス、ライプニッツ、ニュートン等々、まさしく近代知の根幹を形作っていった偉大なる思想家たちが次々に現れた。この思想的豊饒さは、決して「拡張の一六世紀」が経験することのなかったものである。「収縮の一七世紀」は、知的に豊饒な時代である。

つまりここでは、歴史の長期的な展望の中で現在の位置を見定めていくことが重要なのだ。拡張から収縮への歴史の転回を経た一七世紀は、決して文明が崩壊に向かった時代だったのではない。むしろこの場合、歴史のスローダウンは社会の成熟を意味していた。日本でも、江戸時代は文化的に、決して信長や秀吉の時代が経験することのなかった文化的な豊かさを相対的に多くの人々が享受する時代となった。二一世紀を通じ、二〇世紀の人類が経験したのと同じような経済成長を目指し続けるのは破滅的なほどリスキーなことである。資本主義を無制限に高速度で回転させ続けることは、決して人類を幸せにしない。歴史をスローダウンしていった先で、経済的拡張とは別の価値軸を、人類は再発見すべきなのである。二一世紀の大学は、このような人類史的価値転換を先導すべき使命を負っているのではないだろうか。

「大学」と「ユニバーシティ」の谷間を越えて

このような二一世紀の大学が果たすべき本来的な使命と日本の大学の現状の距離は、目も眩むほどに大きい。序章でも述べたとおり、この絶望的な距離は、そもそも日本における「大学」の概念が、西欧で発達してきた「ユニバーシティ」とは根本的に異なるところから出発していたことに由来する。「ユニバーシティ」とはそもそも理念的な存在であり、そのようなものとして中世からの歴史を経験してきた。他方、日本でも「大学」は断続的ながら古くから存在したが、それはまったく理念的な存在などではなかった。近代においても、日本で「大学」は理念的な存在とは考えられてこなかった。「大学」を理念として標榜する動きが何度かあったが、それがこの国の社会で根づいたとは思えない。決して西欧中心主義に陥りたくはないが、それでも「大学」の理念的な強度において、欧米と日本との間には質的な違いがある。

また、占領期の高等教育改革が、日本の旧制高校や旧制大学についての誤解（曲解？）に基づいた「ボタンの掛け違い」から出発したことにも、問題の打開を難しくした一因がある。つまり、戦後日本の大学改革は、本来、リベラルアーツ教育の基盤として再編成すべきだった旧制高校を廃絶し、また本来、すでに大学院修士課程レベルの教育をしていたドイツ式の日本の旧制大学の専門教育を、新制大学の後期課程として曖昧に残したまま、その上にアメリカ式の大学院修士課程を乗せるという、文字通り屋上屋を重ねる妥協策から出発した。さらに、一九九〇年代以降のとりわけ産業界に主導された大学改革が、「大学とは何か」という問いを素通りして、「大学は社会の役に立っていない」からダメなのだという不勉強としか言いようのない認識から議論を出発させ、大学改革を方向づけてきたことも、逆に大学の知的創造性を袋小路に追い込む結果を生じさせた。結局、日本社会は「大学入試」の重要性に関心を向けるばかりで、「大学とは何か」を理解してこなかったし、大学の学びの可能性にも関心を示してこなかった。そのような社会の大学に、二一世紀の世界が期待する遠大な課題に挑戦することなどできるのだろうか。

本書で最後に語られるべきは、このような絶望を越える道である。それにはまず、「大学＝ユニバーシティ」が何よりも理念的な存在であることを再確認する必要がある。日本に「大学」は数多あり、それぞれの大学がその「大学の理念」を表明している。いわゆる大学の「ミッション・ステートメント」というものだ。だから日本の大学それぞれに、その「大学の理念」がないわけではない。しかし、そもそも日本に、「大学という理念」はあったのだろうか。つまり、それぞれの大学が「大学」であることを疑わないまま個性豊かな「理念」を掲げているが、そこで問われていないのは、そもそも「大学」は、いかなる理念的な存在なのかという点である。この問いへの関心が、多くの大学で失われている。

今日、多くの大学経営者にとって、「大学」は「企業」と同じような意味での経営体であろう。他方、多くの学生にとって「大学」は、「高校」と「就活」の間の中間段階である。いずれの場合も、「大学という理念」は存在しない。「大学という理念」がないまま、いくら「大学の理念」が語られても、それは外部向けの宣伝文句以上のものにはならない。ニューマン以降の論者たちが繰り返し語ってきたのは、「The Idea of the University」である。直訳すれば「大学の理念」だが、この場合、日本語の「の」と英語の「of」はニュアンスが異なる。原語が意味しているのは、「大学という考え方」はいかなるものかであって、「大学はいかなる理念を掲げるべきか」ではない。この違いを十分に見極めること、つまり「大学という理念」を突き詰めて考えることが、未来に向けて大学を再生させる第一歩となる。

今から一五〇年前、ニューマンは、『知識』というものはそれ自体の目的たり得るのです。人間の精神は、いかなる種類の知識といえども、それが真の知識である限りその自体の報いとなるように作られているのです」と高らかに語った。彼は、大学がその理念において向かうのは、「紳士（ジェントルマン）を育てる」ことだと考えていたが、これが階級論的にも、ジェンダー論的にも、ポストコロニアリズムの観点からも、問題含みの主張だったのは明白である。それにもかかわらず、このように公然と「人間への信頼」を語れた大学人を、私たちは羨ましいと思う。たとえイデオロギー性に満ちたものであれ、一九世紀にはまだ「人間」が決然と信頼されていたのだ。この信頼は、やがて粉々に砕かれ、引き裂かれてしまうのだが、そうした中にあってオルテガは、「ヨーロッパ人の再構成」を大学の使命として掲げた。そのオルテガの西欧中心主義を批判することも容易だが、彼が言わんとしたのは、ある種の人間への信頼回復である。その信頼回復のために、大衆も、専門家も徹底的に批判されなければならなかった。

他方、福沢諭吉は「維新」の危機を、南原繁は「敗戦」の危機をくぐり抜けるなかで、日本の知識人には珍しく「大学という理念」を語っている。彼らが語ったのは、新しい「日本人を育てる」ことだったわけで、そのナショナリズムを批判することは可能であろう。だが、それでも彼らが大学の理念を語ったとき、根底にあったのは日本国家への信頼ではなく、理念としての「大学」に集う人間への信頼だった。

こうした信頼は、どこから生まれてくるのか。――結論的に言うならば、それは大学が「自由（リベラル）の場」であることからだと、私は思う。あるいは逆に、「自由」とは「信頼」のことだと言い換えてもいい。中世ヨーロッパに浮上した都市ネットワークを、教師や学生が旅しながらいくつかの都市で大学の原型を形成していったとき、そこに生まれていたのは何よりも「自由（リベラル）な知」の場であり、その「自由」は教師と学生の信頼に由来していた。そして、このような信頼に基づく知の自由が、汎ヨーロッパ的な制度に結晶化できたのは、教皇権と皇帝、諸侯、それに勃興する商人たちといった重層的、多極的な権力・権威の構造と、ヨーロッパ全土に及ぶ移動の自由が存在したからである。オルテガが夢想した「ヨーロッパ人」は、この重層的、多極的な支配秩序と人々の移動性を基盤に醸成されていた。

そして、もう改めて指摘するまでもないだろうが、二一世紀の地球社会には、これとやや似た状況が出現しつつある。大災害やパンデミック、恐慌、テロリズム、そして無数の分断の危機に直面しながらも、グローバルな人の流れはポストコロナ時代にも復活していくであろうし、世界秩序は米中の二大超大国に支配されるというよりも、より多極的な方向に向かっていくであろう。この重層的、多極的な地球社会のなかで、大学が実現すべきなのは、もちろん「紳士」や「ヨーロッパ人」や「日本人」の育成ではない。そうではなくて、「地球人」の創造である。その地球人の歴史や思想、新しい知の地平の実現を可能にするのは、何よりも地球大に広がる「自由の結界」、つまりはリベラルな知的修練が信頼に基づいて持続的に実現していくような場なのである。それが、未来の「大学という理念」である。

あとがき

本書は二〇一〇年から一九年までの約一〇年間に、私が様々な媒体で書いたり話したりしてきた大学論をまとめたものである。一一の章のうち、『中央公論』や『現代思想』に依頼されて書いたものが五編ある。最も古いものが二〇一〇年に書いた第1章で、最も新しいのが二〇一八年に書いた第5章である。前者で私は「大学の再定義」について語り、後者で私は「大学の不条理」について語っている。要するに、今日の大学は「不条理」の中にあり、「再定義」が必要だと私は考えている。この二つは総論だが、第二章から第四章まではそれぞれ「文系」「大学院」「グローバル化」をテーマにした各論と言える。

これらに続くのが大学や学会に頼まれてした講演の記録である。第六章は国際基督教大学から依頼された講演、第七章は大学教育学会から依頼された講演で、内容的にもそのような文脈で理解してもらいたい。この二章に続き、第八章と第九章では、肌合いの異なる二つの雑誌のインタビューを収めた。一方は、『週刊金曜日』、他方は国立大学協会が発行する『国立大学』である。前者で私は文系の価値について語り、後者でリカレント教育について語っている。そして最後の二つの章では、青木保先生と室井尚先生との対談を収録させていただいた。

これらのテーマと掲載誌、依頼元や対談の文脈が示すように、私は大学の未来を考えるには、「中庸」ではなく「リベラル」の意味での広がりとバランスが不可欠だと思っている。その上で本書が主張しているのは、〈大学＝ユニバーシティ〉が、何よりもまず「理念」であることだ。ところが、そのような理念性を、日本の「大学」の歴史は欠いてきた。ヨーロッパ的な意味での〈大学＝ユニバーシティ〉の出現を可能にした移動の自由、重層的な権力構造のなかで超越的な権威に支えられながらなおそれを超えて普遍性を求める「大学という理念」を、日本の大学は素通りしてきた。たしかに本書で私は、福沢諭吉や南原繁が、時代の危機の中でこの問いを発していたことを確認している。そしてこの問いが、欧米でも常に意識されてきたというよりも、一九世紀半ばのニューマンや一九三〇年代のオルテガ、一九四五年のヤスパースというように、歴史の危機の中で浮上してくる問いであったことも、本書で確認されている。

その思考の深度において、本書は福沢や南原、ニューマンやオルテガ、ヤスパースに遠く及ばないが、しかし私たちが生きる現在も、まさしく歴史的危機の時代である。二一世紀初頭に起きた数々のショック、すなわち二〇〇一年の米国同時多発テロや〇八年のリーマン・ショック、一六年のブレクジットやトランプ米大統領誕生、そして二〇年のコロナ・パンデミックは、いずれも同じ歴史的危機の様々な徴候である。一九八〇年代以降、新自由主義的な政策をバックに貫徹されてきたグローバル化は、巨大な規模で加速度的に全地球を覆うことで破壊と崩壊、分断、封鎖という反動を生じさせてきたのだ。

そもそも私たちが、いまだその渦中にいる感染症パンデミックにも、ユーラシア大に広がったモンゴル帝国がもたらした一三世紀的なグローバル化への反動として、一四世紀にペストのパンデミックが起きた時から繰り返されてきた歴史がある。歴史は螺旋を描きながら反復するのであり、大学はその反復を貫いて生き延びてきた。ここが重要なところで、移動の自由を理念の本源とする〈大学＝ユニバーシティ〉は、一度たりともパンデミックに対する封鎖やポピュリスト的分断の側に立ったことはない。大学は、幾分かそれぞれの時代のグローバル化と結託しつつ、その先にある「自由」の理念を追い求めてきた。

　だから今日、コロナ・パンデミックによって全世界から移動の自由が失われている状況を、大学はいかに受け止めていくべきなのか――。当面、大量の留学生の渡航が困難になることで、多くの英米圏を中心とする大学が経営的な危機に直面する。グローバル化に恩恵を受けていた大学ほど、その度合は深いはずだ。それでもハーバードやオックスフォードのような大学の屋台骨が揺らぐとは考えられない。むしろ中長期的には、コロナ後の大学は、グローバル化をより高次に徹底させていくだろう。このグローバル化は、これまでのように学生や教師が留学し、移動し、集まることを最大のモメントとしないかもしれない。これらの動きも緩やかに回復していくが、グローバル化の徹底は甚大なリスクを抱え続ける。だからむしろ、パンデミックの中で一気に全世界に浸透したオンラインが、二一世紀のグローバル化のもう一方の根幹をなしていく。大学のオンライン化は、危機が去っても終わらず、さらに浸透していくはずだ。

　私たちは今後、対面的にのみならずオンラインでグローバルに出会い続ける。つまり、二一世紀の大学における「移動の自由」は、リアルな移動とバーチャルな移動が組み合わされて高次化する。オンラインはきわめて日常的な仕組みだから、これまで以上に学生たちの知的日常（ニュー・ノーマル！）をグローバルに組織していく場として大学の価値が問われていくだろう。

　二一世紀は、ますますパンデミックや破壊、崩壊、分断のリスクに満ちた社会になるかもしれないが、同時にますます多次元的に越境と接触、対話を増殖させていく社会となる。少なくとも、そのような越境と接触、対話を増進させていくのが、大学の使命である。なぜならば、今、再定義されようとしている大学が向かうのは、そのような地球社会の価値を明らかにし、そこに生じる様々な課題を発見・解決していく方向だからだ。何よりも、未来の大学は地球社会的営みの根幹をなす哲学的思考の地平を築いていかなければならないし、この哲学的営みこそが「地球人の創造」を条件づけるのである。

最後に、本書の実現にお力添えいただいた多くの方に、改めて感謝したい。まず、『中央公論』や『週刊読書人』に掲載された対談の再録をご快諾くださった青木保先生と室井尚先生に、心からお礼申し上げる。対談からかなり時間が経つが、青木先生とは大学の運営全体について、室井先生とは文系的な知について突っ込んだ議論をさせていただいた。一定の時間を経て、改めて本書に収めることをご了解いただき感謝に堪えない。また、拙著の『アフター・カルチュラル・スタディーズ』（青土社）、『五輪と戦後』（河出書房新社）に続き、装丁デザインをお願いした水戸部功さんにも改めて感謝したい。水戸部さんのデザインは、著者が文章で表現しようとしたことに、本を包む視覚的な言語で見事に応答してくれる。

そしてもちろん、本書を担当してくれた東京大学出版会編集部の後藤健介さんに深くお礼申し上げたい。後藤さんとも長い付き合いで、本格的な共同作業は、栗原彬、小森陽一、佐藤学、吉見俊哉で編集した六巻本の「越境する知」のシリーズからだったのではないかと思う。二〇〇〇年頃のことだ。それから約二〇年、一人の著者として、後藤さんの冷静で着実、思慮深い人間性と力量に大きな信頼を寄せてきた。今回、単著では初めて共に仕事をすることができ、宿題を果たした安堵とともに感謝の念でいっぱいである。

二〇二〇年六月

吉見俊哉

索　引

あ　行

か　行

さ　行

た　行

な　行

は 行

ま 行

や 行

ら　行

吉見俊哉（よしみ・しゅんや）
東京大学大学院情報学環教授
1957年生まれ、東京大学大学院社会学研究科博士課程単位取得退学。東京大学新聞研究所助教授、同社会情報研究所教授等を経て現職。東京大学副学長、情報学環学環長、大学総合教育研究センター長などを歴任。主要著作に『都市のドラマトゥルギー』（弘文堂、1987年／河出文庫、2008年）、『博覧会の政治学』（中公新書、1992年／講談社学術文庫、2010年）、『カルチュラル・ターン、文化の政治学へ』（人文書院、2003年）、『大学とは何か』（岩波書店、2011年）、『「文系学部廃止」の衝撃』（集英社新書、2016年）、『視覚都市の地政学』（岩波書店、2016年）、『アフター・カルチュラル・スタディーズ』（青土社、2019年）、『五輪と戦後』（河出書房新社、2020年）、『知的創造の条件』（筑摩書房、2020年）、『越境する知』（共編著、全6巻、東京大学出版会、2000～01年）、『デジタル・スタディーズ』（共編著、全3巻、東京大学出版会、2015年）、『東大という思想』（共編著、東京大学出版会、2020年）、ほか。

大学という理念
絶望のその先へ

2020年9月10日　初　版
2021年3月18日　第2刷

［検印廃止］

著　者　吉見俊哉

発行所　一般財団法人　東京大学出版会

代表者　吉見俊哉

153-0041 東京都目黒区駒場4-5-29
http://www.utp.or.jp/
電話 03-6407-1069　Fax 03-6407-1991
振替 00160-6-59964

組　版　有限会社プログレス
印刷所　株式会社ヒライ
製本所　誠製本株式会社

ISBN 978-4-13-053092-7　Printed in Japan